大数据驱动的管理与决策研究丛书

大数据驱动的
社群营销模式研究

黄敏学　王　薇／著

本书由国家自然科学基金重大研究计划"大数据驱动的管理与决策研究"的重点支持项目"大数据驱动的消费市场的全景响应式营销管理与决策研究"（91746206）和国家自然科学基金重点项目"技术赋能的商务信息全景化管理与增强型决策的人机协同新范式"（72132008）联合资助

科学出版社

北　京

内 容 简 介

在大数据驱动下，用户的行为决策呈现出全景式和社群化的特征，企业通过构建"社群/用户—场景—产品"三元交互的复杂社会网络大数据平台，选择有社会影响力的社群作为种子社群和用户，借助社群的内在演化动力性，在更大范围的社群间扩散，实现企业赋能营销策略效果的倍增。本书基于三元交互构建出大数据驱动的社群营销体系，在探究企业如何基于关系演化和社群交互融入社群的基础上，指出可利用三元交互的耦合策略来激发用户，并利用三元交互网络识别种子社群和用户，通过激发社群和用户交互的共振性，实现策略效果的倍增。

本书可以作为营销管理、大数据管理、电子商务、信息管理和广告管理等相关学科的学者和研究生的专业参考书，也可以作为数字营销从业者的理论参考书。

图书在版编目(CIP)数据

大数据驱动的社群营销模式研究/黄敏学，王薇著. —北京：科学出版社，2024.1
　（大数据驱动的管理与决策研究丛书）
　ISBN 978-7-03-076577-2

Ⅰ.①大… Ⅱ.①黄… ②王…Ⅲ.①网络营销–研究 Ⅳ.①F713.365.2

中国国家版本馆 CIP 数据核字（2023）第 190618 号

责任编辑：徐　倩／责任校对：贾娜娜
责任印制：赵　博／封面设计：有道设计

科 学 出 版 社 出版
北京东黄城根北街 16 号
邮政编码：100717
http://www.sciencep.com

三河市春园印刷有限公司印刷
科学出版社发行 各地新华书店经销
*
2024 年 1 月第 一 版　开本：720 × 1000 1/16
2025 年 1 月第二次印刷　印张：16 3/4
字数：337 000

定价：196.00 元
（如有印装质量问题，我社负责调换）

丛书编委会

主　编

陈国青　教　授　清华大学

张　维　教　授　天津大学

编　委（按姓氏拼音排序）

陈　峰　教　授　南京医科大学

陈晓红　教　授　中南大学/湖南工商大学

程学旗　研究员　中国科学院计算技术研究所

郭建华　教　授　东北师范大学

黄　伟　教　授　南方科技大学

黄丽华　教　授　复旦大学

金　力　教　授　复旦大学

李立明　教　授　北京大学

李一军　教　授　哈尔滨工业大学

毛基业　教　授　中国人民大学

卫　强　教　授　清华大学

吴俊杰　教　授　北京航空航天大学

印　鉴　教　授　中山大学

曾大军　研究员　中国科学院自动化研究所

总　序

互联网、物联网、移动通信等技术与现代经济社会的深度融合让我们积累了海量的大数据资源，而云计算、人工智能等技术的突飞猛进则使我们运用掌控大数据的能力显著提升。现如今，大数据已然成为与资本、劳动和自然资源并列的全新生产要素，在公共服务、智慧医疗健康、新零售、智能制造、金融等众多领域得到了广泛的应用，从国家的战略决策，到企业的经营决策，再到个人的生活决策，无不因此而发生着深刻的改变。

世界各国已然认识到大数据所蕴含的巨大社会价值和产业发展空间。比如，联合国发布了《大数据促发展：挑战与机遇》白皮书；美国启动了"大数据研究和发展计划"并与英国、德国、芬兰及澳大利亚联合推出了"世界大数据周"活动；日本发布了新信息与通信技术研究计划，重点关注"大数据应用"。我国也对大数据尤为重视，提出了"国家大数据战略"，先后出台了《"十四五"大数据产业发展规划》《"十四五"数字经济发展规划》《中共中央 国务院关于构建数据基础制度更好发挥数据要素作用的意见》《企业数据资源相关会计处理暂行规定（征求意见稿）》《中华人民共和国数据安全法》《中华人民共和国个人信息保护法》等相关政策法规，并于 2023 年组建了国家数据局，以推动大数据在各项社会经济事业中发挥基础性的作用。

在当今这个前所未有的大数据时代，人类创造和利用信息，进而产生和管理知识的方式与范围均获得了拓展延伸，各种社会经济管理活动大多呈现高频实时、深度定制化、全周期沉浸式交互、跨界整合、多主体决策分散等特性，并可以得到多种颗粒度观测的数据；由此，我们可以通过粒度缩放的方式，观测到现实世界在不同层级上涌现出来的现象和特征。这些都呼唤着新的与之相匹配的管理决策范式、理论、模型与方法，需有机结合信息科学和管理科学的研究思路，以厘清不同能动微观主体（包括自然人和智能体）之间交互的复杂性、应对由数据冗余与缺失并存所带来的决策风险；需要根据真实管理需求和场景，从不断生成的大数据中挖掘信息、提炼观点、形成新知识，最终充分实现大数据要素资源的经济和社会价值。

在此背景下，各个科学领域对大数据的学术研究已经成为全球学术发展的热点。比如，早在 2008 年和 2011 年，*Nature*（《自然》）与 *Science*（《科学》）杂志分别出版了大数据专刊 *Big Data: Science in the Petabyte Era*（《大数据：PB（级）时代的科学》）和 *Dealing with Data*（《数据处理》），探讨了大数据技术应用及其前景。由于在人口规模、经济体量、互联网/物联网/移动通信技术及实践模式等方面的鲜明特色，我国在大数据理论和技术、大数据相关管理理论方法等领域研究方面形成了独特的全球优势。

鉴于大数据研究和应用的重要国家战略地位及其跨学科多领域的交叉特点，国家自然科学基金委员会组织国内外管理和经济科学、信息科学、数学、医学等多个学科的专家，历经两年的反复论证，于 2015 年启动了"大数据驱动的管理与决策研究"重大研究计划（简称大数据重大研究计划）。这一研究计划由管理科学部牵头，联合信息科学部、数学物理科学部和医学科学部合作进行研究。大数据重大研究计划主要包括四部分研究内容，分别是：①大数据驱动的管理决策理论范式，即针对大数据环境下的行为主体与复杂系统建模、管理决策范式转变机理与规律、"全景"式管理决策范式与理论开展研究；②管理决策大数据分析方法与支撑技术，即针对大数据数理分析方法与统计技术、大数据分析与挖掘算法、非结构化数据处理与异构数据的融合分析开展研究；③大数据资源治理机制与管理，即针对大数据的标准化与质量评估、大数据资源的共享机制、大数据权属与隐私开展研究；④管理决策大数据价值分析与发现，即针对个性化价值挖掘、社会化价值创造和领域导向的大数据赋能与价值开发开展研究。大数据重大研究计划重点瞄准管理决策范式转型机理与理论、大数据资源协同管理与治理机制设计以及领域导向的大数据价值发现理论与方法三大关键科学问题。在强调管理决策问题导向、强调大数据特征以及强调动态凝练迭代思路的指引下，大数据重大研究计划在 2015~2023 年部署了培育、重点支持、集成等各类项目共 145 项，以具有统一目标的项目集群形式进行科研攻关，成为我国大数据管理决策研究的重要力量。

从顶层设计和方向性指导的角度出发，大数据重大研究计划凝练形成了一个大数据管理决策研究的框架体系——全景式 PAGE 框架。这一框架体系由大数据问题特征（即粒度缩放、跨界关联、全局视图三个特征）、PAGE 内核［即理论范式（paradigm）、分析技术（analytics）、资源治理（governance）及使能创新（enabling）四个研究方向］以及典型领域情境（即针对具体领域场景进行集成升华）构成。

依托此框架的指引，参与大数据重大研究计划的科学家不断攻坚克难，在 PAGE 方向上进行了卓有成效的学术创新活动，产生了一系列重要成果。这些成果包括一大批领域顶尖学术成果［如 *Nature*、PNAS（*Proceedings of the National Academy of Sciences of the United States of America*，《美国国家科学院院刊》）、*Nature/Science/Cell*（《细胞》）子刊，经管/统计/医学/信息等领域顶刊论文，等等］和一大批国家级行业与政策影响成果（如大型企业应用与示范、国家级政策批示和采纳、国际/国家标准与专利等）。这些成果不但取得了重要的理论方法创新，也构建了商务、金融、医疗、公共管理等领域集成平台和应用示范系统，彰显出重要的学术和实践影响力。比如，在管理理论研究范式创新（P）方向，会计和财务管理学科的管理学者利用大数据（及其分析技术）提供的条件，发展了被埋没百余年的会计理论思想，进而提出"第四张报表"的形式化方法和系统工具来作为对于企业价值与状态的更全面的、准确的描述（测度），并将成果运用于典型企业，形成了相关标准；在物流管理学科的相关研究中，放宽了统一配送速度和固定需求分布的假设；在组织管理学科的典型工作中，将经典的问题拓展到人机共生及协同决策的情境；等等。又比如，在大数据分析技术突破（A）方向，相关管理科学家提出或改进了缺失数据完备化、分布式统计推断等新的理论和方法；融合管理领域知识，形成了大数据降维、稀疏或微弱信号识别、多模态数据融合、可解释性人工智能算法等一系列创新的方法和算法。再比如，在大数据资源治理（G）方向，创新性地构建了综合的数据治理、共享和评估新体系，推动了大数据相关国际/国家标准和规范的建立，提出了大数据流通交易及其市场建设的相关基本概念和理论，等等。还比如，在大数据使能的管理创新（E）方向，形成了大数据驱动的传染病高危行为新型预警模型，并用于形成公共政策干预最优策略的设计；充分利用中国电子商务大数据的优势，设计开发出综合性商品全景知识图谱，并在国内大型头部电子商务平台得到有效应用；利用监管监测平台和真实金融市场的实时信息发展出新的金融风险理论，并由此建立起新型金融风险动态管理技术系统。在大数据时代背景下，大数据重大研究计划凭借这些科学知识的创新及其实践应用过程，显著地促进了中国管理科学学科的跃迁式发展，推动了中国"大数据管理与应用"新本科专业的诞生和发展，培养了一大批跨学科交叉型高端学术领军人才和团队，并形成了国家在大数据领域重大管理决策方面的若干高端智库。

展望未来，新一代人工智能技术正在加速渗透于各行各业，催生出一批新业态、新模式，展现出一个全新的世界。大数据重大研究计划迄今为止所进行的相关研究，其意义不仅在于揭示了大数据驱动下已经形成的管理决策新机制、开发了针对管理决策问题的大数据处理技术与分析方法，更重要的是，这些工作和成果也将可以为在数智化新跃迁背景下探索人工智能驱动的管理活动和决策制定之规律提供有益的科学借鉴。

为了进一步呈现大数据重大研究计划的社会和学术影响力，进一步将在项目研究过程中涌现出的卓越学术成果分享给更多的科研工作者、大数据行业专家以及对大数据管理决策感兴趣的公众，在国家自然科学基金委员会管理科学部的领导下，在众多相关领域学者的鼎力支持和辛勤付出下，在科学出版社的大力支持下，大数据重大研究计划指导专家组决定以系列丛书的形式将部分研究成果出版，其中包括在大数据重大研究计划整体设计框架以及项目管理计划内开展的重点项目群的部分成果。希望此举不仅能为未来大数据管理决策的更深入研究与探讨奠定学术基础，还能促进这些研究成果在管理实践中得到更广泛的应用、发挥更深远的学术和社会影响力。

　　未来已来。在大数据和人工智能快速演进所催生的人类经济与社会发展奇点上，中国的管理科学家必将与全球同仁一道，用卓越的智慧和贡献洞悉新的管理规律和决策模式，造福人类。

　　是为序。

国家自然科学基金"大数据驱动的管理与决策研究"

重大研究计划指导专家组

2023 年 11 月

前 言

移动互联网时代，在大数据的驱动下，用户的行为决策日益全景式和社群化。用户行为模式的变化，冲击着传统制造企业的大规模式的营销管理与决策模式，一些有名的快速消费品品牌的市场份额出现断崖式下滑，很多企业力图通过资产重组来摆脱困境（如麦当劳出售中国市场的业务，可口可乐和康师傅出售工厂制造和销售部门，成为轻资产的品牌化运作公司）。大数据是在互联网、物联网、移动计算、云计算之后信息业又一次颠覆性的技术变革，它是将信息技术和伴随产生的海量性（volume）、高速性（velocity）、多样性（variety）和价值性（value）数据资源有机结合起来的又一次突破性创新，它的运用产生了巨大的社会价值和产业空间，也给现有的企业管理与决策模式和体系带来了新的挑战和机会。一个关键的挑战是用户的行为决策模式发生了转变，用户更喜欢利用碎片化时间，进行跨场景的、随时随地的全景式体验（典型的例子是，用户参加某旅游团，导游临时建了个微信群，分享了介绍当地土特产名店的文章，用户到店购买时，发现带货回家很麻烦，正准备放弃时，店主建议，可以用手机在该店的网店下单付款，现场提货邮寄，用户既可拿到现制产品，又可享受网购便利和服务，而且推荐给其他朋友的话，还可以享受组团购买的优惠，于是该用户在朋友圈上分享了自己的购买体验和优惠信息）。同时，用户更愿意通过与他人的社会交互来获取购买经验和分享体验，呈现出社群化的行为决策模式，这导致用户越来越忽视企业的直接营销刺激，给企业的线性流程化的营销模式带来巨大的挑战，为此很多企业建立品牌社区（自建品牌社区或利用企业微博、微信公众号、豆瓣小站、百度贴吧等第三方社会化平台建立品牌社区），以适应用户行为决策的社群化（为区分起见，本书将支持用户社会交互的平台载体称为社区；将社区上聚集在一起的、相互连接与交互的用户群体称为社群），很多涉及复杂网络的研究也发现，社会网络不同于生物网络、技术网络与信息网络的关键点在于其社群性。可见，在大数据时代，用户利用大数据驱动形成的全景式社群化决策模式，会给企业现有线性流程化的、针对用户个体的垂直刺激式营销模式带来挑战，也会给企业实施全景式社群化营销模式提供机会。

在大数据时代，企业适应用户行为决策的全景式与社群化的前提是构建基于三元交互大数据驱动的营销体系。如图 1 所示：①用户的全景式行为决策可以看作"用户—场景—产品"的三元有机交互，包括用户与场景互动的场景交互（如选择购物场所）、用户与产品互动的产品交互（如了解产品或者购买产品）以及与产品关联的用户间的交互（如加入产品俱乐部、虚拟品牌社区）。类似地，企业针对市场的管理决策（如洞察用户和满足用户），也可以看作一个"产品—场景—社群/用户"的三元交互，如产品与场景交互的产品呈现（如互动渠道）、产品与用户交互的产品营销（如产品体验）和产品开发（如顾客参与）、场景与用户交互的场景布局（如氛围营造）。②用户的社群化消费行为决策可以看作"社群—场景—产品"的三元交互，也就是说用户不是独立参与三元交互，而是以一种群体交互的方式参与。③社群和用户的自发演化动力性和非营利社会性，使得企业很难直接进行商业化介入，企业需以社群和用户为中心，采取融合支持式的赋能型策略，将企业的策略有机地融入社群演化，而又不破坏社群内在的动力演化性。在大数据时代，企业的全景式社群化赋能管理与决策就是通过场景激活、产品化合、交互催化来提升三元交互的活跃性，实现"社群/用户—场景—产品"的三元交互，给社群和用户带来更多的全景体验（即产品体验、场景体验与社交体验）。

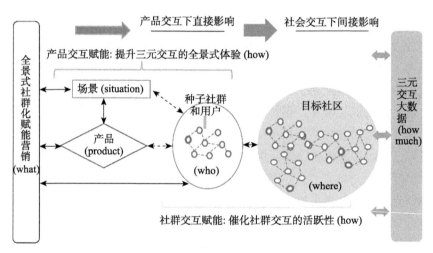

图 1　三元交互大数据驱动的全景式社群营销管理决策问题

　　企业实施全景式社群赋能营销策略的关键在于，通过三元交互给种子社群和用户带来全景式体验，进而诱发更大范围的社群间的互动与扩散，实现企业赋能策略效果的倍增。在大数据驱动下，企业全景式社群化赋能营销包括三个关键环节：①通过对目标社区的潜在社群进行建模和分析（where），选择有影响力的种子社群和用户（who），作为企业三元交互的直接目标对象；②通过产品化合、场景激活等活跃三元交互的产品交互赋能（what），来满足种子社群和用户的全景式体验（how），增强对种子社群和用户的直接影响；③通过社群交互赋能（what），利用社群的动力演化性，来诱发更多的社会交互，扩大种子社群和用户对其他社群的间接社会化影响，实现企业赋能策略效果的倍增（how much）。可见，在企业的全景式社群化赋能管理与决策中，关键是社群和用户的识别与动力演化的建模分析。

　　考虑到研究的因果关系和可解释性，本书采取了大数据与小数据结合的研究方法，后续很多研究在采用二手数据分析的基础上，也采用了小数据的实验方法。本书分六章，系统介绍了大数据驱动的社群营销模式。第一章在对比经典营销的顾客交易逻辑基础上，提出大数据时代的用户交互营销思维，进而构建出支持企业社群赋能营销的模式与体系；第二章结合社群的相关研究，重点探讨了社群营销中的核心概念——社会网络与社会影响、品牌社区与认同、社群识别与关键用户；第三章基于关系演化和社群交互，来探究企业如何融入社群；第四章探究三元交互的耦合策略，分析如何激发用户；第五章基于三元交互网络结构分析来识别种子用户和引出爆点；第六章构建社群交互的共振策略来倍增营销策略的效果。本书是国家自然科学基金重大研究计划"大数据驱动的管理与决策研究"的重点支持项目"大数据驱动的消费市场的全景响应式营销管理与决策研究"（91746206）和国家自然科学基金重点项目"技术赋能的商务信息全景化管理与增强型决策的人机协同新范式"（72132008）的研究成果的集成。本书是项目团队共同努力的结果，内容以项目负责人武汉大学的黄敏学教授发表在国内外学术期刊的文章为主，天津财经大学的王薇博士根据负责人提出的整体框架，对其中内容进行了再研究和修改完善。

目 录

第一章

大数据驱动的社群营销模式概述

大数据驱动下企业的经营管理模式面临着转型和升级，作为面向用户的营销管理同样面临着新的挑战。本章在探讨技术赋能下用户行为模式变迁的基础上，提出了社群营销模式的整体框架，同时结合已有的企业营销实践创新，在经典营销理论体系下总结了社群营销模式的创新实践经验，指出用户交互思维是实现社群赋能营销模式的关键。

第一节　大数据驱动的营销管理模式转型

一、大数据的内涵

（一）大数据的概念

"大数据"的概念出现于 2008 年，*Nature* 与 *Science* 随之出版专刊，从互联网技术、计算机科学、生物医药等领域讨论了大数据的作用与前景（Frankel and Reid, 2008）。目前，有关大数据的学术研究一方面侧重宏观层面，探讨政府决策机制、公共安全等问题；另一方面立足于计算机和信息科学，探讨数据挖掘、存储和处理等问题（Bryant et al., 2008）。大数据指巨量资料，其规模一般巨大到无法通过普通主流软件工具在合理时间内完成对企业相关资讯的撷取、管理和处理，进而难以实现对企业经营决策的提升。在维克托·迈尔-舍恩伯格及肯尼思·库克耶撰写的《大数据时代》中，大数据指不用随机分析法（抽样调查）这样的捷径，而采用所有数据的方法。

（二）大数据的特征

大数据的特征有 4 个层面，即 4 V——海量性（volume）、高速性（velocity）、多样性（variety）和价值性（value）。

1. *海量性*

海量性指的是巨大的数据量及数据规模的完整性。数据的存储从 TB

（terabyte，太字节）扩大到 ZB（zettabyte，泽字节），这与数据存储和网络技术的发展密切相关。数据的加工处理技术的提高、网络宽带的成倍增加，以及社交网络技术的迅速发展，使得数据的产生量和存储量成倍增加。实质上，从某种程度上来说，数据的数量级的大小并不重要，重要的是数据的完整性。数据海量性的应用有如下的体现，如对 Twitter 上每天产生的 12 TB 的发帖内容进行分析，了解人们的心理状态，用于情感性产品的研究和开发；分析 Facebook 上成千上万条的信息，可以帮助人们处理现实中的朋友圈的利益关系。

2. 高速性

高速性主要表现为数据流和大数据的移动性。现实中则体现在对数据的实时性需求上。随着移动网络的发展，人们对数据的实时应用需求更加普遍，如通过手持终端设备关注天气、交通、物流等信息。高速性要求能够进行具有时间敏感性和决策性的分析——能在第一时间抓住重要事件发生的信息。比如，一天之内审查 500 万起潜在的贸易欺诈案件，分析 5 亿条日实时呼叫的详细记录，以预测客户的流失率。

3. 多样性

多样性指有多种途径来源的关系型和非关系型数据。这也意味着要在海量、种类繁多的数据间发现其内在关联。互联网时代，各种设备通过网络连成了一个整体。进入以互动为特征的 Web 2.0 时代，个人计算机用户不仅可以通过网络获取信息，还成为信息的制造者和传播者。在这个阶段，数据量开始了爆炸式增长，数据种类也开始变得繁多，除了简单的文本分析外，还可以对传感器数据、音频、视频、日志文件、点击流以及其他任何可用的信息进行分析。比如，在客户数据库中，不仅要关注名称和地址，还要关注客户所从事的职业、兴趣爱好、社会关系等。利用大数据多样性的原理就是：保留一切你需要的对你有用的信息，舍弃那些你不需要的；发现那些有关联的数据，加以收集、分析、加工，使其变为可用的信息。

4. 价值性

价值性体现出的是大数据运用的真实意义，其价值具有稀缺性、不确定性和多样性。"互联网女皇"玛丽·米克尔（Mary Meeker）在《2012 年互联网趋势报告》中，用两张生动的图像来描述大数据，一张是整整齐齐的稻草堆，另外一张是稻草中缝衣针的特写。寓意通过大数据技术的帮助，可以在稻草堆中找到你所需要的东西，哪怕是一枚小小的缝衣针。这两张图揭示了大数据技术一个很重要的特点——价值的稀缺性。

二、大数据驱动的营销管理新范式

（一）大数据驱动的新型管理科学范式

在企业管理与决策中，大数据的相关问题研究，虽然探究了生态系统管理、社会化行为识别、顾客需求洞察，以及精准定位等问题，但是相关研究的基本思路是将大数据作为一种方法和工具去优化现有的管理与决策，还没有完全适应大数据所带来的用户行为决策模式的全景式和社群化变化，也还没有挖掘大数据的"4V"特性带来的深层价值性，这需要构建大数据为本的、大数据驱动下的新型管理与决策范式（冯芷艳等，2013；徐宗本等，2014；陈国青等，2020）。

根据表 1-1 可知，大数据驱动的管理决策模式需从管理控制型转向赋能支持型，组织结构需从层级稳定模式转向网络扁平模式，研究也需要从功能机械模式转向系统演化模式。本书将遵循上述思维模式，结合技术赋能下用户行为模式的变迁，具体探究营销管理模式的转型与升级问题。

表 1-1　大数据驱动的新型管理科学范式特点

类型内容	经典的管理科学体系/范式	大数据驱动的复杂性科学体系/范式
理论基础	机械论、还原论，整体等于部分之和	整体论、系统论，整体不等于部分之和
组织形式	层次、等级，比较稳定	网络、扁平，与时俱进
信息传递	自上而下、命令链	交互作用、协同运作
未来方向	有计划的设计结果	部分及环境互动涌现的结果
相互关系	因果关系、线性关系	非因果关系、非线性关系
行为状态	个体或系统行为是已知、可预测或可控制的	个体或系统行为是未知、不可预测或不可控制的
环境要求	稳定、确定，长期未来可预测	不稳定、非确定，长期未来难以预测
组织变革	少数领导者设计与决定组织变革的方向	组织成员决定组织变革的方向或自发涌现变革
决策依据	根据事实和相关数据做出决策	根据系统的状态与行为模式做出决策
管理逻辑	基于目标导向的线性流程式的控制型管理	基于迭代优化的系统支持式的赋能型管理
研究哲学	简化主义（reductionism）——简单就是美的	复杂系统（complex systems）——网络科学

资料来源：Barabási (2012)

（二）大数据驱动的营销管理与决策特点

遵循上面的大数据驱动的管理科学范式，大数据驱动的营销管理与决策就是要从现有垂直控制的"预判—决策—反馈"型转变为水平支持的"洞察—响应—迭代"型，挑战现有分析的小样本性和批量处理模式。如表 1-2 所示，在 Web 1.0 时代，消费需求相对统一和稳定，追求数量和功能满足，企业采取大规模化营销管理与决策模式，利用市场的规模经济性，简化营销的管理决策是比较有效的。这时的模式是以管理者为主，定期根据历史经验来预测未来变化，结合公司的资源，在相对稳定的预期下进行管理决策，然后定期分析市场执行情况，为下一个决策周期提供依据，形成闭环。大数据驱动的"洞察—响应—迭代"型营销管理与决策模式，以市场为主，假设市场需求是多变和快变的，企业需及时洞察市场需求和可能的变化，根据公司的资源和战略形成若干可迭代优化的前瞻性策略方案，并根据当时的市场状态自动选择合适的方案执行，同时根据消费者的反应情况及时做动态优化，对于无法满足需求的，则提醒企业制订更具创新性的营销策略方案，实现策略的迭代优化，并形成闭环。

表 1-2　两种营销管理与决策模式的比较

比较内容	管理者驱动的营销管理与决策	大数据驱动的营销管理与决策
管理决策场景	市场需求同质性高，市场变化稳定	市场需求个性化强，市场竞争激烈
管理决策体系	垂直控制的"预判—决策—反馈"型	水平支持的"洞察—响应—迭代"型
管理决策绩效	规模化的经济性，决策统一性	个性化的价值性，决策灵活性
数据分析目的	辅助支持管理决策，以管理者为本	驱动业务高效运营，以市场响应为本
数据分析重点	长期预测判断，提升预测效度	即时的动态分析，提升响应效度
数据获取来源	调查数据，经营结果数据	过程跟踪数据，交互记录数据
数据存储模式	小样本的，离散型存储	海量的，复杂网络模型存储
数据分析层次	偏重宏观整体，难以微观细化	立足微观个体，可以反映整体
数据分析方法	解释验证性分析，计量模型	动态演化分析，工程计算模型
数据分析时点	长周期，间断式	实时，连续式
数据处理方式	批量处理，数据挖掘	流处理与交互处理，数据驱动

第二节　用户行为变迁与社群营销新模式

一、消费行为特征与用户思维

（一）消费行为的社交性、场景性与移动性

目前中国超过 10 亿的网民借助微信、微博、QQ 等各种工具，随时随地地在社交网络中发表看法和了解他人的想法。互联网的升级实现了从信息分享到用户社交的转型，信息内容从企业创建转向用户创建，而移动互联网时代的到来，更加强化了互联网的社交性（social）、场景性（location）和移动性（mobile），即移动互联网时代的 SoLoMo。

第一，社交性。移动与互联网的结合，特别是具有个人身份性的手机与互联

网社交平台的结合，构建了移动互联网的人本化社交系统，将互联网中的匿名性的弱关系转变为实名性的强关系网络。例如，微信在很大程度上方便了熟人朋友之间的信息分享和交流互动，将线下私密型的社交活动线上化和计算化，使企业有机会借助和利用这些可计算、可观察和可交互的社会资源进行营销活动，起到事半功倍的作用。另外，移动社交平台的普及和应用，使消费者获取、分享信息的模式发生了重大转变，消费者越来越依赖熟人间的信息分享和推荐，而减少了对商业化信息的获取和采信。在移动互联网时代，企业营销策略需要转型以适应社交性带来的机遇和挑战。

第二，场景性。场景性是指消费者利用随身携带的移动设备随时接入互联网来获取和分享信息，从而实现线下、线上的实时关联。例如，消费者利用扫描二维码可以很快链接到线上获取信息和下达订单，然后可以在线下实现货物提取和服务，实现线上快捷便利的购买决策、交易支付及线下及时安全的货物传递。移动互联网的场景性，使消费者可以从容在线下、线上无缝切换和对接，消费者购买决策更加主动和灵活。可见，企业需要将线上信息服务和线下体验服务有机结合起来应对这一挑战。

第三，移动性。移动性是指消费者可以随时随地接入互联网享受各种服务和体验。借助移动性，消费者可以利用碎片时间进行活动，如消费者在等待时间、乘车时间和上床休息时间见缝插针式地进行信息分享与快速交互活动。有效地利用消费者使用行为的移动性和时间的碎片性，是适应移动互联网特点的关键之一。

（二）顾客、用户、粉丝

顾客泛指前来商店或服务行业购买东西的人或要求服务的对象，包括个人和组织。凡是已经来购买和可能来购买产品或服务的个人和单位，即所有潜在享受服务的人或组织，都可以算是顾客。顾客是传统行业的产物，是交易的购买者，一般追求满足个人价值利益，在网络营销中往往处于被动接受的一方。顾客更看重产品的功能价值、服务的体验价值以及品牌的符号价值，他们想要更好的产品和服务，用于最大化满足自身的消费利益。企业重在提高产品的知晓度、美誉度，从而提高顾客的忠诚度，以实现顾客的重购、溢价和口碑传播。

用户原指使用电脑或网络服务的人，通常拥有一个用户账号，并以用户名识别。在网络营销中用户是使用产品或服务的人，同产品或服务产生直接的交互过程。用户是互联网时代的产物，一般愿意与企业进行交互，主动参与企业的活动，追求与企业的互动价值。用户不一定是顾客和购买者。除了基本的产品功能诉求和服务体验诉求以外，用户更加注重品牌的符号价值和象征性价值以及与企业的互动价值，用户可以在与企业或相同群体的互动中获得除产品基本属性以外的互动性、社交性的满足。

粉丝（英文是 fans）是一个汉语词语，也叫追星族。粉丝就是对某人、某物挚爱追随，狂热喜爱、痴迷的人，是移动互联网下的产物。在营销领域，企业或产品的粉丝是企业的认同者，愿意主动与企业进行互动并为企业提供建设性的建议，追求企业的情感价值。和用户较为相似，粉丝也更加注重与企业的互动，相比而言，粉丝更加主动积极地参与企业的活动和交流，并愿意为企业提供更好的建议，帮助企业推出更好的产品和服务，追求实现企业的情感价值和社群的社会价值。

对于用户和粉丝而言，他们与企业的关系类似朋友，他们希望企业的产品更好。企业应注重提高用户和粉丝对产品与企业的认同度、契合度和支持度，注意维护用户和粉丝，积极与他们进行互动交流，让用户分享推广，让粉丝参与创造。

（三）交易关系与交互关系

顾客和企业之间是交易关系，这个过程以企业为主导，是以销售产品和服务为结果导向的，是一种金钱关系，企业注重短期效益，以管理和控制来提升关键绩效，强调直接结果，一般采用促销、打折等理性经济手段推销产品，企业主要追求提高顾客的重购率和提升产品的溢价能力。

用户和粉丝与企业是交互关系，这个过程以用户为主导，是一个长期的服务过程和情感体验过程，强调持续的交互和后续的支持，相较而言，粉丝对于企业的情感更深。因此，对于用户和粉丝，企业一般会提供一些感性的促销方式与其形成持续的交互和产生情感的纽带。对于用户，企业应注重提高分享推广效率，让用户成为企业的宣传推广者；对于粉丝，企业应激发粉丝参与创造的欲望，从而形成粉丝和企业的双赢（图 1-1）。

交易（顾客）		
结果	管理方式	过程
金钱	绩效目标	情感
效率	管理目标	体验
关键绩效指标	考核指标	满意度
领导为核心	管理导向	用户为核心
管理或控制	经营理念	服务或支持
短期	决策导向	长期
理性	思维模式	感性
交互（用户、粉丝）		

图 1-1　关系价值导向图

（四）用户思维

经典营销和社群营销的差异还体现在对消费者的解读上。顾客是指交易的购买者，其目的在于满足个人的价值利益。用户是指企业的交互者，与企业存在互动，追求互动价值。粉丝是企业的认同者，将企业和自身一体化。

顾客思维强调的是交易，追求效率最大化，结果直接化，其负面典型为"大数据宰熟"现象，即消费者在多次查询之后购买价格上涨。社群营销倡导的体验是以"BAT"①为例的为用户提供价值，具体来说百度倡导让搜索最容易，阿里巴巴追求让天下没有难做的生意，腾讯旨在连接一切，它们的特点在于主营业务免费。虽然每个企业的获利模式不同，但是它们共同强调了交互的重要性。从顾客思维到用户思维的转变背后的逻辑是从追求交易到交互。交易思维是要追求结果，以金钱为对象，追求绩效指标，追求短期和数据的理性分析结果。因为顾客有需要，所以企业借此多赚取利益，从而产生溢价。用户视角强调的是过程和体验，如百度地图提供免费服务，甚至提供各种各样的配音版本，用户获得了很好的使用体验，从而带来了更高的使用率，虽然并不是每一次交互都能获取利益，但是从长期来看，这个过程意味着企业有更多的资源和机会。所以要从追求结果的交易思维转向过程的交互思维，从顾客思维转变为用户思维。

二、社群营销新模式的构建

（一）营销模式的转型：从垂直势能到水平交互

以往的经典营销，如以脑白金为代表的广告投放，反复地刺激强化，其主要目的是激发消费者的记忆。早期的营销思路是最好的产品、最优的价格、最深入的渠道、最强的沟通，其核心的目标是让消费者记住、认识，最终实现购买，这也被称为势能差营销，企业和消费者之间的势能差越大、冲击力越大，对消费者的影响也就越大，这种营销模式就好比在消费者大脑中钉钉子，强势植入并强化广告记忆。在移动互联网环境下，随着社会化媒体的发展，消费者间的交互越来越频繁，消费者越来越喜欢听其他人的建议，不愿意听厂家的意见，可见如果企业的营销策略不能与时俱进，仅仅依靠单方面影响的广告投入可能是无效的。

在移动互联网时代，企业需要整合与升级各种营销战略和策略，以适应基于消费者口碑传播的社交性需求。经典营销战略的核心是定位和聚焦，通过细分市场及选择市场，实现公司营销的聚集，在消费者心智中形成差异化的优势，进而影响消费者购买行为决策，提高消费者忠诚度。移动互联网时代，企业营销战略不仅要考虑最终目标消费者和用户，还要考虑影响最终目标消费者和用户的相关

---

① B指百度、A指阿里巴巴、T指腾讯。

群体的认知及接受能力，企业必须认识到消费者是相互影响的，企业定位在垂直聚焦思考的同时，还要水平关联思考相关群体的影响。简单地说，企业需要从关注目标的顾客思维转向关注关联的用户思维。所以在移动互联网时代，不只是强调企业与消费者之间的关系，更多的是强调在企业的参与下的消费者之间的关系，即强调关注消费者间的水平关联，企业的消费者才会有黏性，才会有价值性。

（二）基于水平交互的社群营销模式构建

营销所要解决的是用户和产品的连接问题，在经典营销中，由于消费行为是碎片化的，消费者看到信息和购买决策是时空分离的，这个时候需要通过消费者的记忆来进行连接。因此，经典营销的主要方式是通过广告的刺激，让消费者记住产品，通过记忆来解决信息获取和决策行为的时空分离问题。在互联网时代，信息的获取由内部记忆转化为外部的搜索，此时营销的关键是导流、转换和留存。

在移动互联网时代，消费者可以实现线上与线下行为的一体化，实现整个消费旅程的无缝衔接和转换。比如，消费者线下接触商品或广告，线上进行信息搜索，接着通过设备导航到店体验，依据现实场景进行线上或线下消费，最终在网上分享感受。可见，移动互联网时代，消费者的决策越来越社交化、场景化和移动化。企业是如何触达消费者和影响消费者的呢？

图 1-2 展示了企业全景式社群赋能营销策略。企业有两种与消费者触达的方式。一种是传统的场景触达，就是随时随地以产品为中心，产品是载体，通过具体的现实场景激发消费者的感情，消费者依据场景实现情感决策。另外一种是社群触达，即人以群分，物以类聚，人与人之间通过社群触达，通过交互，实现交易，而不是为了交易而进行交互。移动互联网时代，场景触达的典型是传统电商，社群触达的典型是社交电商。例如，如今的直播在某种意义上就是粉丝交互购买，是社群触达的表现。

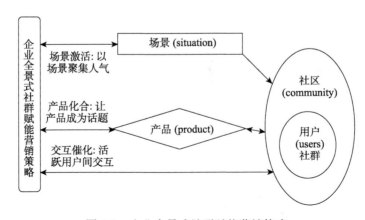

图 1-2　企业全景式社群赋能营销策略

由于消费者影响的社交化、决策的场景化、行为的移动化，只有将两种触达方式有机结合起来，才能形成有效的营销模式。本书认为，企业先是利用产品—场景交互进行直接营销，进而来打动消费者，营销产品或服务，然后利用消费者所在的社群进行裂变，即利用社群中的消费者交互扩大社会影响，间接促进更多的交易达成。经典的营销在于说服消费者，社群营销需要打动消费者，与消费者之间建立感情，激发消费者的口碑交互分享意愿，间接促进营销裂变和更多的交易达成。必须指出的是，社群营销的基础是场景营销，因为如果缺乏场景的触达，仅仅是依靠人的互动，产品将很难植入，这也是场景的价值所在。

需要指出的是，在移动互联网时代，每个消费者都可以连接自己的社会网络，建立自己的兴趣圈子，而且都可以成为自己小圈子的意见领袖，也就是说移动互联网时代每个人都可能发挥意见领袖的作用，每个人都可以成为营销信息的传播者，这就是"湿营销"。现在面临的挑战是在移动互联网时代的消费者可以自主和自由地发表观点及分享信息，特别是在私密的圈子中可以自由表达，甚至是发泄情绪。也就是说，消费者可以传播与企业相关的正面信息，也可以传播与企业相关的负面信息，已有研究指出消费者对负面信息的传播动力和意愿要明显高于正面信息。这需要企业优化甚至改造自己的营销策略，激励消费者对企业的正面口碑传播，借助消费者间信息传播的链式效应达到事半功倍的效果。

可见，在移动互联网时代，企业营销策略必须对接和整合消费者的口碑分享及传播，要充分利用移动互联网的社交性、场景性和移动性，让企业营销策略激起消费者口碑实现社会化营销，而不仅仅是让企业的营销策略直接影响消费者，让消费者喜欢、满意和购买公司的产品服务，形成忠诚顾客就行了，还必须将消费者转变为企业产品服务的信息传播者和体验分享者，使其成为企业的编外社会化营销人员。

第三节　社群营销模式的实践创新[①]

一、社群营销模式的战略创新

社群营销的本质就是要建立用户的交互思维，就是通过营销激发用户间的水平交互。经典营销强调知晓度、美誉度、忠诚度，并根据用户的贡献大小进行分级管理，如银行通过用户账户余额对顾客进行评级分类管理，但这种基于利益的交易关系模式很难建立认同感。社群营销强调的是认同度、契合度和支持度，即

---

① 黄敏学, 王殿文. 2015. 移动互联网时代的营销战略. 清华管理评论,（1）: 40-46.

认同社群的理念，用户愿意与社群里的用户群体进行交互和交流，同时愿意表达自己的观点和提供资源进行支持，由此形成一个"圈子"。

经典营销理论包括 STP 营销战略[①]和 4P 营销策略[②]。其实，社群营销模式在本质上，仍然遵循经典的营销框架，只是在内涵和实现方式上与经典的营销有着本质的区别，需要用社群中的用户交互思维来进行理解（表 1-3）。

表 1-3　经典营销与社群营销的比较

比较内容	经典营销	社群营销
关注重点	顾客思维/购买关系	用户思维/分享交互
营销战略	抢占心智/垂直聚集	生活交融/水平关联
营销策略		
产品策略	功能/质量	体验/痛点
定价策略	博弈/成本	价值/尖叫
渠道策略	网络/便利	圈子/粉丝
促销策略	沟通/刺激	传播/分享
营销研究	小数据/周期循环	大数据/工程迭代

经典营销战略的核心是定位和聚焦，通过细分市场和选择市场，实现公司营销的聚集，在消费者心智中形成优于竞争对手的差异化优势，进而影响消费者购买行为决策，提升消费者忠诚度。在移动互联网时代，企业营销战略不仅要考虑最终目标消费者和用户，还要考虑影响最终目标消费者和用户的相关群体的认知与接受，企业必须认识到消费者是相互影响和相互支持的，企业定位在垂直聚焦的同时，还要水平关联相关群体的影响。简单地说，企业需要从关注目标的顾客思维转向关注关联的用户思维。因此，企业理念、企业品牌、企业文化的建设显得非常重要，这其实是建立企业的水平化影响力，一个好的企业品牌文化虽然不能带来直接的消费者和购买者，但是可以吸引很多对最终消费者和购买者产生影响的传播者和推荐者。比如，海底捞的"感动"文化，使很多网络上有影响力的自媒体广泛传播海底捞的让顾客感动和让员工感激的经营故事。可见，移动互联网时代，有感召力的企业品牌文化具有很强的社会传播性。

---

① 在现代市场营销理论中，市场细分（market segmenting）、目标市场（market targeting）、市场定位（market positioning）是构成公司营销战略的核心三要素，被称为 STP 营销战略。
② 4P 营销策略为四个基本策略的组合，即产品（product）、价格（price）、推广（promotion）、渠道（place）。

二、社群营销模式的策略创新

（一）产品服务的社会性

经典产品营销策略的核心是功能和质量，即给消费者带来更多的直接价值和体验，吸引消费者购买，提高消费者忠诚度。移动互联网时代，企业的产品服务在吸引消费者购买，提高消费者忠诚度的同时，还要激发消费者的口碑传播意愿，即让产品服务具有社会传播性。

1. 产品服务的极致性

产品服务的极致性，是指将企业产品服务中的某些因素做到极致，一举击中用户的"痛点"，让用户觉得难以置信和产生感动。已有口碑研究发现，消费者最喜欢分享和传播的是让自己感动的内容，一是因为传播正能量的信息可以提升自己的社会形象，二是给其他好友分享有潜在价值的信息是一种利他行为。最典型的例子是海底捞的服务，虽然在互联网上海底捞的菜品和环境评分并不是最高的，但是服务质量评分却是最高的，不但评分高，很多消费者还分享了很多让其感动的故事，如等餐时提供涂指甲服务等。可见，产品服务的极致性并不是把产品服务的每个特点都做到极致，只要把关键部分做到最好，其他因素没有问题即可。因为，消费者对特别的事情记忆比较深刻，也容易产生共鸣，以往研究指出一个非常满意的消费者的口碑意愿六倍于一个一般满意者的消费的口碑意愿。进一步的问题是企业如何将产品做到极致，小米的七字口诀"专注、极致、口碑、快"给予了很好的回答，只有企业专注和专业，不断与消费者沟通和互动，采用迭代不断优化的战略，才能将产品做到极致。

2. 产品服务的网络性

它是指企业产品服务价值的一个重要来源就是用户网络规模，如手机产品，它的使用者越多，用户的价值就越大，可见增加产品服务的网络性，可以激发消费者间的融合和利用社交网络的动力。比如，目前很多产品增加了朋友间的竞赛环节，典型的是耐克的跑步软件，提出"让跑步者不再孤单"，它不仅能让用户分享跑步的情况，还可以同时显示用户在朋友间的排名情况，这大大增加了每个用户运动的社交娱乐性，同时借助社会网络的群体效应，有效提升了消费者对产品使用的积极性。再如，用户在利用互联网观看视频时，可以使用视频中的弹幕功能随时将自己发表的观点显示到屏幕中，成为屏幕内容的一部分，这大大增强了用户的参与体验性和与其他用户的分享交互性。

（二）产品定价的尖叫性

经典定价营销策略的核心是三个价格的博弈，即实现企业的盈利成本、同行的竞争价位以及消费者的预期心理价位三者之间的平衡，目标是让企业在市场竞争中处于相对优势又能直接利益最大化。移动互联网时代，企业的定价策略可能考虑的不是直接盈利，而是吸引用户，让用户纷纷相互推荐，让竞争对手纷纷撤退，实现市场的快速扩张。免费可以说是互联网中最具社会传播性的定价策略。目前，大多数流行性度很高的互联网应用都是免费的，特别是一些后起者进入现有市场时，也会凭借免费策略一举改变行业生态，赢得消费者的认可和广泛推荐。典型的例子是，安全软件企业 360 凭借终身免费策略一举打破已有的杀毒市场格局，在短时间内占领了全国大部分的杀毒市场份额，虽然这引起了同行的指责、批评，甚至谩骂，但是却赢得了广大用户的赞誉和广泛推荐及分享。当然，采用让消费者"尖叫"的免费策略有两个问题需要注意：一是产品本身必须具有极其优异的功能和体验的价值性。例如，360 利用云杀毒技术汇集广大用户的智慧来不断升级优化安全软件。二是企业必须在其他相关市场寻找到盈利点，这样才能保证产品服务的可持续性。360 将安全软件带来的流量导入到其他应用中，如360 安全浏览器等可以产生广告收入的应用软件，从而间接实现盈利。

（三）渠道网络的社交性

经典渠道营销策略的核心是让消费者便利接触和购买到企业的产品服务，关注的是渠道网络的构建。移动互联网时代，企业可以与消费者直接进行交互，跨越时空的限制，同时社交媒体发展大大降低了企业与消费者直接交互的成本。可以说，直销是利用人际社会网络进行销售的鼻祖，但是利益驱动的人际销售与注重情感的人际交往是相互抵触的，正因为如此很多人对于熟人推销非常抵触和排斥。移动互联网时代，大家可以利用社会网络汇集个体力量与商家进行博弈，获取群体购买的效益。典型的例子是团购，借助互联网，具有相同兴趣的消费者可以自由组合参加商家发起的团购活动，实现消费者、商家与第三方平台的多赢。必须指出的是，由于移动互联网的社交网络是具有强关系的亲密网络，朋友之间的交流比较排斥和忌讳涉及利益性的活动，朋友间交流更注重对方的感受、自己的责任和对人的付出，企业在移动社交网络进行渠道营销时，要避免入侵性和情感破坏性。比如，有的企业鼓励员工利用自己人际圈子进行产品销售，试图将线下的人际产品直销模式移植到线上来，结果适得其反引起员工好友的反感和排斥。

（四）营销沟通的传播性

经典沟通营销策略的核心是让目标受众注意、认知、偏好和购买企业的产品服务，采取的是直接影响策略。移动互联网时代，消费者对企业的直接商业传播的影响策略比较排斥，更愿意接受其他消费者和朋友之间的分享与推荐，因此企业必须调整沟通策略，实现对消费者的间接影响。事实上，如果企业的营销沟通策略能够激发消费者和用户的口碑传播，企业的沟通策略就成功了一大半。问题的关键是企业沟通策略如何激发消费者和用户的传播，企业经典的沟通活动包括广告、促销、公关等，企业通过这些活动打造品牌和刺激消费者。那这些沟通活动能否融入社交性和传播性因素呢？

1. 让广告也娱乐

典型的例子是可口可乐在马来西亚推出了一个互联网广告，它是用来介绍可口可乐瓶子的妙用的，在广告推出后，很多用户感觉广告非常有意思，纷纷在网上分享和转发这一广告。一般来说，要让广告具有病毒性，广告就必须得具有趣味性和价值性，趣味性是引起关注、增强广告的接受度，价值性是提高广告的传播度、对他人有价值，因为分享一个有趣而又有用的广告，有助于提升自己在朋友圈中的正面形象。

2. 让促销也社交

典型的例子是微信在推广其支付平台时，利用抢"红包"功能激发大家对支付功能的应用，它利用大家的休闲娱乐心态，结合传统的发红包的讨喜心情，在2014年春节期间就有近 2 亿个用户参与了发红包和抢红包活动，换而言之也就是有 2 亿个用户尝试使用或者了解了微信支付功能，可以说微信用了 1 个月的时间就实现了支付宝 7 年才达到的目标。如何将促销与社交活动有机结合，需要企业洞察消费者的社交行为和群体性行为特点，变以往个别独立刺激的影响模式为群体互动激发的影响模式。

3. 让公关也卖萌

典型的例子是网络语言采用，如淘宝将用户称为"亲"，以增强用户间的亲切感和认同感。其实，移动互联网让社交从虚拟匿名的弱关系网络变成便利实名的强关系网络，大家进行社交的主要目的是情感交流和满足情感需求，如果企业宣传活动能够激发消费者情感共鸣和认同，同时能吸引消费者参与及体验，就可能大大增加消费者分享与传播的意愿。目前，很多企业利用微信公众号进行传播时，提供的是正面的、积极的、故事性的主体内容，附带传播企业的简要信息，同时注重内容与企业传播信息的融合性，以求激发消费者的共鸣和参与。

4. 让品牌也激情

一个有趣的例子是作为倡导科技理念的诺基亚手机退出市场后，并没有多少消费者感慨和留恋，因为大家认可的是诺基亚的耐用等理性因素，这些因素在其他产品中也可以找到。苹果一直拥有很多忠实粉丝，他们从内心认可产品的设计，即使在苹果出现低迷之时也有很多消费者对其艺术性念念不忘，一旦苹果推出新产品，粉丝消费者便蜂拥而至，并在群体中分享这种难以言表的快乐。以往研究指出，品牌如人，也是有个性的，可见这种感性的温暖性品牌似乎更容易引起社会化营销，这与人性化的社会交往是相互吻合的。另外，如果消费者与品牌的关系是一种朋友模式而不是一种交换模式，也更容易引起消费者的社会化传播意愿和保护意愿，如与品牌是朋友型关系的消费者可能会更包容企业产品服务的失败，一般只是向企业抱怨和投诉，以求企业改进并解决问题，而不会简单地分享传播给其他好友，来宣泄自己心中不满并作为对他人的警示，给企业造成负面的社会影响。

（五）营销执行的工程化

经典营销研究的核心是了解市场、分析市场、评估策略，让企业的营销策略更加精准和有效，由于消费者的独立性和封闭性，企业只能借助抽样的方法，力图洞察消费行为形态变化，并为企业营销策略制定提供参考和依据，这种研究的周期比较长、成本比较高，企业很多策略在制定时是无法得到有效数据支撑的，更谈不上个性的研究与服务。移动互联网时代给营销研究带来的最大的机遇和挑战是大数据化。一方面，消费者可计算性让企业有机会、有能力了解消费者和把握消费者，利用数据对消费者进行个性化营销；另一方面，大数据的多样性、海量性、高速性和价值性，要求企业必须快速分析数据和响应数据，及时与消费者互动，否则消费者移动后又会产生新的情景和新的需求，给企业带来巨大的挑战。因此，移动互联网时代，企业的营销研究必须适应消费者的 SoLoMo 模式，采用工程化的方法，来实时跟踪消费者、分析消费者和快速响应消费者，同时不断实验和优化企业的营销策略。传统的周期性营销研究模式是无法适应消费者这种场景性和移动性的行为模式的，因此企业营销要融入社交性和传播性，必须基于大数据采用工程化的方法进行营销研究。

三、社群营销模式的实践挑战

移动互联网时代，企业营销必须要解决两个问题：一是要继续发挥经典营销的作用，即让受众了解、喜欢和购买公司的产品服务；二是要让受众产生共鸣并将企业营销信息与其他朋友进行分享，实现社会化营销。当然，"鱼与熊掌不可兼得"，企业营销同时满足两个目标是有一定难度的，企业需要依据不同媒体中受众的性质和特点，如是否具有很强的社会传播性，来确定企业的营销策略是强调直接影响效果，还是激发间接的社会化营销效果。但如果是在移动互联网上进行营销策划，企业必须优先思考和利用移动互联网的社交性及传播性，更多的是激发用户的社会化传播，利用社会化营销实现企业目标。必须指出的是社会化营销也是需要成本的，而且成本费用并不比传统的营销投入低，如小米主要是依靠网上社区交流和口碑传播来吸引粉丝，构建粉丝圈，实现社会化营销，小米投入了几千人来维护社群运转和交流，而且很多员工都是从超级粉丝中招聘转换过来的，可见小米的营销投入主要配置在人员交流上，一般企业则将营销投入配置在直接广告、公关等大规模营销活动上，它们之间的区别只是营销策略和投入方向不同。总之，企业必须根据自己的资源和能力，以及目标受众的特点，合理选择自己的营销模式并相应地分配营销资源，既要避免"邯郸学步""鹦鹉学舌"，丢了自己长处，又要适应消费行为的移动互联化趋势，科学布局移动互联网营销，更好地实现企业的营销目标。

参考文献

陈国青, 吴刚, 顾远东, 等. 2018. 管理决策情境下大数据驱动的研究和应用挑战——范式转变与研究方向. 管理科学学报, 21(7): 1-10.

陈国青, 曾大军, 卫强, 等. 2020. 大数据环境下的决策范式转变与使能创新. 管理世界, 36(2): 95-105, 220.

陈国青, 张瑾, 王聪, 等. 2021. "大数据—小数据"问题:以小见大的洞察. 管理世界, 37(2): 203-213, 14.

冯芷艳, 郭迅华, 曾大军, 等. 2013. 大数据背景下商务管理研究若干前沿课题. 管理科学学报, 16(1): 1-9.

胡东滨, 杨志慧, 陈晓红. 2021. "区块链+"商业模式的文献计量分析. 系统工程理论与实践, 41(1): 247-264.

贾建民, 耿维, 徐戈, 等. 2020. 大数据行为研究趋势: 一个"时空关"的视角. 管理世界, 36(2): 106-116, 221.

刘业政, 孙见山, 姜元春, 等. 2020. 大数据的价值发现: 4C 模型. 管理世界, 36(2): 129-138, 223.

潘煜, 万岩, 陈国青, 等. 2018. 神经信息系统研究: 现状与展望. 管理科学学报, 21(5): 1-21.

徐鹏, 徐向艺. 2020. 人工智能时代企业管理变革的逻辑与分析框架. 管理世界, 36(1): 122-129, 238.

徐宗本, 冯芷艳, 郭迅华, 等. 2014. 大数据驱动的管理与决策前沿课题. 管理世界, (11): 158-163.

Andrews M, Luo X M, Fang Z, et al. 2015. Mobile ad effectiveness: hyper-contextual targeting with crowdedness. Marketing Science, 35(2): 218-233.

Archak N, Ghose A, Ipeirotis P. 2010. Deriving the pricing power of product features by mining consumer reviews. Management Science, 57(8): 1485-1509.

Avery J, Steenburgh T, Deighton J, et al. 2012. Adding bricks to clicks: predicting the patterns of cross-channel elasticities over time. Journal of Marketing, 76(3): 96-111.

Baird C, Parasnis G. 2013. From social media to social customer relationship management. IEEE Engineering Management Review, 41: 48-55.

Barabási A L. 2012. Luck or reason. Nature, 489(7417): 507-508.

Bryant R E, Katz R H, Lazowska E D. 2008. Big-data computing:creating revolutionary breakthroughs in commerce. [2022-05-16]. https://cra.org/ccc/wp-content/uploads/sites/2/2015/05/Big_Data.pdf.

Chen H, Chiang R H L, Storey V C. 2012. Business intelligence and analytics: from big data to big impact. MIS Quarterly, 36(4): 1165-1188.

Fang E E, Li X L, Huang M X, et al. 2015. Direct and indirect effects of buyers and sellers on search advertising revenues in business-to-business electronic platforms. Journal of Marketing Research, 52(3): 407-422.

Fang Z, Gu B, Luo X M, et al. 2015. Contemporaneous and delayed sales impact of location-based mobile promotions. Information Systems Research, 26(3): 552-564.

Fong N M, Fang Z, Luo X M. 2015. Geo-conquesting: competitive locational targeting of mobile promotions. Journal of Marketing Research, 52(5): 726-735.

Frankel F, Reid R. 2008. Big data: distilling meaning from data. Nature, 455(7209): 30.

Ghose A, Ipeirotis P G, Li B. 2012. Designing ranking systems for hotels on travel search engines by mining user-generated and crowdsourced content. Marketing Science, 31(3): 493-520.

Goldfarb A, Tucker C. 2011. Online display advertising: targeting and obtrusiveness. Marketing Science, 30(3): 389-404.

Huang Y, Singh P V, Srinivasan K. 2014. Crowdsourcing new product ideas under consumer learning. Management Science, 60(9): 2138-2159.

Lu X H, Ba S L, Huang L H, et al. 2013. Promotional marketing or word-of-mouth? Evidence from online restaurant reviews. Information Systems Research, 24(3): 596-612.

Luo X, Andrews M, Fang Z, et al. 2014. Mobile targeting. Management Science, 60(7): 1738-1756.

Robert L P, Jr, Dennis A R, Ahuja M K. 2008. Social capital and knowledge integration in digitally enabled teams. Information Systems Research, 19(3): 314-334.

Shi Y, Zhang L, Tian Y. 2015. Knowledge extraction from support vector machines// Shi Y, Zhang L, Tian Y. Intelligent Knowledge. Berlin, Heidelberg: Springer: 101-111.

Toubia O, Stephen A T. 2013. Intrinsic vs. image-related utility in social media: why do people contribute content to Twitter?. Marketing Science, 32(3): 368-392.

Zerilli J, Knott A, Maclaurin J, et al. 2019. Algorithmic decision-making and the control problem. Minds and Machines, 29(4): 555-578.

Zhang M Y, Guo X H, Chen G Q. 2016. Prediction uncertainty in collaborative filtering: enhancing personalized online product ranking. Decision Support Systems, 83: 10-21.

第二章

社群营销模式的相关研究

在大数据发展成长之前，社会网络与社会影响就得到了许多学者的关注和研究。伴随着移动互联网特别是大数据发展起来的虚拟品牌社区成为企业和学界关注研究的热点，但是现有研究大多是从关系网络的心理视角进行探讨，较少从交易社区和兴趣社区进行探究；同时，已有研究也关注到社会网络中关键用户的影响性和作用性。本章对已有研究进行了梳理，厘清了社会网络、社会影响、品牌社区、认同、关键用户等核心概念，为后续大数据驱动的社群赋能营销模式的深入探究提供了相关理论支撑。

第一节　社会网络与社会影响

一、社会网络

基于社会网络视角的相关研究在市场营销研究领域得到了深入的发展并积累了大量的文献。社会网络指的是社会行动者（social actor）及其关系的集合（刘军，2004），文献中对关系（ties）有很多种理解，一般将其定义为"人和人或人和事物之间某种性质的联系"，人际关系（中国的特定背景下翻译为 guanxi）是人和人之间通过交往或联系而形成的对双方或者多方都产生影响的一种"心理连接"（庄贵军，2012）。随着大数据时代的到来，传统社会网络研究中所关注的单一人际关系网络已经不足以概括大数据时代特别是移动互联环境下企业能够获取的复杂网络关系，因此社会网络中的多节点类型、关系的多维性在目前的研究中逐渐受到营销学者的关注，而营销学中研究的社会网络从单一的人际关系网络扩展到异质节点和多维关系的网络实际上是借鉴了复杂网络科学领域的相关概念与数据挖掘技术（周涛等，2005）。

（一）人际关系网络

传统的社会网络研究大多从单一的人际关系网络视角出发，探讨网络中的节点和边（关系）的性质，这些研究的主题往往包括社会角色、经济学、信息传播、控制、交换等领域。

（1）网络中的节点：社会角色。角色理论（role theory）是戏剧化的暗喻（Biddle，1986），认为社会互动的有效性取决于人们对关系准则的共同理解，关系准则就是不同人群、不同社交情境下行为的合适性。期望是角色行为的主要影响因素，期望是指个体的希望或标准（Biddle，1986）。有两种主流的角色理论流派：功能角色理论（Bates and Harvey，1975）和结构角色理论（Burt，1982）。例如，零售商和批发商属于功能角色；分销网络的属性和互动模式属于结构角色。角色类型有朋友角色和商人角色，朋友角色是基于合适性（appropriateness）原则，强调内在导向（intrinsic orientation）。商人角色基于结果（consequences）原则，强调效用最大化，商人会通过选择策略（如合作或背叛）来最大化个人回报，可能会选择投机性行为，以牺牲伙伴为代价，是一种工具导向（instrumental orientation）。本书将利用角色理论来探讨三元交互大数据中社群用户的影响力差异性，以及不同类型社群中用户角色的差异性。

（2）网络中的关系：信任。组织研究认为，信任是一种甘愿暴露弱点的心理状态，这种状态是基于信任者对被信任者意图和行为的积极期望，期望其意图和行为不会伤害信任者的利益（Rousseau et al.，1998）。信任包含两层含义，一是对交易伙伴诚实、履行义务以及不占便宜的预期（Bromiley and Cummings，1995），二是在存在不确定性的情况下，愿意展露脆弱性，展现自己的利益依赖于伙伴的行为，而且相信对方不会借机牟利。由于电子商务的虚拟性，信任成为电子商务中广泛研究的重点问题，已有文献主要集中在信任机制构建和产生信任的影响因素上，如网站信息、服务质量、历史交易、用户评价等，关于企业通过社会交互活动来主动构建信任关系的则很少，而社会化媒体强大的社会交互功能让企业有可能主动地与用户建立信任关系，构建出满足企业经营需要的计算型虚拟社会网络。本书将结合全景式社群赋能营销策略，探究企业如何利用三元交互与社群用户建立连接并形成信任。

（3）网络经济学：社会嵌入。社会嵌入的概念首先由 Polanyi（1968）提出，他认为人类的经济活动嵌入并缠结于经济与非经济的制度之中，个体行动者既不外在于社会环境，也不是固执地坚守其既有的、普遍的社会规则与信条，而是嵌入具体的、当前的社会关系网络中，正是在这种格局中，社会个体做出符合自己目的、能实现自己愿望的选择。Granovetter（1973）发展了 Polanyi（1968）的概念，认为嵌入关系使组织间充满了信任与私人联系，而不仅仅是依靠成文的合同制约双方行为，这使得行动者的预期更加准确，从而有利于降低交易的监督成本。嵌入的类型：结构性嵌入，指组织之间不仅具有双边关系，还与第三方有同样的关系，群体间可以通过第三方进行联结，并形成以系统为特征的关联结构；

关系型嵌入，指关系双方重视彼此间的需要与目标的程度。嵌入的强度有强关系和弱关系。嵌入对组织的影响（Noordhoff et al.，2011）表现为，强关系促进组织间的协调和合作并提高信任程度，而弱关系有助于获得异质性信息。社会嵌入理论为企业与用户构建社会网络形成有效关系提供了指导，本书将借鉴这一理论来探究社群演化中的动力模型。

（二）具有异质节点和多维关系的复杂网络

在之前的论述中我们提到，三元交互大数据中的情景信息不仅包括消费者的个体行为信息，还包括消费者与场景、产品等建立起来的关联信息。因此，当把三元交互大数据中丰富的情景信息与传统的社会网络结合起来时，我们可以得到具有异质节点和多维关系的复杂网络模型（杨建梅，2010）。表 2-1 列举了本书所涉及的复杂网络的主要组成部分并从网络的构成要素、网络关系的研究视角、网络的连接性质、网络影响机制、网络关系的特点和网络演化的规律几个方面比较三元交互网络中各个部分之间的差异。

表 2-1 三元交互网络的构成及差异

比较内容	层面 1：直接网络 （人际关系网络） （Granovetter，1973）	层面 2：间接网络 （"消费者—场景"位置关系、"消费者—产品"关系等）（Faust，1997）
网络的构成要素	消费者、消费者之间的联系	消费者、消费者浏览的店铺、产品品牌、消费者与事物和事件之间的归属关系
网络关系的研究视角	消费者之间的交互	节点间的归属
网络的连接性质	消费者之间的社会关系联结	网络成员与其兴趣、爱好的联结
网络影响机制	人际传播、意见领袖、社会影响	兴趣发展、选择影响（selection effect）、社会学习（social learning）
网络关系的特点	成员角色稳定、关系的嵌入性强，不易变化	成员在不同活动中的多角色性、关系的嫁接性强，具有动态演化的不稳定特点
网络演化的规律	成员行为趋向一致性	小集团（clan）划分、网络多样性

二、社会网络演化

有关社会网络演化的动力模型，主要分为两类：一类是类似于流行病感染模型（Papadopoulos et al.，2012）和谣言传播（Moreno et al.，2004）的常微分方程，这一类模型在流行病和物理学复杂网络动力系统研究领域应用较多；另一类是以 Bass（1969）提出的 Bass 模型为主导的基于概率模型的产品扩散模型（Goldenberg et al.，2009；Iyengar et al.，2011）。

目前研究最为广泛的经典传染病模型是 SI 模型、SIS 模型和 SIR 模型，其中 S、I、R 分别表示易感染（susceptible）、已感染状态（infective）和恢复状态（recovered）。SI 主要用来研究感染后难以治愈或控制的疾病；SIR 主要用来研究治愈后具有很强免疫力的疾病；SIS 主要用来研究治愈后容易再感染的疾病。表 2-2 总结了相关模型。

表 2-2　感染模型代表

感染模型	模型含义	模型	代表文献
SI	感染后难以治愈或控制的疾病：获得性免疫缺陷综合征、黑热病	$S+I \xrightarrow{\beta} 2I$	Keeling 和 Eames (2005)
SIR	治愈后具有很强免疫力的疾病	$S+I \xrightarrow{\beta} 2I$ $I \xrightarrow{u} R$	Newman (2002)
SIS	治愈后容易再感染的传染病：流感	$S+I \xrightarrow{\beta} 2I$ $I \xrightarrow{u} S$	Pastor-Satorras 和 Vespignani (2001)
MK	谣言的传播，考虑传播者对信息价值进行评估	$S+I \xrightarrow{\beta} 2I$ $I \xrightarrow{\alpha} T$	Moreno 等(2004)

注：α、β、u 均为模型参数

描述社会网络上的信息、产品扩散的研究以 Bass 模型为主流（表 2-3），Bass 模型作为一种描述新产品扩散的数学模型自被提出以来一直都是最具影响力的扩散模型之一，得到了企业界和研究领域的广泛认可。然而作为一种宏观扩散模型，Bass 模型只能用微分的方法在有限的程度上为企业提供指导，与感染模型一样，宏观模型同样未考虑节点的异质性，并且早期的 Bass 模型中也不包含与营销组合相关的变量，因此其对企业新产品绩效的解释水平和预测效果遭受了质疑。后来有学者开始在 Bass 模型的基础上考虑加入营销组合（产品、价格、促销、渠道）变量，从而更好地评估企业策略（Ruiz-Conde et al., 2006）。相关的方法主要有两类：①通过一个单独的变量；②通过一个联合方程（Ruiz-Conde et al., 2006），前者假设营销组合变量对销量有直接影响，与扩散过程无关，后者认为营销变量调节产品扩散过程。但是，包括营销组合变量的传统宏观模型是非常复杂的，在何种模型中应该包括何种变量也是研究中遇到的难题。并且，包含了价格的宏观扩散模型并没有提高模型对现实情形的解释水平（Bottomley and Fildes, 1998），同时 Meade 和 Islam（2006）指出，宏观扩散模型只是在解释过去的行为而不具备预测性，对企业的策略和政策的指导非常有限。

表 2-3　感染模型与 Bass 模型的对比

模型分类	层级	研究变量	研究异质性	影响机制
感染模型	宏观	自变量：感染概率、免疫概率 因变量：感染范围	同质系统，或考虑节点度异质	感染强度、免疫强度
Bass 模型	宏观	自变量：外在影响、内在影响 因变量：产品使用概率	同质系统	外在影响、内在影响

  基于现有模型进行营销相关的研究都有两个相同的前提：其一，忽略了网络节点之间的异质性，即认为网络中每个消费者个体状态改变的条件和概率都是相同的，完全不受网络结构及其他因素的影响；其二，研究对象都是基于个体的，如选择什么样的种子可以使传播范围更广，没有考虑用户社群结构对传播的影响。

三、社会影响

  社会影响是指人的态度、行为、意见等受到其他人（或同伴）的影响而发生改变的过程（Jahoda，1959；Wood，2000）。社会影响是人们最早关注的话题之一，关于社会影响的探讨与研究已经延续了很长时间。关于社会影响的研究拓展到了许多行业，从早期关注较多的耐用品（Bass，1969）、药品（van den Bulte and Joshi，2007），到现阶段的社会网络网站，如 Facebook（Aral and Walker，2014）、Twitter（Harrigan et al.，2012）、网络评论（Muchnik et al.，2013）、通信行业（Nitzan and Libai，2011）、品牌社区（Thompson and Sinha，2008）、政治投票（Bond et al.，2012；Lazarsfeld et al.，1944；Pacheco，2012）、企业战略管理（Fiss，2006）、汽车行业（McShane et al.，2012）等。特别是在移动互联网时代，借助众多社交工具和移动设备，如 Facebook、Twitter、微博、微信等，消费者之间的联系越来越紧密（Kaplan and Haenlein，2010），社会影响的作用也越来越强，甚至超过了大众媒体的影响，如广告、促销等（Trusov et al.，2010）。

  社会影响在不同的研究框架下有着不同的研究假设和方向，如我们在文献中经常看到的社会传染、社会影响、社会学习等。社会传染是一种主要应用于营销领域的假设，是指已经采用的消费者能够对未采用的消费者产生一定比例的影响作用（Young，2009）。"传染"是生物科学名词，它描述疾病通过群体之间的相互接触而传播的过程，重点强调个人对于周围身边其他个人的可见行为的确认和跟随（van den Bulte and Joshi，2007）。一般来说，社会影响更强调消费者的说服、消费者形态态度改变的过程（Wood，2000）。相比于社会传染强调已采用者对未采用者产生一定比例的影响作用，社会影响更关注消费者确认的过程，即消费者在处理信息时会内在化（internalization）、认同化（identification）以及服从

（compliance）的处理过程（Burnkrant and Cousineau，1975）。社会学习更多的是来自一种经济学的假设，它认为学习的过程不仅仅是观察其他人的行为，也需要结合自身以往的经验及寻求其他消费者的意见（Bandura，1977）。同社会影响的产品扩散类似，基于社会学习的扩散过程在最开始的时候可能是加速的，也可能是减速的，但是一旦过了临界点（即消费者完成评估过程之后），就会呈现出指数型的扩散曲线（Young，2009）。表2-4中总结了三者的联系。

表 2-4　社会传染、社会影响和社会学习的比较

构念	影响因素	关注重点	经典模型
社会传染	已采用人数	已采用人数	Bass 模型
社会影响	已采用者、心理过程	影响的心理过程	三阶段：内在化、认同化以及服从
社会学习	已采用者、个人以往行为、心理评估过程	结合个人以前的行为	三种来源：个人以前的行为、其他消费者的因素以及整体环境的因素

从以上的总结中，我们不难看出，社会影响在不同的学科内有着不同的假设和界定。在本书中，为了更全面地理解社会影响，我们在表 2-5 中总结了以往关于社会影响的研究。

表 2-5　社会影响的研究关注点和代表性文献

主题	关注点	代表性文献及结论
关键用户及相互之间的关系	影响者个人特征	Iyengar 等（2011）发现意见领袖有更大的影响力；Aral 和 Walker（2012）发现女性比男性有更大的影响力
	影响者网络特征	Harrigan 等（2012）发现个人嵌入度高、互惠性程度高的影响者能够发挥更大的作用；Goldenberg 等（2009）发现处于网络中心位置的采用者更有可能促进社会影响
	易感者个人特征	Nitzan 和 Libai（2011）等发现那些自身经验较多的易感者较不容易受到其他人的影响；Angst 等（2010）发现相比于新的、小的医院，老的、大的医院的易感性更强
	易感者网络特征	Iyengar 等（2011）发现那些自身网络中心度低的消费者更有可能成为被影响者；Hu 和 van den Bulte（2014）发现处于中间社会地位（入度中心度）的医生更容易成为被影响者
	关系强度	"强关系"下能够使信息更好地传播，从而产生更大的影响力（Aral and Walker，2014；Bond et al.，2012；Brown and Reingen，1987；Risselada et al.，2014），但"弱关系"是维系网络存在的关键所在（Onnela et al.，2007）
	关系同质性	以往的研究不仅仅关注同质性对社会影响的促进作用，即同质性高的关系能够更好地促进社会影响（Brown and Reingen，1987；McPherson et al.，2001；Nitzan and Libai，2011；Risselada et al.，2014），另一个重要的关注点为，如何区分或控制同质性的影响，从而更好地探究社会影响的作用（Aral and Walker，2012；Centola，2011；Ma et al.，2014）

续表

主题	关注点	代表性文献及结论
影响过程	影响者施加影响的内在动机	信息性影响和规范性影响（Burnkrant and Cousineau，1975）：信息性影响主要是通过消费者与周围人群的交流传递关于产品的信息；规范性影响是指影响者所产生的规范性压力（van den Bulte and Joshi，2007）
	易感者的接受影响的过程和动机	影响过程方面，易感者接受影响被区分为三个过程：消费者在处理他人的影响时会经历内在化、认同化以及服从；动机包括信息准确的需求、群体归属的需求以及保持自己的自我概念（Cialdini and Goldstein，2004）
内容	什么样的内容更容易激发社会影响	Dobele 等（2007）发现相比于其他情绪，带有惊讶情绪的信息最能够被其他消费者接受，Berger 和 Milkman（2012）发现在控制了信息所带有的不同情绪后（如惊讶、高兴等），那些能够引起消费者高唤起（正面或负面）的信息更能够获得消费者的传播。Milkman 和 Berger（2014）则探究了什么样的产品更容易激发社会影响：第一，信息对传播者有一定的激励作用或使其给其他人留下更深的印象；第二，能够和其他消费者建立一定的社会联结；第三，社会影响在很多载体中能够发挥作用
	不同内容的差异性影响	Bearden 和 Etzel（1982）讨论了公开产品和私下产品的区别，发现对于公开产品，社会影响的作用更大；Schulze 等（2014）探究了在实用型产品情境下的社会影响作用于享乐型和实用型产品的区别
场景	不同场景的差异性影响	Onnela 和 Reed-Tsochas（2010）详细论述了群体社会影响在局部网络和整体网络中的区别，他们发现当整体网络中的采用者数量达到一定的阈值之后，会诱发用户很强的社会影响

第二节　品牌社区与认同

一、社群类型

随着社会化媒体的发展，越来越多的企业采用虚拟社群进行营销。值得注意的是，当今国内的相关研究领域并没有对社群和社区这两个名词加以区别，两个名词均来源于"community"一词。实际上，在中文中社群和社区是两个不同的概念。社区指的是一群人聚集在一起，但未必有交互；社群不仅仅是一群人的概念，它还强调人与人之间存在着交互。企业建立和维系社群，不单单是将消费者聚集起来，而且要通过建立社群实现企业与消费者、消费者与消费者之间的良性交互。随着社会化媒体的发展，网络中消费者的群体影响越来越显著。在微博中，消费者互相分享内容；在网络社群中，消费者谈论共同感兴趣的话题；在网络游戏中，玩家结成团队，协同作战；在开源知识共享社群中，用户贡献知识，共同维护词条。总之，在不同的场景下，消费者结成群体，互相影响。这些活动的场景通常被称为消费者社群（Hagel and Armstrong，1997），如表 2-6 所示，社群一般分为交易社群、关系社群、兴趣社群和幻想社群。

表 2-6   广义社群的类型与特征

社群类型	焦点	关系强度	互动性	营销模式	社群特征
交易社群	产品或服务买卖	弱	弱	利益模式	增加产品或服务知识或寻找买卖机会
关系社群	交际、交谈、交流	强、中	强	情感模式	维持相互之间的关系
兴趣社群	特定主题的互动	弱	强	兴趣模式	因兴趣而于网络聚集
幻想社群	角色扮演	弱	弱	娱乐模式	交互、角色扮演以及社会游戏

不同类型的社群具有不同关系性质的社会网络（图 2-1）。交易社群关注的是利益交易，典型的例子是淘宝社区，大家在淘宝社区讨论交流的是产品交易相关信息；关系社群关注的是人际情感维系，典型的例子是微信朋友圈，大家讨论交流的是个人生活感受与分享；兴趣社群是一种二模网络，大家因为某种兴趣而连接在一起，典型的例子是哔哩哔哩和豆瓣；幻想社群是指虚拟空间的角色扮演和交流，典型的例子是游戏虚拟社区。

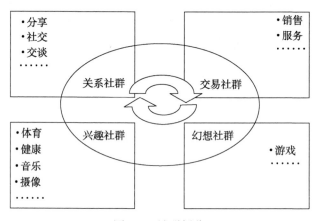

图 2-1   社群划分

（一）交易社群

交易社群关注销售和服务。在交易社群中，社群成员对某些特定产品和服务有浓厚兴趣，旨在收集有关购买的交易信息和经验，更多是出于利益驱动。典型的交易社群平台有：平台电商模式，如阿里巴巴的天猫、淘宝等；直接销售模式，如京东 1 号会员店等；特卖类垂直电商模式，如聚美优品、唯品会、酒仙网。

交易社群主要有三个性质。第一，交易社群中的用户与企业是交易关系，互相追求利益的最大化，本质都是"利己"，因此用户难以建立认同感，情感很难引起共鸣。第二，用户与企业互动性较弱，用户一旦完成购买可能就离开了，为了挽留用户，企业通常需要不断的外部刺激来吸引用户，常见的手段为打折促销。第三，企业的外部刺激会带来用户的动机挤出效应，即用户是因为打折优惠等利益行为而留在社群中，一旦企业停止外部刺激，用户将会大规模流失。因此，没有情感的交易社群是较难维系的。

维系交易社群可以考虑下面三个营销策略：①鼓励消费者分享产品体验，发挥消费者的间接社会影响。一个典型的例子是海底捞，其服务被消费者口口相传，通过二次传播树立了良好的口碑。在社会化媒体时代，消费者的口碑分享具有很强的传染性，企业更应该重视消费者的口碑。②树立"免费思维"，发挥网络溢出效应。通过一些免费或者低价的产品来吸引消费者，如 Costco（开市客，美国最大的连锁超市）通过 1.5 美元的热狗和苏打水以及便宜的汽油等，吸引消费者办理会员从而享受"物超所值"。③洞察集体思维。消费在群体的影响下容易产生集体无意识。除了直接促销模式，越来越多的企业采用拼单的方式进行销售。这是因为受到集体的影响，消费者更容易产生冲动性购买行为，并把这种行为合理化。企业可以提高消费者的群体性，从而促进消费者进行活动参与或产生购买行为。

（二）关系社群

关系社群强调分享、社交和交谈，它是基于情感满足的社会资本。社会资本指的是为了获得社会联结或者社会资源而对社会关系建设进行投入。关系社群使具有相似经历的人们摆脱时间和空间的限制聚集在一起，并形成一定的人际关系，它关注情感和人际关系的维系。根据关系强度不同，有三种典型的关系社群平台。①强关系：微信朋友圈（现实熟人关系）。②中关系：QQ 群（熟人间的可匿名交互）。③弱关系：微博、博客等。

关系社群有三个性质。第一，用户注重情感交流与社会满足；第二，情感具有内生原发性和纯粹性，即关系社群的情感不能带有很强的功利性或目的性；第三，经济刺激会产生破坏性，简单而言就是"谈钱伤感情"，容易造成社群分层。

关系社群的运营要基于交互，交互是关系社群的基础和关键。可以从以下两个营销策略切入：①让品牌成为用户交流的话题，促进品牌传播。例如，百事可乐发起"把乐带回家"，在社交媒体上引发了传播裂变。②让品牌成为用户交流的对象，建立品牌关系。小米与消费者建立粉丝关系，自建"小米社区"，让粉丝以品牌为核心进行交互，促进粉丝之间的互动。同时，企业也要注意，运营关系社群时应该"少谈钱"（利己），要带有利他性。

（三）兴趣社群

兴趣社群以"兴趣"为中心，如体育、健康、音乐、摄像等。在兴趣社群中，一群有着共同爱好、关注点的人聚集在一起，他们一起交流爱好和一些专业知识。兴趣社群是一种中度关系的二模网络，有利于挖掘和转换用户的需求。典型的兴趣社群有 QQ 兴趣俱乐部、豆瓣、知乎、百度贴吧等。

兴趣社群有四个性质。第一，去中心化。兴趣社群的交流氛围更加开放、平等、多元。第二，内容的认同。兴趣社群的用户更加关注优质的内容。第三，门槛和成本更高。兴趣社群的用户对于所关注的内容有更高的要求。第四，更高的认同感和信任感。兴趣社群的用户对友邻有认同感和信任感，因此更信任友邻的推荐，推荐时也更加谨慎。

企业在运营兴趣社群时，要发挥用户的众智思维，让品牌成为用户创造的对象。传统营销强调的是企业创造内容（firm generated content，FGC）。随着社交媒体的兴起，企业有更多的渠道接触消费者，可以鼓励用户生成内容（user generated content，UGC），为企业出谋献计。然而 UGC 的质量参差不齐，相比之下，专业型用户生成内容（professional user generated content，PUGC）更加专业，内容质量有保障，具有一定的门槛和规则，知乎和百度就是这种模式。

（四）幻想社群

幻想社群为人们提供了聚在一起并探索幻想和娱乐的新世界的机会，让参与者自由地"尝试"新人物角色并参与各种角色扮演游戏。典型的幻想社群就是各种游戏社群，如《王者荣耀》《和平精英》等的社群。

已有研究主要关注人际关系网络的社会影响研究，本书将拓展到交易社群和兴趣社群的社会影响研究。企业利用人际关系进行社群营销，容易陷入社会道德的困境，具有很大的局限性，而交易社群和兴趣社群具有天然的营销价值性，容易对用户最终达成的交易进行关联和转换。事实上，品牌社区就是一种兴趣社群，它聚集的是对某个产品品牌感兴趣的用户群体。因此，很多社群营销的相关研究都聚焦在品牌社区中。

二、基于兴趣的品牌社区[①]

（一）品牌社区的发展与相关研究

社会化媒体的兴起让消费者成为内容的创造者和传播的推动者。消费者越来越少地关注大众媒介，这使得以企业为主导的，利用大众媒介广告进行品牌沟通的模式越来越难以奏效。因此，企业必须构建基于社会化媒介的新型品牌沟通与塑造模式。品牌打造的关键是建立品牌与消费者间的关系，如喜欢、依恋。为此，Muniz 和 O'Guinn（2001）提出品牌社区的概念，将消费者与品牌的交互关系以及消费者间的交互关系有机地结合起来。在社会化媒体时代，消费者交互更为

[①] 黄敏学,潘海利,廖俊云. 2017. 社会化媒体时代的品牌沟通——品牌社区认同研究综述. 经济管理, 39(2): 195-208.

频繁且更具创造力，基于社会化媒体构建两种交互关系并存的品牌社区成为很多企业打造品牌的选择。与传统垂直控制的品牌消费者关系打造模式不同的是，消费者在品牌社区中更愿意接受水平交互式的沟通方式，而且，其交互动机更多的是社会动机而非经济动机，消费者采取的也并非被动接受的垂直单向沟通模式。那么，企业如何在水平交互式的品牌社区中吸引消费者持续参与和交互呢？品牌社区可以看作一种非正式组织，经典的组织理论指出，建立组织认同是保证组织有机运作的有效机制。正因如此，让消费者持续参与的关键是建立品牌社区认同（黄敏学等，2015）。但是，品牌社区不同于正式的组织，它不是垂直控制式的，也没有固定目标，是一种自组织、交互的协同组织，对品牌社区认同的内涵、机制进行研究时不能照搬已有的组织认同理论，需要具体分析。

需指出的是，以往品牌社区的研究较多注意社区的参与动机和影响机制（表2-7），很少研究企业如何经营和管理品牌社区、如何利用品牌社区的演化性进行有效的营销管理。下面将重点介绍品牌社区形成的内在机制及社区认同。

表 2-7　品牌社区的相关代表性研究

领域	文献	重要概念	方法	主要结论
社会学视角下的品牌社区	Muniz 和 O'Guinn（2001）	规范、文化和共同感	社会学质性研究方法	品牌社区的共同特征
	Schau 等（2009）	规范、能力与情感	社会学的质性研究方法	社区价值的三大因素：理解规范、获得能力、情感表达
	Seraj（2012）	社区价值	网络志方法	社区价值的三个方面：智力价值、社会价值、文化价值
社区参与的影响因素	Dholakia 等（2004）	价值感知、社会影响	问卷调研的结构方程模型	有用性和感知规范会影响社区参与
	Wiertz 和 Ruyter（2007）	社会资本	问卷调研的结构方程模型	关系社会资本（互惠和承诺）导致社区参与
	Jeppesen 和 Frederiksen（2006）	社会赞许、社会地位	问卷调研的结构方程模型	对创新型的用户而言，其参与由兴趣和社区赞许驱动
	Nambisan 和 Watt（2011）	社会认同	问卷调研的结构方程模型	责任感、自我形象提升和社区认同是社区参与的重要因素
	Adjei 等（2010）	沟通质量	问卷调研的结构方程模型	社区互动影响产品购买数量和交叉购买
	Thompson 和 Sinha（2008）	社区参与、新产品	基于社区二手数据的分析（生存分析）	社区参与提高消费者采用新产品购买的速度
	Goh 等（2012）	社区参与、购买支出	二手数据的定量分析	社区参与正向影响品牌购买支出

续表

领域	文献	重要概念	方法	主要结论
社区参与的影响因素	Zhou 等（2012）	认同与承诺	问卷调研的结构方程模型	社区认同与承诺影响品牌认同与承诺
	Manchanda 等（2015）	社区参与	二手数据的定量分析	社区参与导致购买支出增加
企业管理社区	Porter 和 Donthu（2008）	提供内容、促进互动和嵌入	问卷调查的定量分析	提供内容和嵌入促进信任，而互动并不促进信任
	Homburg 等（2015）	企业回复消费者帖子	二手数据的计量分析	企业应适度回复消费者帖子

（二）社会化媒体的兴起

社会化媒体改变了人们沟通、合作及交流的方式，营销人员意识到社会化媒体在顾客关系管理中的强大能力，通过建立品牌社区，社会化媒体为营销人员与顾客的直接互动提供了理想环境，使顾客建立并强化品牌关系。传统大众媒体品牌沟通方式是单向一对多的传播方式，消费者的话语权不强（Bacile et al.，2014），而社会化媒体品牌传播是双向一对一互动的传播方式。对于社会化媒体品牌社区而言，品牌的信息流是双向的、相互连接的，并且是难以预测的，企业失去了对品牌的绝对控制，只参与了与品牌的"对话"（Hennig-Thurau et al.，2010）。消费者的身份在社会化媒体时代出现了很大变化，由大众媒体时代的受众、顾客，转变成品牌建设过程中重要的参与者和贡献者，社会化媒体赋予消费者更多的权利，而且消费者与品牌在不断的互动过程中形成了很强的品牌契合度。Uzunoğlu 和 Kip（2014）基于两级传播理论分析了意见领袖对品牌传播的影响，研究发现，意见领袖对于信息的传播起到桥梁作用，并对品牌社区产生重要影响，企业可以通过支持意见领袖来强化与消费者的关系。

社会化媒体的发展带动品牌沟通革新，使消费者控制着与品牌沟通的时间、渠道及内容等，消费者通过社会化媒体品牌社区学习新知识、分享经验、展现自己（Killian and McManus，2015）。传统的品牌传播强化消费者对品牌的认知和记忆，而社会化媒体品牌社区更多的是通过参与互动强化社区体验，进而促进品牌契合度和认同感。社会化学习理论认为，消费者通过社会化媒体获取知识、分享及改善行为。社会化媒体品牌社区为消费者提供了社会化学习的有利场所，从而促进了消费者的品牌传播。例如，社会化媒体品牌社区为企业提供了很多关于消费者的品牌体验故事（Kuksov et al.，2013）。Gensler 等（2013）从品牌故事角度分析发现，在动态社会化媒体社区中，消费者是品牌故事的关键作者，并且很容易在社区中分享传播品牌体验，消费者能简单快速地分享关于品牌的故事，通过社会化媒体传播品牌故事要比传统渠道更具有影响力。

三、认同的概念及关联性

（一）认同的概念

认同是社会学概念，学者相继把认同引入组织行为学及市场营销学领域。组织认同是员工融入组织的过程，品牌认同是消费者与品牌之间的一致性连接，品牌社区认同是以品牌为载体的社区接受、认可，三者之间既有相互关联性又有差异性。

1. 组织认同

组织认同来源于社会身份视角，个体社会身份是"个体关于自己的群体成员身份，以及这种成员身份所体现的价值和情感意义的知识"（Tajfel，1982）。社会身份理论被广泛应用于解释员工—组织关系（Ashforth and Mael，1989；Hogg and Terry，2000），而组织是一个显著的社会类别，使人们可以发展认同。当员工感知到与组织的同一性并且感觉到属于该组织时，个人组织认同就会产生。因此，组织认同就是组织成员依据其组织成员身份来定义自己的程度。组织认同可以给员工与组织带来积极结果，如低离职倾向、组织公民行为、员工满意度和幸福感，以及员工绩效（Riketta，2005；Ashforth et al.，2008）。还有一个与组织认同关联的概念是消费者企业认同。消费者企业认同与组织认同的对象都是企业组织，但认同的主体由组织的正式成员变成不需要具备组织（企业）正式关系的消费者。这种消费者企业认同是"消费者为了满足某个或某些自定义需求而产生的积极的、自发的、有选择性的行为"（Bhattacharya and Sen，2003）。本书认为，牢固的消费者—企业关系来源于消费者对企业的认同，这种认同有助于消费者满足特定的自我定义需求。因此，消费者企业认同有助于建立深入的、有意义的和长期的消费者—企业关系。

2. 品牌认同

品牌认同是消费者认为自身的自我形象与品牌形象重合的程度（Bagozzi and Dholakia，2006），消费者品牌认同很好地解释了消费者与品牌的关系强度。对于消费者来说，品牌代表与自我相关的社会范畴（Fournier，1998），品牌具有积极的、富有吸引力的及有意义的社会身份，某种程度上满足了消费者的自定义需求。本书认为，基于品牌的社会身份，消费者将与品牌的关系视为一种伙伴关系，而这种伙伴关系对于消费者的个体自我和社会自我而言很重要。对于个体自我，品牌使消费者定义他们是谁；对于社会自我，品牌使消费者把自己看成认同同一品牌的内群体的一部分。从认知角度看，消费者感知自我与品牌的相似、重合程度，就是某种特定群体的身份感知。对于价值和情感，消费者能意识到这一身份所具有的价值和情感意义，如自我增强和归属感。

3. 品牌社区认同

品牌社区认同是"基于品牌爱慕者和品牌之间的结构化关系"（Muniz and O'Guinn，2001），品牌社区可以影响社区成员的认知能力和行为，快速传播信息，通过品牌社区可以认知到消费者关于新产品、竞争活动等的评价，使品牌与高忠诚度客户的连接及合作机会最大化（Franke and Shah，2003；Brown et al.，2003）。在频繁的社会交互过程中，品牌社区不仅提供功能性价值，还有社会性价值。社区参与增强了成员对品牌的情感，在很多情况下，使他们成为忠诚、可靠的消费者（Algesheimer et al.，2005）。

（二）品牌社区认同、组织认同、品牌认同三者间的关联性

消费者与品牌关系是品牌社区认同的前提条件，并对品牌社区认同有促进作用（Algesheimer et al.，2005）。品牌认同是消费者与品牌之间的一种直接关系，而品牌社区认同是消费者通过品牌社区与品牌建立的间接关系。社区关系是以品牌为内核的消费者与社区之间的关系，因此，在社区中，消费者与品牌的关系是间接性的。在品牌社区中，品牌拥有是成员身份的一种表征。品牌成员拥有该品牌的产品，才能拥有社区身份的合法性。所以，社区成员能够通过展示产品知识、使用产品、帮助其他消费者解决品牌使用的疑问，表征他们和品牌身份的一致性，获得社区地位（优越的群体地位）。此时，消费者与品牌社区的这种关系强度，表征为"品牌社区认同"。品牌社区认同是由社会情感激发的身份认同，也就是归属情感。此外，社区是动态的交互对象，如通过参与社区活动、交互等促进社区认同。因此，相比于其他社会身份在空间上的个人独立性与分散性，品牌社区更能体现一种分享或集体身份。

组织认同理论来源于社会身份理论，而消费者品牌社区认同理论则来自社会身份理论和组织认同理论。因此，组织认同理论是品牌社区认同的理论依据。相对而言，组织认同比较固定，是个体进入和融合的过程。消费者企业认同或者消费者品牌认同本质是一样的，其品牌认同是重叠、代表的过程，而品牌社区认同的本质是组织认同和品牌认同的结合，如图 2-2 所示。品牌社区认同的第一步是要有品牌认同，品牌认同是社区认同的起始阶段。但是，品牌认同不能直接促成品牌社区认同。品牌认同是基础，品牌社区认同更多取决于在后续的社区参与中获

得的感受，因此，消费者和品牌的认同关系有利于促进消费者对于品牌社区的进入和融合。品牌认同强调的是依恋情感，是对于物（品牌）的依恋，而品牌社区认同强调归属感，人与人之间的归属感。组织当中也有归属情感，但这种归属情感强度不是很强烈，而且组织中的情感归属有可能更多的是对组织权威的情感归属。因此，品牌认同是品牌社区认同的基础，而组织认同是品牌社区认同的机制。

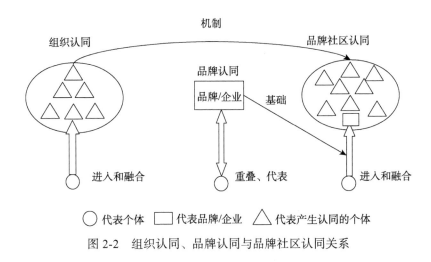

图 2-2　组织认同、品牌认同与品牌社区认同关系

相较而言，组织认同所指的组织属于正式组织，因此，组织的形式和结构较为正式且固定，组织的边界明确。组织具有严格的规章制度和文化，相对比较稳定也比较封闭，组织成员之间的关系结构类似于金字塔形。因此，组织成员的认同过程更多是一个教育、同化的过程。品牌社区是相对松散的、开放的、演化的组织形式，社区的边界不定，具有模糊性。社区成员的关系结构扁平化，社区规则是社区成员之间的共识，没有组织那么严格。因而，社区成员不一定严格遵守社区规则，而是通过成员之间的交互产生相互影响。

品牌社区中的成员热衷于集体行为，如仪式、赞美钟爱品牌的优点以及帮助品牌的其他认同者（Muniz and O'Guinn，2001；Bagozzi and Dholakia，2006）。品牌社区研究关注社区中成员之间的交互，焦点是集体自我或者公共自我，也就是说，自我是嵌入于集体（品牌社区）或者社会整体中的（Triandis，1989）。社区具有归属性，消费者对某一品牌的认同是社区存在的基础。但是，认同某个品牌并不一定产生消费者之间的互动，而是社区当中消费者（社区成员）的相互认可。社区的基础是兴趣，兴趣社区的规则是自建的，并不是企业确立的，因而，品牌社区的规则并不是固定的。组织认同、品牌认同及品牌社区认同各属性对比如表 2-8 所示。

表 2-8 认同概念的对比

对比内容	组织认同	品牌认同	品牌社区认同
认同主体	员工	消费者	消费者（社区成员）
认同对象	组织（企业）	品牌	品牌社区
组织形式	正式	—	非正式
参与模式	规章制度，有约束地参与	自发	自愿
策略	教育、惩罚	品牌使用	交互、社会影响
认同演化	固定	动态	动态
价值	既定	认可	共识
情感	权威归属（安全感）	依恋	群体归属（满足感）
作用	强化员工的组织归属感	增强品牌连接	增强品牌连接 增强消费者之间的互动 增强社区归属感
经典文献	•Ashforth 和 Mael（1989） •Mael 和 Ashforth（1992） •Dutton 等（1994） •Riketta（2005）	•Bhattacharya 等（1995） •Bagozzi 和 Dholakia（2006） •Homburg 等（2015） •Lam 等（2012）	•Muniz 和 O'Guinn（2001） •McAlexander 等（2002） •Algesheimer 等（2005） •Thompson 和 Sinha（2008）

四、消费者品牌社区认同的内涵

（一）概念化定义

认同是消费者感知的与某个事物（如品牌、企业、社区）的心理连接状态，然而，这样的定义不管在组织行为还是营销文献中都存在混淆（Edwards and Peccei，2007；Lam et al.，2010）。这种混淆有可能会对认同构念本身形成误解，并容易与其他构念混淆。关于认同的概念化定义主要有两种观点：一种观点认为，认同具有多维度属性（Lam et al.，2012；van Dick，2001）；另一种观点认为，认同仅包含认知一个维度，而情感和评价因素仅仅是认同的前因与后果变量（Ashforth and Mael，1989；Ahearne et al.，2005）。

尽管关于消费者认同的概念化定义很多，但学者都只强调认知因素，如 Ashforth 和 Mael（1989）把认同定义为"与组织的同一性或归属于组织的感知"；Dutton 等（1994）认为认同是"组织定义与自我定义之间的认知连接"。然而，前者的定义关注的是自我类化的认知状态，后者的定义更进了一步，把个人属性与组织属性进行对比（Bergami and Bagozzi，2000）。值得注意的是，Bergami 和 Bagozzi（2000）指出，个人属性与组织属性的比较过程也许会影响认同，因此，其被看成认同的前因而不是认同本身包含的因素。关于认知观点的一个关键假设是，这种概念化定义把认同与相关的情感和行为概念区分开来。营销学者也把消费者认同概念化为认知概念，如消费者企业认同是"自我图式与组织图式的重合程度"（Brown et al.，2005），消费者品牌认同是"消费者对自我形象与品牌形象重合程度的感知"（Bagozzi and Dholakia，2006）。本书认为，以上研究强调社会身份理论的认知方面，忽视认同的情感和评价因素，都只采纳了社会身份理论的一小部分（van Dick，2001）。

近年来，有些学者支持认同的多重属性说法。Edwards 和 Peccei（2007）认为，只强调认知观点，会丧失认同的大部分解释力，并且不能反映出社会身份理论的复杂性。另外，由于只关注认知因素，早前的研究不能提取社会身份理论的全部优点（van Dick，2001）。这些学者只讨论基于社会身份理论的认知因素，但是，对于认同的构成因素，还应包括个体关于社会身份的情感和评价这两个因素（Ashforth et al.，2008）。这三个方面，即认知、情感和评价因素对于个人的社会身份认同都有贡献（Tajfel，1982；Ellemers et al.，1999）。认同的多维度观点被组织行为学和市场营销学接受。例如，Edwards 和 Peccei（2007）把组织认同定义为"凭借个体与组织结合为一个社会实体的感觉、自定义的情感及认知，形成的个体与组织之间的心理连接"。在市场营销领域，Lam 等（2012）把消费者品牌认同定义为"个体感知、感觉和评价自己归属于某个品牌的心理状态"。以往研究指出，品牌社区认同具备两个构成要素，即认知和情感。关于认知因素，品牌社区认同涉及分类过程，强调与其他群体成员的相似性以及与非群体成员的差异性的感知，这是品牌社区的群体意识（Muniz and O'Guinn，2001）；关于情感因素，认同蕴含着群体情感卷入的观念、心理学家说的对群体的"情感承诺"（Ellemers et al.，1999）以及品牌社区研究所说的"成员之间的亲密关系"（McAlexander et al.，2002）。

（二）操作化定义

关于消费者认同构念的测量，目前，主要采用两种测量方法：一个是 Mael 和 Ashforth（1992）提出的组织认同量表；另一个是 Bergami 和 Bagozzi（2000）提出的量表。其中，前者的量表包含六个测试项，涵盖了情感、评价两个因素，反而忽视了认知因素，这和作者对认同的定义（"与组织的同一性或归属于组织的感知"）不相符（van Dick，2001；Bergami and Bagozzi，2000）；后者提出的认同量表是二维量表，有视觉量表和语言量表两部分，但过于注重认知部分，而忽略了情感和评价（Lam et al.，2010；van Dick，2001）。

以上测量方法是对组织认同测量方法的直接引用，只是把"组织"变成了"品牌社区"或"品牌/企业"。本书认为，这忽视了（正式的）组织和（非正式的）品牌社区的差异。对于组织成员而言，其组织认同的过程更多的是一种教育、同化的过程，这种教育及同化强调的是对组织的认知，突出了社会认同中的认知因素。然而，品牌社区中，社区成员参与社区活动、交互等会触发社区成员的社会情感，也就是说归属情感是基于社会情感引发的认同感，此时，强调的是社会认同中的情感因素。此外，在时间维度上，组织正式员工会把大量时间应用到组织的日常活动中，而对于品牌社区，个体可能就没有花费那么多时间在社区活动上，这就可能导致个体对组织或品牌社区的认知、情感、评价产生差异。

为此，Algesheimer 等（2005）开发了新的量表来测量品牌社区认同，通过与四个汽车品牌社区的负责人进行深度面谈，并开展与 13 位社区成员的焦点小组访谈，深入了解了这些专家对这些构念的认知和描述，产生了一组关于量表的初始条目。为了提高这些初始条目的表面效度，该研究另外邀请了 13 位成员对这些初始条目进行评价。然后，邀请了 46 位营销专业的研究生进行测试，看他们对量表的理解与遇到的问题，并对条目进行修正。之后，根据这些反馈对量表进行细微的调整，确定最终量表。其中，有些测项与 Mael 和 Ashforth（1992）的认同量表相似。然而，Algesheimer 等（2005）的量表包含认知、情感、评价三个因素，体现出了认同等社会化媒体时代的品牌沟通的多维性。

五、品牌社区认同机制

认同过程就是个体把组织身份的属性内化为自我身份的过程，认同是动态、潜移默化、模糊的过程（Ashforth et al.，2008）。认同是两个对象之间相互影响的过程，个体通过身份扮演，把认同对象的属性并入自我意识，并对这个过程进行解释。身份叙事是个体用来叙说身份的过程，把自己过去、现在及将来的身份勾勒出来，形成一条"过去我是谁""我现在是谁""我将成为谁"的身份演化主线。

总的来说，组织认同机制分为两种视角：一种是从组织的视角分析认同的过程，即从上到下的认同过程；另一种是从个体的视角分析认同的过程，即从下到上的认同过程（Ashforth et al.，2008）。对于从上到下的视角，组织通过强化个体与组织身份的差异，使个体产生身份不一致感，这是感觉破坏的过程。然后，通过强调组织威望、外部的赞扬、对个体的关心等策略促进个体对组织的认同，这是感觉给予的过程。在这一过程中，组织声望、身份差异性等是促进组织认同的因素。在品牌社区中，品牌是社区建立的基础，品牌身份把消费者吸引到社区当中。在这之前，企业通过给品牌树立鲜明的个性及身份，提倡某种消费主张，使消费者产生这种身份"鸿沟"，形成与其他品牌不同的身份差异性、独特性以及品牌声望。这一过程实际上是企业利用感觉破坏和感觉给予进行品牌认同管理。

对于从下到上的视角，个体的认同需求、情感需求、归属需求等是组织认同的出发点。身份扮演、释意和身份叙事是个体用来形成组织认同的策略（Ashforth et al.，2008）。身份类同是个体识别与组织身份的一致性，个体通过尝试可能的自我来发展新的身份。身份扮演和释意两者无法分开，其中涉及身份工作。通过身份工作，个体持续地进行身份塑造、修复、维护和强化或修正。人们通过把自己的身份投射到环境中并观察相应的结果，来进行身份学习。"投射"描述身份扮演，"观察"关注释意或反射身份扮演的反应及从体验中获得意义，释意是多数身份扮演的必然结果。

品牌社区中，消费者出于某种兴趣而加入以品牌为纽带的社区，是为了满足某种自我定义需求，如自我增强、自我差异性、独特性等需求。为了融入群体，与其他社区成员产生互动及建立关系，满足归属感、情感依恋需求。消费者会根据社区特有的规范、原则、信念等所体现出来的某种身份与自我身份进行匹配，然后，通过身份扮演强化身份的匹配程度。在这一过程中，消费者通过身份叙事告诉自己在社区中"我是谁""我要成为谁"。此外，在与社区成员持续的互动过程中，消费者不停地塑造、修复、维护和强化身份，这是消费者品牌社区中身份工作的过程，最终，促进并强化了品牌社区认同感。

另外，认同机制中的个人认同有三种不同的触发机制：一是个人迫于威胁的压力，为了降低不确定性而产生个人认同；二是个人出于机会的吸引，为了自我增强而产生个人认同；三是个人出于关系的亲密性需求，为了提升归属感而产生个人认同。按照这三种认同触发机制，社区中消费者的认同触发机制可能更多的是基于机会和关系的认同。加入社区代表个体的某种社会身份，这种社会身份对于消费者来说是提升社会地位、社会声望及彰显个性的机会。随着品牌社区消费者之间不断的互动，消费者间的关系越来越亲密，这种亲密关系是认同者与认同对象之间的相似性引起的。因为社区中消费者都是基于某种兴趣、爱好、观念而聚集在一起的，消费者之间的同质性很强，这种同质性很容易使消费者获得归属感，进而促进及强化关系认同。

第三节　社群识别与关键用户

一、社群识别

社区为用户间的社会交互提供了载体和平台，在社区中相似的用户会聚集在一起形成若干社群。当然，不同的社群之间存在一定的交叉，因为有些用户可能同时参加多个社群。为了更好地刻画用户参与不同社区形成不同性质的社群，本章采用场景的概念来对用户参与不同类型社区进行区分，也就是说在一个网络层中表示用户参与社区的场景（如微博、微信是不同场景下的人际交互，它们分属不同层次的复杂社会网络层），在这个场景中用户只参与一个性质的社区。基于网络结构的社群识别，如图 2-3 所示。

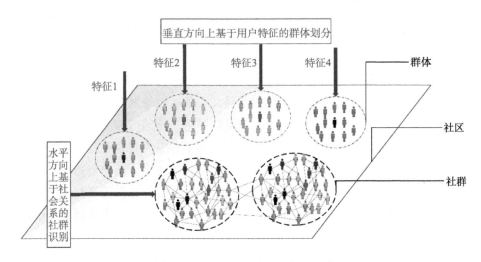

图 2-3　基于网络结构的社群识别

目前社群识别技术均来源于复杂网络的社群（在计算机领域很多文献将 community 一词翻译为社团，为统一起见本书统一称为社群）识别技术。早期的社群识别技术，包括 Kernighan-Lin 算法、基于拉普拉斯矩阵的谱平分法等，都是基于非重叠社群的，它们的一个共同点是在划分的结果中各个社群相互独立，每个节点只属于一个社群（表 2-9）。然而在实际网络中，一个节点很可能同时存在多个社群中，即社群并非完全独立，而是存在重叠的现象。基于重叠社群的普遍性，近年来又有学者提出了重叠社群的识别方法，如派系过滤算法（clique percolation method，CPM）、EAGLE 算法等。社群结构识别方法，如图 2-4 所示。

表 2-9　社群结构识别方法

方法	原理	优点	缺点
分裂法	根据相似度，从上往下，将整个网络划分成层级嵌套的社群，划分过程中，不断删除相似度最低的节点，直至划分的层级社群符合划分目标为止	算法简单	在缺乏有效的评价标准的情况下，无法确定哪个层次的划分是最优的，通常只能得到局部最优解

续表

方法	原理	优点	缺点
凝聚法	根据相似度，从下往上，将整个网络所有节点整合成层级嵌套的社群，整合过程中，不断加入相似度高的节点，直至整合的层级社群符合社群划分的目标	算法简单	在缺乏有效的评价标准的情况下，无法确定哪个层次的划分是最优的，通常只能得到局部最优解
基于拉普拉斯矩阵的谱平分法	如果网络中两个节点属于同一个社群，那么这两个节点对应到的拉普拉斯矩阵非零特征向量的值应该非常相近。通过计算节点的拉普拉斯矩阵非零特征向量，将向量值相近的节点归为一个社群	当社群数量较少时，迭代次数较少	需要计算矩阵的特征值和特征向量，仅适用于规模较小的计算。当第二小特征向量有阶梯状分布划分时，此方法非常有效。其算法复杂度为 $O(n_3)$
Kernighan-Lin算法	根据社群之间以及社群内部的连接，计算其差值，即增益函数 Q。通过贪心算法，找出最大增益增量对应的社群	检测精度较高，结果较好	需要已知社群数量
SCAN算法	通过节点共同的邻节点进行社群识别检测。若个体之间存在很多共同的朋友，他们极可能形成一个社群。共同朋友越多，他们之间的关系就越紧密	可以在社群数、社群中节点数未知的情况下，实现社群的识别检测，还能够找出网络中的特殊节点	结构相似度阈值 ε 会直接影响社群划分的结构。在复杂网络中，社群内部所有节点间连接紧密程度存在差异，无法选择一个全局相似度阈值 ε
派系过滤算法	将 k 个相互连通的节点组成的完全子图视为社群，记为 k-clique。如果两个 k-clique 之间共享 $k-1$ 个节点，则这两个 k-clique 为邻接 k-clique。多个可达的邻接 k-clique 组成 k-clique 链，如果两个 k-clique 属于同一个 k-clique 链，则成为连通的 k-clique。所有连通的 k-clique 则构成一个社群	理论基础简单，算法思想易理解。可应用到重叠社群的识别	完全子图较少的情况下，只能识别少量社群，会造成节点丢失。降低了算法的实用性。社群划分结果受参数 k 的影响很大。算法精度要求较高
EAGLE算法	用极大团作为初始社群，根据社群的相似性，应用凝聚法来合并社群，以此找到重叠的层次化社群结构	处理的对象不是单个节点而是极大团。可以识别重叠社群	由于要重复计算社群的相似度，算法复杂度极高，很难应用于大规模的实际网络
模糊C均值（fuzzy C-means, FCM）聚类算法	根据节点具有模糊聚类的特征，引入了隶属度矩阵 U	给出每个样本隶属于某个聚类的隶属度，即使对于很难明显分类的变量，模糊C均值聚类算法也能得到较为满意的效果。可应用到重叠社群的识别中	对于一些稍微复杂的数据，如果没有去除小簇之类的机制，模糊C均值聚类算法很难将非常接近的类聚类到一起

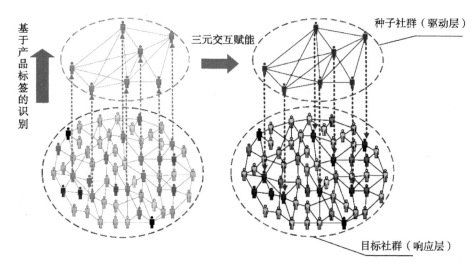

图 2-4　基于结构与产品标签的种子社群识别

在社会网络中，研究的对象是人和人之间的关系，当我们基于某种特定需求进行社群识别时，就不能单纯地将水平方向上的连接作为识别的依据，还需要考虑多个维度。特别是在市场营销研究的实际社会网络中，除了用户与用户之间的交互，还包括与产品的交互、与场景的交互，我们将基于这三者交互的社群识别称为全景式社群识别。事实上，在"互联网+"时代，消费者是移动的，是分散的，但是企业基于原有的社会网络，可以借助大数据、移动设备、社交媒介、传感器、定位系统等技术，获得更多消费者信息。例如，企业挖掘潜在客户社群时，不仅需要考虑客户自身人际关系网络，也会考虑客户是否具有产品印象标签和所处的场景信息等情况。

二、关键用户

利用关键用户的采用（或购买）来促进其他用户的购买是现阶段企业进行产品传播的重要手段，企业通过关键用户的行为及其与其他用户的互动，使产品的信息迅速扩展出去。同样地，关键用户的研究也引起了众多学者的关注。以往的学者主要从三个方面探究社会影响的关键用户：一是从用户的个体特征，如Iyengar 等（2011）发现意见领袖有更大的影响力；二是从用户的网络特征入手，这也是现阶段关注最多的视角，如 Harrigan 等（2012）发现个人嵌入度高、互惠性程度高的影响者能够发挥更大的作用；三是尝试着把这两方面的研究结合起来，进一步优化寻找影响者（Chen et al.，2012，2013；Malliaros et al.，2016）。表 2-10 简要总结了以往关于关键用户的研究，我们不难看出以往的文献更多的是从网络整体视角出发，把整个网络看作一体。实际上，随着社会化媒体的发展，企业有越来越多的机会与消费者互动，如通过企业公众号、品牌社区、网络评论等（Kaplan and Haenlein，2010）。企业能够管理的消费者动辄为百万级或是更大的数量级，以往那种基于小网络来寻找关键用户的方法变得效率较低（Chen et al.，2012，2013），因此迫切需要一种能够适应现阶段大数据管理的方法来更为有效实施企业的营销措施。

表 2-10　社会网络中种子用户的相关研究

研究视角	代表性文献	关键用户的特征	研究结果
个体特征	Angst 等（2010）	医院的成立时间、规模大小等	在采用电子记录系统时，发现个人特征能够影响最终的影响效果。如成立时间长的、大的医院比成立时间短的、小的医院影响力更强
	Iyengar 等（2011）	个人意见领袖程度	在采用新药时，个人意见领袖程度高的用户更有影响力
	Aral 和 Walker（2012）	性别、婚姻、年龄等	在采用 App（application，应用程序）时，男性比女性有更大的影响力，相比于影响男性，女性更容易影响女性等
	Wang 等（2013）	同伴、下级、上级、专家	在采用知识管理系统时，同伴和下级的影响力更大，而上级和专家的影响有限
网络特征	Burt（1987）	网络凝聚力和结构平衡	在新药的采用中，网络凝聚力和结构平衡度高的用户更有影响力
	Goldenberg 等（2009）	网络中心度	网络中心度高的用户产生的影响力更大
	Harrigan 等（2012）	个人嵌入度、互惠性程度	个人嵌入度、互惠性程度更高的影响者能够发挥更大的作用
	Ugander 等（2012）	用户连接、用户邻居	在使用 Facebook 的影响中，那些与用户有联系的人更有影响力，而不是用户邻居
	Fang 等（2013）	同质性、结构平衡性	同质性高、结构平衡性强的用户更有影响力
	Aral 和 Walker（2014）	嵌入度、关系强度	嵌入度和关系强度都能增强用户采用的影响力
	Risselada 等（2014）	关系强度、同质性	用户拥有更高的关系强度、更高的同质性会产生更大的影响力
网络与个体特征相结合	Chen 等（2012）	半局部中心度	半局部中心度比中心度和介度更能代表群体中的种子用户
	Chen 等（2013）	ClusterRank 算法	在以往寻求种子用户的基础上，不仅考虑邻居的数量，还考虑邻居的聚集程度，即 ClusterRank 算法
	Zhou 等（2013）	k-medoid 算法	在寻求种子用户时，不仅要考虑个人中心度等特征，还要考虑用户的社区结构
	Malliaros 等（2016）	k-truss 算法	在寻求种子用户时，需考虑用户周围的集簇程度

用户之间呈现越来越明显的聚群化现象，即用户会因为不同的兴趣、生活方式以及行为习惯呈现出很强的聚群特性（Easley and Kleinberg，2010），即每个社群内部节点之间的连接相对较为紧密，各个社群之间的连接相对较为稀疏（Girvan and Newman，2002）。并且，相同的行为在不同的群体内可能会导致迥然相异的结果（Muniz and O'Guinn，2001；Thompson and Sinha，2008）。以往研究主要是从单层网络做分析，鲜有考虑跨层的网络间影响力，本书在以往研究的基础上，优化现有的社群内种子用户的选择方法，发展出新的对社群间发挥桥接作用的种子用户进行选择的方法。

参考文献

黄敏学, 肖邦明, 孙培翔. 2015. 基于网络闭包理论的交易型社区网络演化研究. 系统工程理论与实践, 35(5): 1165-1176.

刘军. 2004. 社会网络模型研究论析. 社会学研究, (1): 1-12.

杨建梅. 2010. 复杂网络与社会网络研究范式的比较. 系统工程理论与实践, 30(11): 2046-2055.

周涛, 柏文洁, 汪秉宏, 等. 2005. 复杂网络研究概述. 物理, (1): 31-36.

庄贵军. 2012. 营销渠道中的人际关系与跨组织合作关系: 概念与模型. 商业经济与管理, (1): 25-33.

Adjei M T, Noble S M, Noble C H. 2010. The influence of C2C communications in online brand communities on customer purchase behavior. Journal of the Academy of Marketing Science, 38(5): 634-653.

Ahearne M, Bhattacharya C B , Gruen T. 2005. Antecedents and consequences of customer-company identification: expanding the role of relationship marketing. The Journal of Applied Psychology, 90(3): 574-585.

Algesheimer R, Dholakia U M, Herrmann A. 2005. The social influence of brand community: evidence from European car clubs. Journal of Marketing, 69(3): 19-34.

Angst C M, Agarwal R, Sambamurthy V, et al. 2010. Social contagion and information technology diffusion: the adoption of electronic medical records in U.S. hospitals. Management Science, 56(8): 1219-1241.

Aral S, Walker D. 2012. Identifying influential and susceptible members of social networks. Science, 337(6092): 337-341.

Aral S, Walker D. 2014. Tie strength, embeddedness, and social influence: a large-scale networked experiment. Management Science, 60(6): 1352-1370.

Ashforth B E, Harrison S H, Corley K G. 2008. Identification in organizations: an examination of four fundamental questions. Journal of Management, 34(3): 325-374.

Ashforth B E, Mael F. 1989. Social identity theory and the organization. Academy of Management Review, 14(1): 20-39.

Bacile T J, Ye C, Swilley E. 2014. From firm-controlled to consumer-contributed: consumer co-production of personal media marketing communication. Journal of Interactive Marketing, 28(2): 117-133.

Bagozzi R P, Dholakia U M. 2006. Antecedents and purchase consequences of customer participation in small group brand communities. International Journal of Research in Marketing, 23(1): 45-61.

Bandura A. 1977.Social Learning Theory. Englewood Cliffs: Prentice Hall.

Bass F M. 1969. A new product growth for model consumer durables. Management Science, 15(5): 215-227.

Bateman P J, Gray P H, Butler B S. 2011. Research note—the impact of community comm-itment on participation in online communities. Information Systems Research, 22(4): 841-854.

Bates F L, Harvey C C. 1975. The Structure of Social Systems. New York: Wiley.

Bauch C T, Galvani A P. 2013. Social factors in epidemiology. Science, 342(6154): 47-49.

Bearden W O, Etzel M J. 1982. Reference group influence on product and brand purchase decisions. Journal of Consumer Research, 9(2): 183-194.

Bergami M, Bagozzi R P. 2000. Self-categorization, affective commitment and group self-esteem as distinct aspects of social identity in the organization. British Journal of Social Psychology, 39(4): 555-577.

Berger J, Milkman K L. 2012. What makes online content viral?. Journal of Marketing Research, 49(2): 192-205.

Bhattacharya C B, Rao H, Glynn M A. 1995. Understanding the bond of identification: an investigation of its correlates among art museum members. Journal of Marketing, 59(4): 46.

Bhattacharya C B, Sen S. 2003. Consumer-company identification: a framework for underst-anding consumers' relationships with companies. Journal of Marketing, 67(2): 76-88.

Biddle B J. 1986. Recent developments in role theory. Annual Review of Sociology, 12: 67-92.

Bond R M, Fariss C J, Jones J J, et al. 2012. A 61-million-person experiment in social influence and political mobilization. Nature, 489(7415): 295-298.

Bottomley P A , Fildes R. 1998. The role of prices in models of innovation diffusion. Journal of Forecasting, 17(7): 539-555.

Bromiley P, Cummings L L. 1995. Transaction costs in organizations with trust// Bies R, Lewicki R, Sheppard B. Research in Negotiation in Organizations. London: JAI Press: 219-247.

Brown J J, Reingen P H. 1987. Social ties and word-of-mouth referral behavior. Journal of Consumer Research, 14(3): 350-362.

Brown S, Kozinets R V, Sherry J, Jr. 2003. Teaching old brands new tricks: retro branding and the revival of brand meaning. Journal of Marketing, 67(3): 19-33.

Brown T J, Barry T E, Dacin P A, et al. 2005. Spreading the word: investigating antecedents of consumers' positive word-of-mouth intentions and behaviors in a retailing context. Journal of the Academy of Marketing Science, 33(2): 123-138.

Burnkrant R E, Cousineau A. 1975. Informational and normative social influence in buyer behavior. Journal of Consumer Research, 2(3): 206-215.

Burt R S. 1982. Toward a Structural Theory of Action: Network Models of Social Structure, Perception, and Action. New York: Academic Press.

Burt R S. 1987. Social contagion and innovation: cohesion versus structural equivalence. American Journal of Sociology, 92(6): 1287-1335.

Carlson B D, Suter T A, Brown T J. 2008. Social versus psychological brand community: the role of psychological sense of brand community. Journal of Business Research, 61(4): 284-291.

Centola D. 2011. An experimental study of homophily in the adoption of health behavior. Science, 334(6060): 1269-1272.

Chang A, Hsieh S H, Tseng T H. 2013. Online brand community response to negative brand events: the role of group eWOM. Internet Research, 23(4): 486-506.

Chen D B, Gao H, Lü L Y, et al. 2013. Identifying influential nodes in large-scale directed networks: the role of clustering. PLoS One, 8(10): e77455.

Chen D B, Lü L Y, Shang M S, et al. 2012. Identifying influential nodes in complex networks. Physica A: Statistical Mechanics and Its Applications, 391(4): 1777-1787.

Cialdini R B, Goldstein N J. 2004. Social influence: compliance and conformity. Annual Review of Psychology, 55: 591-621.

de Almeida S O, Dholakia U M, Hernandez J M C, et al. 2014. The mixed effects of participant diversity and expressive freedom in online peer-to-peer problem solving communities. Journal of Interactive Marketing, 28(3): 196-209.

de Vries L, Gensler S, Leeflang P S H. 2012. Popularity of brand posts on brand fan pages: an investigation of the effects of social media marketing. Journal of Interactive Marketing, 26(2): 83-91.

Devasagayam P, Buff C. 2008. A multidimensional conceptualization of brand community: an empirical investigation. Sport Marketing Quarterly, 17: 20-29.

Dholakia U M, Bagozzi R P, Pearo L K. 2004. A social influence model of consumer participation in network-and small-group-based virtual communities. International Journal of Research in Marketing, 21(3): 241-263.

Dobele A, Lindgreen A, Beverland M, et al. 2007. Why pass on viral messages? Because they connect emotionally. Business Horizons, 50(4): 291-304.

Donavan D T, Janda S, Suh J. 2006. Environmental influences in corporate brand identification and outcomes. Journal of Brand Management, 14(1): 125-136.

Du S L, Bhattacharya C B, Sen S. 2007. Reaping relational rewards from corporate social responsibility: the role of competitive positioning. International Journal of Research in Marketing, 24(3): 224-241.

Dutton J E, Dukerich J M, Harquail C V. 1994. Organizational images and member identification. Administrative Science Quarterly, 39(2): 239.

Easley D, Kleinberg J. 2010. Networks, Crowds, and Markets: Reasoning about a Highly Connected World. Cambridge: Cambridge University Press.

Edwards M R , Peccei R. 2007. Organizational identification: development and testing of a conceptually grounded measure. European Journal of Work and Organizational Psychology, 16(1) : 25-57.

Ellemers N, Kortekaas P, Ouwerkerk J W. 1999. Self-categorisation, commitment to the group and group self-esteem as related but distinct aspects of social identity. European Journal of Social Psychology, 29(2/3): 371-389.

Fang X A, Hu P J H, Li Z L, et al. 2013. Predicting adoption probabilities in social networks. Information Systems Research, 24(1): 128-145.

Faust K.1997. Centrality in affiliation networks. Social Networks,19(2):157-191.

Fiss P C. 2006. Social influence effects and managerial compensation: evidence from Germany. Strategic Management Journal, 27(11): 1013-1031.

Fournier S. 1998. Consumers and their brands: developing relationship theory in consumer research. Journal of Consumer Research, 24(4): 343-353.

Franke N, Shah S. 2003. How communities support innovative activities: an exploration of assistance and sharing among end-users. Research Policy, 32(1): 157-178.

Füller J, Matzler K, Hoppe M. 2008. Brand community members as a source of innovation. Journal of Product Innovation Management, 25(6): 608-619.

Gensler S, Völckner F, Liu-Thompkins Y, et al. 2013. Managing brands in the social media environment. Journal of Interactive Marketing, 27(4): 242-256.

Girvan M, Newman M E J. 2002. Community structure in social and biological network. Proceedings of the National Academy of Sciences of the United States of America, 99(12): 7821-7826.

Goh K, Heng C, Lin Z J. 2012. Social media brand community and consumer behavior: quantifying the relative impact of user-and marketer-generated content. Information Systems Research, 24(1): 88-107.

Goldenberg J, Han S M, Lehmann D R. et al. 2009. The role of hubs in the adoption process. Journal of Marketing, 73(2): 1-13.

Granovetter M S. 1973. The strength of weak ties. American Journal of Sociology, 78(6): 1360-1380.

Grubb E L, Stern B L. 1967. Consumer self-concept and significant others. Journal of Marketing Research, 8(3): 382-385.

Habibi M R, Laroche M, Richard M O. 2014. Brand communities based in social media: how unique are they? Evidence from two exemplary brand communities. International Journal of Information Management, 34(2): 123-132.

Hagel J, Armstrong A. 1997. Net Gain: Expanding Markets Through Virtual Communities. Boston: Harvard Business School Press.

Harrigan N, Achananuparp P, Lim E P. 2012. Influentials, novelty, and social contagion: the viral power of average friends, close communities, and old news. Social Networks, 34(4): 470-480.

Hennig-Thurau T, Malthouse E C, Friege C, et al. 2010. The impact of new media on customer relationships. Journal of Service Research, 13(3): 311-330.

Hickman T, Ward J. 2007. The dark side of brand community: inter-group stereotyping, trash talk, and schadenfreude. Consumer Research Association for Consumer Research (US), 34: 314-319.

Hogg M A, Terry D I. 2000. Social identity and self-categorization processes in organizational contexts. Academy of Management Review, 25(1): 121-140.

Homburg C, Ehm L, Artz M. 2015. Measuring and managing consumer sentiment in an online community environment. Journal of Marketing Research, 52(5): 629-641.

Hu Y S, van den Bulte C. 2014. Nonmonotonic status effects in new product adoption. Marketing Science, 33(4): 509-533.

Iyengar R, van den Bulte C, Valente T W. 2011. Opinion leadership and social contagion in new product diffusion. Marketing Science, 30(2): 195-212.

Jahoda M. 1959. Conformity and independence. Human Relations, 12(2): 99-120.

Jeppesen L B, Frederiksen L. 2006. Why do users contribute to firm-hosted user communities?The case of computer-controlled music instruments. Organization Science, 17(1): 45-63.

Jing X Q, Xie J H. 2011. Group buying: a new mechanism for selling through social interactions. Management Science, 57(8): 1354-1372.

Kaplan A M, Haenlein M. 2010. Users of the world, unite!The challenges and opportunities of social media. Business Horizons, 53(1): 59-68.

Kelman H C. 1958. Compliance, identification, and internalization: three processes of attitude change. Journal of Conflict Resolution, 2(1): 51-60.

Killian G, McManus K. 2015. A marketing communications approach for the digital era: managerial guidelines for social media integration. Business Horizons, 58(5): 539-549.

Kim C K, Han D, Park S B. 2001. The effect of brand personality and brand identification on brand loyalty: applying the theory of social identification. Japanese Psychological Research, 43(4): 195-206.

Köhler C F, Rohm A J, de Ruyter K. 2011. Return on interactivity: the impact of online agents on newcomer adjustment. Journal of Marketing, 75(2): 93-108.

Kozinets R V. 2002. The field behind the screen: using netnography for marketing research in online communities. Journal of Marketing Research, 39(1): 61-72.

Kuenzel S, Halliday S V. 2008. Investigating antecedents and consequences of brand identification. Journal of Product & Brand Management, 17(5): 293-304.

Kuenzel S, Halliday S V. 2010. The chain of effects from reputation and brand personality congruence to brand loyalty: the role of brand identification. Journal of Targeting, Measurement and Analysis for Marketing, 18(3): 167-176.

Kuksov D, Shachar R, Wang K. 2013. Advertising and consumers' communications. Marketing Science, 32(2): 294-309.

Labrecque L I. 2014. Fostering consumer-brand relationships in social media environments: the role of parasocial interaction. Journal of Interactive Marketing, 28(2): 134-148.

Lam S K, Ahearne M, Hu Y, et al. 2010. Resistance to brand switching when a radically new brand is introduced: a social identity theory perspective. Journal of Marketing, 74(6): 128-146.

Lam S K, Ahearne M, Schillewaert N. 2012. A multinational examination of the symbolic-instrumental framework of consumer-brand identification. Journal of International Business Studies, 43(3): 306-331.

Lazarsfeld P F, Berelson B, Gaudet H. 1944. The People's Choice: How the Voter Makes Up His Mind in a Presidential Campaign. New York: Duell, Sloan and Pearce.

Lee Y H, Chang W L. 2011. The effect of interpersonal relationships on brand community. International Journal of Digital Content Technology and Its Applications, 5(7): 297-305.

Lichtenstein D R, Drumwright M E, Braig B M. 2004. The effect of corporate social responsibility on customer donations to corporate-supported nonprofits. Journal of Marketing, 68(4): 16-32.

Ma J J, Liu J E, Ma W P, et al. 2014. Decomposition-based multiobjective evolutionary algorithm for community detection in dynamic social networks. The Scientific World Journal, (3): 1-22.

Mael F, Ashforth B E. 1992. Alumni and their alma mater: a partial test of the reformulated model of organizational identification. Journal of Organizational Behavior, 13(2): 103-123.

Malliaros F D, Rossi M E G, Vazirgiannis M. 2016. Locating influential nodes in complex networks. Scientific Reports, 6: 19307.

Manchanda P, Packard G, Pattabhiramaiah A. 2015. Social dollars: the economic impact of customer participation in a firm-sponsored online customer community. Marketing Science, 34(3): 367-387.

Marin L, Ruiz S, Rubio A. 2009. The role of identity salience in the effects of corporate social responsibility on consumer behavior. Journal of Business Ethics, 84(1): 65-78.

Mathwick C, Wiertz C, de Ruyter K. 2008. Social capital production in a virtual P3 community. Journal of Consumer Research, 34(6): 832-849.

Matzler K, Pichler E, Füller J, et al. 2011. Personality, person-brand fit, and brand community: an investigation of individuals brands and brand communities. Journal of Marketing Management, 27(9/10): 874-890.

McAlexander J H, Schouten J W, Koenig H F. 2002. Building brand community. Journal of

Marketing, 66(1): 38-54.

McPherson M, Smith-Lovin L, Cook J M. 2001. Birds of a feather: homophily in social networks. Annual Review of Sociology, 27: 415-444.

McShane B B, Bradlow E T, Berger J. 2012. Visual influence and social groups. Journal of Marketing Research, 49(6): 854-871.

Meade N, Islam T. 2006. Modelling and forecasting the diffusion of innovation–a 25-year review. International Journal of Forecasting, 22(3): 519-545.

Meyer J P, Allen N J. 1991. A three-component conceptualization of organizational commitment. Human Resource Management Review, 1(1): 61-89.

Milkman K L, Berger J. 2014. The science of sharing and the sharing of science. Psychological and Cognitive Sciences, 111(s4): 13642-13649.

Miller K D, Fabian F, Lin S J. 2009. Strategies for online communities. Strategic Management Journal, 30(3): 305-322.

Moreno Y, Nekovee M, Vespignani A. 2004. Efficiency and reliability of epidemic data dissemination in complex networks. Physical Review E Statistical Nonlinear & Soft Matter Physics, 69(5): 055101.

Morgan R M, Hunt S D. 1994. The commitment-trust theory of relationship marketing. Journal of Marketing, 58(3): 20-38.

Muchnik L, Aral S, Taylor S J. 2013. Social influence bias: a randomized experiment. Science, 341(6146): 647-651.

Muniz A M, O'Guinn T C. 2001. Brand community. Journal of Consumer Research, 27(4): 412-432.

Nambisan P, Watt J H. 2011. Managing customer experiences in online product communities. Journal of Business Research, 64(8): 889-895.

Newman M E J. 2002. Spread of epidemic disease on networks. Physical Review E, 66: 016128.

Nitzan I, Libai B. 2011. Social effects on customer retention. Journal of Marketing, 75(6): 24-38.

Noordhoff C S , Kyriakopoulos K , Moorman C, et al. 2011. The bright side and dark side of embedded ties in business-to-business innovation. Journal of Marketing, 75(5): 34-52.

Onnela J P, Reed-Tsochas F. 2010. Spontaneous emergence of social influence in online systems. Proceedings of the National Academy of Sciences of the United States of America, 107(43): 18375-18380.

Onnela J P, Saramäki J, Hyvönen J, et al. 2007. Structure and tie strengths in mobile communication networks. Proceedings of the National Academy of Sciences of the United States of America, 104(18): 7332-7336.

Pacheco J. 2012. The social contagion model: exploring the role of public opinion on the diffusion of antismoking legislation across the American states. The Journal of Politics, 74(1): 187-202.

Papadopoulos F, Kitsak M, Serrano M A, et al. 2012.Popularity versus similarity in growing networks. Nature, 489:537-540.

Pastor-Satorras R, Vespignani A. 2001. Epidemic spreading in scale-free networks. Physical Review Letters, 86(14): 3200-3203.

Peters K, Chen Y B, Kaplan A M, et al. 2013. Social media metrics—a framework and guidelines for managing social media. Journal of Interactive Marketing, 27(4): 281-298.

Polanyi K. 1968. Our obsolete market mentality// Dalton G. Primitive, Archaic, and Modern Economies: Essays of Karl Polanyi. New York : Anchor Books: 109-117.

Porter C, Donthu N. 2008. Cultivating trust and harvesting value in virtual communities.

Management Science, 54(1): 113-128.

Porter C E, Donthu N, MacElroy W H, et al. 2011. How to foster and sustain engagement in virtual communities. California Management Review, 53(4): 80-110.

Ren Y Q, Harper F M, Drenner S, et al. Building member attachment in online communities: applying theories of group identity and interpersonal bonds. MIS Quarterly, 36(3): 841-864.

Rikketta M. 2005. Organizational identification: a meta-analysis. Journal of Vocational Behavior, 66(2): 358-384.

Risselada H, Verhoef P C, Bijmolt T H A. 2014. Dynamic effects of social influence and direct marketing on the adoption of high-technology products. Journal of Marketing, 78(2): 52-68.

Rousseau D M, Sitkin S B, Burt R S, et al. 1998. Not so different after all: a cross discipline view of trust. Academy of Management Review, 23(3): 393-404.

Ruiz-Conde E, Leeflang P S H, Wieringa J E. 2006. Marketing variables in macro-level diffusion models. Journal Für Betriebswirtschaft , 56(3): 155-183.

Schau H J, Muñiz A M, Jr, Arnould E J. 2009. How brand community practices create value. Journal of Marketing, 73(5): 30-51.

Schulze C, Schöler L, Skiera B. 2014. Not all fun and games: viral marketing for utilitarian products. Journal of Marketing, 78(1): 1-19.

Seraj M. 2012. We create, we connect, we respect, therefore we are: intellectual, social, and cultural value in online communities. Journal of Interactive Marketing, 26(4): 209-222.

Tajfel H. 1982. Social Psychology of intergroup relations. Annual Review of Psychology, 33(1): 1-39.

Thompson S A, Sinha R K. 2008. Brand communities and new product adoption: the influence and limits of oppositional loyalty. Journal of Marketing, 72(6): 65-80.

Triandis H C. 1989. The self and social behavior in differing cultural contexts. Psychological Review, 96(3): 506-520.

Trusov M, Bodapati A V, Bucklin R E. 2010. Determining influential users in internet social networks. Journal of Marketing Research, 47(4): 643-658.

Ugander J, Backstrom L, Marlow C, et al. 2012. Structural diversity in social contagion. Proceedings of the National Academy of Sciences of the United States of America, 109(16): 5962-5966.

Uzunoğlu E, Kip S M. 2014. Brand communication through digital influencers: leveraging blogger engagement. International Journal of Information Management, 34(5): 592-602.

van den Bulte C, Joshi Y V. 2007. New product diffusion with influentials and imitators. Marketing Science, 26(3): 400-421.

van Dick R. 2001. Identification in organizational contexts: linking theory and research from social and organizational psychology. International Journal of Management Reviews, 3(4): 265-283.

Wang X, Yu C L, Wei Y J. 2012. Social media peer communication and impacts on purchase intentions: a consumer socialization framework. Journal of Interactive Marketing, 26(4): 198-208.

Wang Y G, Ma S, Li D H. 2015. Customer participation in virtual brand communities: the self-construal perspective. Information & Management, 52(5): 577-587.

Wang Y L, Meister D B, Gray P H. 2013. Social influence and knowledge management systems use: evidence from panel data. MIS Quarterly, 37(1): 299-313.

Wiertz C, de Ruyter K. 2007. Beyond the call of duty: why customers contribute to firm-hosted commercial online communities. Organization Studies, 28(3): 347-376.

Wirtz J, den Ambtman A, Bloemer J, et al. 2013. Managing brands and customer engagement in online brand communities. Journal of Service Management, 24(3): 223-244.

Wood W. 2000. Attitude change: persuasion and social influence. Annual Review of Psychology, 51(1): 539-570.

Young H P. 2009. Innovation diffusion in heterogeneous populations: contagion, social influence, and social learning. American Economic Review, 99(5): 1899-1924.

Zaglia M E. 2013. Brand communities embedded in social networks. Journal of Business Research, 66(2): 216-223.

Zhou Z M, Wu J P, Zhang Q Y, et al. 2013. Transforming visitors into members in online brand communities: evidence from China. Journal of Business Research, 66(12): 2438-2443.

Zhou Z M, Zhang Q Y, Su C T, et al. 2012. How do brand communities generate brand relationships? Intermediate mechanisms. Journal of Business Research, 65(7): 890-895.

Zhu R J, Dholakia U M, Chen X J, et al. 2012. Does online community participation foster risky financial behavior. Journal of Marketing Research, 49(3): 394-407.

第三章

融入社群：关系演化与社群交互

　　大数据驱动的社群赋能营销模式的基础是要构建出用户愿意参与和相互交流的社群。为此，本章首先探讨虚拟社群的关系形成以及关系的重要性，其次分析虚拟社群中关系的演化，进而探讨企业参与社群的交互策略，实现企业与用户协同建设社群，为社群赋能营销提供平台支持。

　　前文提到，社群分为四种类型：交易社群、关系社群、兴趣社群和幻想社群。其中，以品牌为纽带的兴趣社群是企业开展社群营销的主阵地。关系社群中的"关系"大多是个体线下人际关系的线上迁移，具有现实禀赋性。幻想社群如游戏社群中的"关系"则主要是个体在虚拟空间中基于角色扮演的虚构关系。对于前者，企业利用真实人际关系网络开展营销策略可能存在一定的道德风险，会破坏消费者间的关系与情感；对于后者，幻想社群中常常涉及的是虚拟产品的消费，企业一般很难将消费者在幻想社群中的虚构关系或场景渗透到真实生活，带来真实产品的购买，这种社群场景对多数企业具有很强的限制性。因此本章以基于品牌兴趣的交易社群为主，探讨社群网络关系的形成、网络演化及相关策略。

　　随着互联网进入用户交互时代，传统电子商务模式开始转变为社会化商务模式，给企业带来机遇的同时也提出了新的挑战——如何确保用户交互的社会性与商务本身的经济性相互促进？从社会化商务发展的进程来看，企业解决上述问题常用的方案有两种：一是将经济性融入社会性（社交网站中植入商业信息），二是将社会性融入经济性（交易平台融入社交功能）。其中，第一种思路基于消费者在日常的人际交往中积累起来的社会资本和社会影响力，相关研究的核心问题在于识别社交网络中的意见领袖、探索人际口碑传播机制，这些研究的对象集中于主要的社交网站（如 Facebook）。相比之下，第二种思路中关于交易平台内用户之间的社交关系（在交易社群中成员之间并不是直接的买卖关系，交易社群是由具有交易动机的成员通过社交行为构建出的网络社群）如何发展并如何影响社群成员购买行为的研究较少。本章则在现有研究基础上，深入探讨交易社群中关系的形成、演化机制及相关策略。

第一节　网络关系的形成

一、线上关系

（一）线上关系的概念与内涵

关系是指人与人之间、人与事物之间、事物与事物之间的相互联系。随着互联网的发展，人们的活动和联系突破了地理空间限制和真实人际关系的约束，从现实生活延伸至线上网络中，即形成线上关系。此后，许多电子商务购买行为发生在线上市场，电商平台能够将买卖双方联系起来。随着在线购买产品和服务的消费者逐渐增多，网络购物也在本质上从"交易型"交易更多地转变成"关系型"交易。消费者仍然希望像在线下购物那样获得愉悦的社区体验，因为他们在一定程度上把购物当成一种娱乐方式，并以此发展社交活动，与他人建立联系（Anderson et al.，2013）。因此，在大型在线市场中，出现了小型的购物社区和一些围绕某一兴趣点建立的促进买卖双方互动的小型群体。社区增进了"人际"互动和购物体验。例如，eBay 把社区形容为"一个能够把兴趣相同的社区成员联系起来的好地方。在这里，成员之间互相支持，分享信息，建立联系"。

Facebook、Twitter 和微博等社交媒体平台在电子商务中发挥了重要作用，增加了品牌和产品意识，提供了各类信息，并将消费者与在线市场和购物社区联系起来。社交媒体能够"推动深层次关系的形成，快速建立组织，促进知识的创新与结合，并且更加有效地过滤信息"（Kane et al.，2009）。例如，Instagram 直接把线上购物社区的链接放在各大时尚博主发布的产品照片中（如liketoknow.it）。因为线上关系能够提高消费者的购物体验，以社交的方式提供相关的产品和卖家信息，减少购买不确定性，所以线上关系成为线上销售增长的关键所在。但研究人员认为，"与实体零售商相比，在线零售商更难与消费者建立关系"，卖家们往往不知道如何将面对面建立关系的策略应用于在线环境之中（Verma et al.，2016）。

人际关系反映了个人或群体寻求满足社会需要的心理状态，因此，人际关系的变化与发展取决于双方社会需要满足的程度。消费者对线上关系的需求在很多方面与其在线下关系中得到满足的需求相似。网络消费者与卖家和其他买家建立线上联系是为了了解信息并提升购物体验（Manchanda et al.，2015）。比如，"在eBay 的在线社区中，买家之间在探讨商品交易问题时，总是会带有一些个人谈话、幽默感，会出现互相支持和帮助的行为"（Zhu et al.，2012）。所以无论是线上还是线下，消费者心理需求和对关系的渴望都能超越环境的限制，所有社区的建立都是基于身份认同的心理、对他人贡献的欣赏认可、对友情和社会支持等社会心理需求的满足（Zhu et al.，2012）。

（二）线上关系与线下关系的差异性

虽然线上和线下购物背后的心理基础相似，但二者之间的差异可能对线上关系的形成产生深远的影响。正如 Stephen 和 Toubia（2010）指出，尽管社会商业市场与线下购物中心在基础层面很相似，但它不只是线下购物中心的线上等价物。线上和线下渠道之间存在一些差异。第一，线下关系合作伙伴通常地理位置相近，特别是在关系形成阶段，有更多的面对面沟通，而线上关系伙伴可以处于世界任何地方，并且彼此之间可能永远都不会见面，这就导致线上交流十分简洁，语言和非语言提示都相当有限（Benedicktus et al.，2010）。第二，线下关系伙伴通常会对潜在合作伙伴的身份有所了解，而线上关系伙伴可能对潜在合作伙伴的真实身份知之甚少。第三，许多线上关系具有稳定的单向结构，其中一方在这种单向关系中只是一名关注者，不会做出任何回应（Trier and Richter，2015），这种关系在线下关系中并不常见，因为在线下，人们迫于社交压力都会做出回应。第四，社交互联的水平不同，线下关系伙伴通常比线上关系伙伴拥有更多的共同好友（Chan and Cheng，2004）。这些差异绝大部分会增加线上伙伴关系的风险性，所以在关系形成过程中，给出风险降低、信任建立的信号就显得尤为重要。

二、线上关系形成要素

人们建立（线上、线下）商业伙伴关系，是为了减少不确定性，并按照相关规范与信任的合作伙伴进行交易（Adjei et al.，2010；Palmatier et al.，2006）。买家的不确定性来自买卖双方的信息不对称，这些问题在环境不便于观察的网络世界中更会被放大，"网络环境空间和时间的分离会造成额外的信息不对称，这对卖家更有利"（Pai and Tsai，2011）。信息不对称会使买家难以在关系形成过程中识别优秀的合作伙伴，因此买家越来越关注可观察的信号（Kirmani and Rao，2000）。

一方确定潜在的线上关系伙伴后，会对其进行关注，以开始建立关系，这就构成了单向关系。可以说，后续最重要的一步是获取对方的关注，确立具有共同利益的双向关系或互惠型关系。为了确定潜在合作伙伴是否合适以及是否要对卖家的关系请求做出回应，买家会设想如果是自己先发起关系会发出怎样的信号，然后以这些信号来评估对方。互惠是关系形成的关键步骤，因为互惠"构成了整个文明社会和道德生活的基础"（Gouldner，1960），做出更大的承诺也会促进持续不断的互动（Chan and Li，2010）。更牢固、忠诚的关系会带来诸多好处，如增进伙伴关系，提高忠诚度，客户更愿意以购买产品、宣传口碑等方式直接或间接地进行回报（Lund et al.，2015）。

感知风险可以阻止消费者进行各种类型的线上交易（Andrews and Boyle，2008）。在网络购物社区中，人们可以匿名，因此加重了不确定感和感知风险（Rotman，2010）。此外，网上卖家众多，人们普遍认为"几乎任何人都可以以极低的成本在互联网上建立零售业务"（Biswas D and Biswas A，2004）。为了管理这种风险，线上买家以建立关系并寻找市场信号为目标，以便在购买之前确定最佳关系合作伙伴。信号理论认为，可视信号可以显示不可观察的属性，有助于解决信息不对称（Kirmani and Rao，2000）。在网络购物社区，有三大类可观察信号可以帮助买家识别合适的合作伙伴：直接来自卖家的信号，如双向沟通；整体线上社区发出的卖家信号，如卖家声誉；与买家紧密联系的社区成员进行关系选择的信号，也称买家的关系观察。据此，本节将结合现有研究，重点介绍四种线上关系形成的因素。

（一）双向沟通

双向沟通是指买家与卖家之间的直接信息交流。在网络购物社区，任何一方都可以发起沟通，可能会收到回复，也可能收不到。沟通建立信任（Palmatier et al.，2006）有利于买卖双方之间形成长期关系（Reinartz et al.，2005）。在网络社区，沟通可能更为关键，因为在线社区中，即使与陌生人就不重要的问题有少量、浅层次的沟通也代表着信任（Nass and Yen，2010）。例如，通过与潜在买家进行沟通，卖家的匿名性质减少，并向买家发出信号，保证卖家的专业知识、可靠性和响应能力，从而降低感知风险。同时，卖家还向潜在买家表明了透明度和可信度，这会增加买家形成关系的意愿（Porter and Donthu，2008；Verma et al.，2016）。

沟通在关系建立的早期尤为重要，它不仅有助于建立初始信任，还有助于制定过程和规范，持续改善关系互动（Palmatier et al.，2006）。然而，随着时间的流逝，沟通往往会导致收益递减（Palmatier et al.，2013）。买家加入线上社区的时间越长，他们的知识和经验就越丰富，他们会感到舒适，感知风险就会变小（Zhu et al.，2012）。因为买家获得了经验，其信息需求减少，且对信息不对称的看法减弱，沟通成本也会降低。

（二）卖家声誉

声誉被买家视为反映卖家质量的信号（Baker et al.，1998）。卖家的声誉可以作为另一种信息来源，因为牢固的声誉缓解了消费者对卖家的感知风险和潜在担忧（Pavlou et al.，2007）。在网络购物社区，卖家声誉为促进陌生人之间的合作提供了可行机制。它确保卖家与任何其他交易者之间行为的公开，因此可能影响整个社区日后对卖家的行为态度（Dellarocas，2003）。在线上社区，这一信息很明显，且容易获取（如为卖家评分的星星）。因此，买家一般会寻求与声誉较高的卖家建立关系。

然而，一般推理下可能认为，买家越是长期积极参与到网络购物社区中，他们获得的经验、知识就越多，熟悉度就越高，在和卖家接触时感觉到的风险就越小（Yoon，2002）。例如，在社区有了几次成功购买的经验后，买家在与其他卖家进行交易时也可能会少一些犹豫，即使对方的声誉不高。因此，随着买家经验的增加，卖家声誉作为风险降低信号的价值就会下降。但是相关研究结果显示，买家的经验增加并没有减弱声誉的影响，而是增加了这种影响。

（三）买家的关系观察

线上社区的买家也会观察社区中与其关系最亲近的人的行为。同社区成员发出的信号尤其重要，因为潜在买家不仅要知道哪些卖家和产品被认为是好的，还要知道它们是否适合自己所在的消费群体（van den Bulte and Wuyts，2007）。买家在网上购物环境中的关系观察，是指买家观察同社区成员与卖家的关系选择。例如，如果一位买家关注了同社区成员，而这个成员关注了一位卖家，那么这个买家将收到有关特定卖家的重要信息，了解其作为潜在合作伙伴的价值。研究人员根据不同的背景和理论范式，将类似的观察过程描述为模仿、接触、扩散或观察学习（Nitzan and Libai，2011；van den Bulte and Wuyts，2007）。研究表明，当人们感到不确定时，会注意别人的行为以决定如何行动（Chen，2008）。

关系观察为买家提供了其个人认为相关的信息或信号，帮助其评估卖家的声誉（Chen et al.，2011）。为了找到符合需求、值得信赖的卖家，买家会留心自己关注的人在哪里购物。例如，Polyvore 是一个时尚产品的线上市场，买家可以在这里关注他们喜欢的其他买家。当买家观察到自己关注的人与特定卖家有关系时，更有可能与卖家形成关系。与双向沟通和卖家声誉相似，随着买家经验的增长，关系观察的影响也将减少（Nitzan and Libai，2011）。

有研究表明，关系观察与双向沟通和卖家声誉的协同作用，增加了买家与卖家形成关系的可能性。买家在关系观察过程中，通过对比与买家间的相似性，来评价卖家的可信度，因为二者的相似度越高，意味着卖家（或产品）"适合"自己的可能性越高（Adjei et al.，2010）。例如，卖家的声誉表明卖家通常是可靠和值得信赖的，但买家无法从中了解卖家的产品是否符合个人喜好（如味道/价格）。因此，随着对卖家关系观察的增多，卖家声誉和双向沟通对买家形成关系的可能性具有更强的影响。

（四）买家互惠型关系 vs 单向关系

在网络购物社区，买家可以向卖家发起关系或者对卖家发起的关系进行回应。对关系进行回应表明，买家的心理承诺水平高于最初形成的单向关系，后者只是收集信息的步骤，而买家互惠型关系则是积极建立关系的步骤。因此，我们预计，当买家处于回应（与发起）状态时，三个信息信号（即双向沟通、卖家声誉和买家的关系观察）对买家更具影响力和价值。在线下环境中，人们普遍认识到买家互惠型关系会带来交易规范，这些交易规范将对具体行为做出约束（Dahl et al.，2005）。研究表明，无论在哪一关系阶段，互惠都意味着责任（Nass and Yen，2010）。实验表明，完全陌生的人在线上互动五分钟，即便是无关紧要的问题，双方也会感到有责任对其进行回应，即体现较高的承诺感。Nass 和 Yen（2010）得出结论：买家互惠型关系的实验突出了社会行为的关键点——越是基本的社会规则，越不需要施加人为干预让别人遵循，这意味着互惠可以在任何阶段和任何类型的关系中发生。此外，互惠的感觉非常重要，它们可以跨越文化，甚至可以从无生命的物体中被感知，如电脑。有些买家可能不愿意承受这种未来要履行义务的感觉；如果卖家已经关注了自己，买家可能也会选择忽略，而不是做出回应，除非再次因为卖家的其他信号而感到放心。因此，在买家决定形成互惠型关系还是单向关系时，双向沟通、卖家声誉和买家的关系观察就更为重要、更有价值。

以上探讨的线上关系形成框架，如图 3-1 所示。

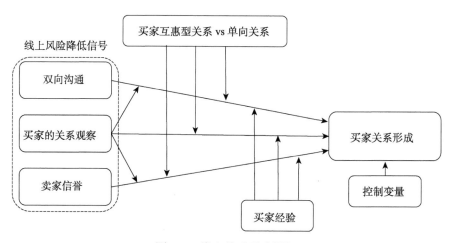

图 3-1 线上关系形成框架

（五）线上关系形成要素的实证分析

为了验证以上四种要素对线上关系形成的影响，作者团队在研究中以淘宝社区为研究对象，对收集到的数据进行了分析。第一，淘宝网是中国最大的电子商务平台，是重要的线上零售平台。我们关注了淘宝社区的单一类别（服装），以减少产品异质性。第二，在这个平台上，卖家与买家截然不同，易于区分。卖家在所有互动中都提供了网店的超链接。每当卖家发布消息、回复或关注其他成员时，都会出现该卖家网店的超链接。淘宝社区还可以让会员沟通和分享信息，这些都可以被观察到。第三，任何潜在的买家都可以加入社区，并与其他成员形成单向关系（关注）或者互惠型关系（互相关注）。因此，会员可以建立多重关系，获取他人信息，并观察其他成员的行为。

在构建纵向样本时，我们将样本限制为开始收集数据后（2014 年 4 月 1 日后）加入社区的新成员，以减少在此之前存在的关系影响。数据收集持续 134 天，适用于研究线上关系的形成。我们编写了一个网络爬虫程序，每天对淘宝社区的数据进行搜索和存储。我们获得了 146 个买家的数据，这些买家与 336 个卖家形成了 1074 个关系。

对数据进行编码和计算后，作者使用 Cox 回归模型进行模型估计。关系形成是一种基于时间的二进制事件，随着时间的推移，关系形成的概率是时变自变量的函数。可以用风险函数对基于时间的现象进行有效建模，从而识别横截面和纵向效应，以及处理样本选择偏差，如删失。因此，这里使用半参数部分似然法（semiparametric partial likelihood method）来估计风险模型（Mitra and Golder，2002；Thompson and Sinha，2008）。设定风险率 $h(t)$ 以反映买家和卖家之间形成关系的概率；因为关系在时间 t 尚未形成，因此它表示事件（关系形成）的瞬时概率（Kleinbaum and Klein，2012）。式（3-1）仅表示主要效应模型，式（3-2）是具有假设相互作用的完整模型，作者将其用于假设检验：

$$h(t)_{i,j} = h_0(t)\exp(\alpha + \beta_1 COM_{i,j,t} + \beta_2 REP_{j,t} + \beta_3 OBS_{i,j,t} + \beta_4 EXP_{i,t} + \beta_5 REC_{i,t} + \delta Controls + \varepsilon) \tag{3-1}$$

$$h(t)_{i,j} = h_0(t)\exp(\alpha + \beta_1 COM_{i,j,t} + \beta_2 REP_{j,t} + \beta_3 OBS_{i,j,t} + \beta_4 EXP_{i,t} + \beta_5 REC_{i,t} + \gamma_1 COM_{i,j,t} \times EXP_{i,t} + \gamma_2 REP_{j,t} \times EXP_{i,t} + \gamma_3 OBS_{i,j,t} \times EXP_{i,t} + \gamma_4 OBS_{i,j,t} \times COM_{i,j,t} + \gamma_5 OBS_{i,j,t} \times REP_{j,t} + \gamma_6 OBS_{i,j,t} \times REC_{i,t} + \gamma_7 REP_{j,t} \times REC_{i,t} + \gamma_8 COM_{i,j,t} \times REC_{i,t} + \delta Controls + \varepsilon) \tag{3-2}$$

其中，β_j 为主效应中各自变量在回归模型中的回归系数；γ_j 为各交互项在回归模型中的回归系数；δ 为控制变量的回归系数；ε 为残差项。各英文缩写代表的变量和数据分析结果见表 3-1。

表 3-1 线上买家关系形成数据分析结果

变量	模型 1	模型 2	模型 3	模型 4
主效应				
双向沟通（COM）	0.23(0.01)**	0.21(0.01)**	0.20(0.01)**	0.18(0.01)**
卖家声誉（REP）	0.33(0.02)**	0.27(0.01)**	0.35(0.03)**	0.25(0.01)**
买家的关系观察（OBS）	0.13(0.01)**	0.18(0.01)**	0.11(0.02)**	0.18(0.01)**
买家经验（EXP）	0.01(0.03)	0.02(0.12)	0.03(0.14)	0.04 (0.08)
买家互惠型关系（REC）	−0.12(0.01)**	−0.12(0.01)**	−0.09(0.01)**	−0.14(0.01)**
交互效应				
双向沟通×买家经验		−0.15(0.01)**		−0.15(0.01)**
卖家声誉×买家经验		0.25(0.01)**		0.26(0.01)**
买家的关系观察 × 买家经验		−0.43(0.04)**		−0.40(0.03)**
买家的关系观察×双向沟通		0.13(0.01)**		0.13(0.01)**
买家的关系观察 ×卖家声誉		0.24(0.01)**		0.26(0.02)**
双向沟通 ×买家互惠型关系		0.13(0.01)**		0.14(0.01)**
卖家声誉 × 买家互惠型关系		0.13(0.01)**		0.14(0.01)**
买家的关系观察×买家互惠型关系		0.18(0.00)**		0.18(0.01)**
控制项（Controls）				
卖家运营时长	0.02(0.04)	0.13(0.17)	0.22(0.19)	0.17(0.24)
共同活动	0.02(0.27)	0.02(0.38)	0.01(0.06)	0.03(0.31)
买家关注者数量	0.34(0.03)**	0.26(0.02)**	0.31(0.04)**	0.26(0.02)**
卖家关注者数量	0.38(0.02)**	0.26(0.01)**	0.31(0.03)**	0.23(0.01)**
卖家产品广度	0.02(0.23)	0.04(0.28)	0.12(0.34)	0.03(0.21)
高斯脆弱项	N.A.	N.A.	0.14(0.21)	0.19(0.33)
样本容量	1 074	1 074	1 074	1 074
R^2	0.28	0.30	0.27	0.28
调整的 R^2	0.27	0.28	0.26	0.27
对数似然	−15 987.56	−15 747.13	−16 185.42	−15 993.50
卡方值	1 459.14**	1 561.33**	1 351.53**	1 442.62**
AIC（Akaike information criterion，赤池信息量准则）	29 939.02	29 709.02	30 106.84	29 958.12
BIC（Bayesian information criterion，贝叶斯信息准则）	29 984.85	29 769.01	30 296.04	29 993.40

注：表中数据为标准化系数，括号中为标准误差。模型 1 是主效应模型，模型 2 是最终模型，模型 3 是有高斯脆弱项的主效应模型，模型 4 是有高斯脆弱项的主效应及交互效应模型。N.A.表示空值

**表示 $p<0.01$

通过模型 2 可知，正如前文分析，双向沟通对买家与买家形成关系有积极的影响（β=0.21，$p<0.01$）。买家经验减弱了这种影响（γ=−0.15，$p<0.01$）。卖家声誉积极影响买家关系形成（β=0.27，$p<0.01$）。然而，买家经验增加并没有减弱卖

家声誉的影响，而是增加了这种影响（γ=0.25，$p<0.01$）。买家的关系观察对关系形成产生了积极的影响（β=0.18，$p<0.01$），这种影响随着买家经验的增加而减弱（γ=−0.43，$p<0.01$）。买家的关系观察增强了双向沟通（γ=0.13，$p<0.01$）和卖家声誉（γ=0.24，$p<0.01$）对买家关系形成的积极影响。当买家对卖家发起的关系进行回应而不是形成单向关系时，双向沟通（γ=0.13，$p<0.01$）、卖家声誉（γ=0.13，$p<0.01$）和买家的关系观察（γ=0.18，$p<0.01$）对买家关系形成有较强的影响。模型 3 和 4 验证了结果的稳健性。

三、线上关系的动态绩效

（一）单向关系对卖家业绩的影响

对零售方赞助的线上社区的研究表明，加入线上社区并与其他消费者建立联系可以增加消费（Manchanda et al.，2015）。我们还做了进一步研究，调查在由非企业发起的网络购物社区中，买家与卖家之间的关系如何影响销量。与现存的研究结果一致（Ha，2004），我们认为，无论一段关系是由买家还是卖家发起，只要关系形成，就意味着人们有兴趣，愿意参与和投入，这就是产生购买行为的前兆。大量的关系营销研究也表明，线下关系能够增加卖家的业绩（Palmatier et al.，2006）。卖家向买家发起单向关系时，表明卖家认为买家是优质的，买家也因此有可能考虑购买卖家产品。总之，由卖家发起的关系代表卖家想要同买家进行关系投资，增加了买家从卖家购买产品的可能性（Rust and Chung，2006）。因此，拥有更多卖家单向关系的卖家（由卖家单向发起关系，买家不予回报）要比关系较少的卖家表现得更好。同样，买家与卖家形成关系，可以减少信息不对称和风险，信任度也会增强，买家更有可能从与自己有关系的卖家购买产品（Palmatier et al.，2007）。因此，拥有更多买家单向关系的卖家（由买家单向发起关系，卖家不予回应）要比关系较少的卖家表现得更好。

（二）互惠型关系对卖家业绩的影响

除了由卖家或买家发起的单向关系的影响之外，我们还研究了互惠型关系（买家和卖家之间的双向关系）对卖家业绩的影响。互惠是关系形成的关键一步，因为互惠表明双方都有一定动机，能够互相信任，遵守承诺，保证了规范交易，这些都能够增加业绩（Dahl et al.，2005）。众多研究表明，互惠是线上运营社交网络的关键结构特征（Ansari et al.，2011）。互惠型关系可能比单向关系更有价值，因为互惠能够增进伙伴关系，提高忠诚度，使客户愿意以购买产品、宣传口碑等方式直接或间接地进行回报。因此，互惠型关系比单向关系更能准确地代表卖家关系组合的强度，因为双向的、坚定的消费者更有可能重复购买，还可能购买卖家的其他产品，并为卖家做宣传，拉来新消费者（Reinartz and Kumar，2003）。

综上，单向关系和互惠型关系的动态绩效如图 3-2 所示。

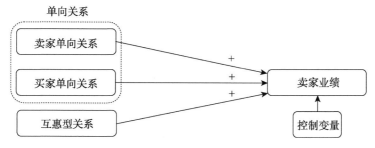

图 3-2　单向关系和互惠型关系的动态绩效

（三）线上关系动态影响实证分析

本章重点利用真实数据，分析卖家在淘宝社区建立单向关系和互惠型关系组合所带来的动态绩效。这里，我们使用了与前文"线上关系形成要素的实证分析"部分相同的纵向数据收集方法，但不是用来分析个体买家关系的形成，而是评估这些关系对卖家销售量的影响。我们使用网页爬虫程序，记录每位卖家电子商店销售的每一个商品的单日交易量，然后计算出卖家的日收入额。由于前面研究中无法确定某一买家的购买情况，我们获取了同一时间段内所有买家在全部 336 个卖家处的购买情况。最终样本涵盖 5231 个买家和 336 个卖家。卖家（买家）单向关系量表示由卖家（买家）发起的非互惠型关系的数量。互惠型关系量是线上购物社区中买家、卖家双向关系的数量。我们还将卖家声誉作为控制变量，卖家声誉同时也是基于顾客普遍评价得出的内生变量。

为了说明我们的概念模型中变量之间的动态性和潜在的内生性，我们使用 VARX 模型，即包含外生变量的向量自回归（vector auto regression，VAR）模型（Stephen and Toubia，2010）。通过将每个变量视为潜在的内生变量，VARX 模型揭示了变量之间的动态、复杂的相互依存关系，同时还能得到关系的累积效应对销售产生的影响（Dekimpe and Hanssens，1995）。我们采用四步法来估计 VARX 模型（Fang et al.，2015）。

一阶差分表明所有变量都是稳定的，说明我们可以用差分估计 VARX 模型。使用施瓦茨贝叶斯信息准则（Schwarz Bayesian information criteria，SBIC）确定合适的滞后阶数。单个时段即为合适的滞后期（SBIC=5.42）。因此，我们构建一个 VARX 模型，来捕捉三种关系在卖家关系组合、卖家声誉和卖家业绩之间的动态相互作用，做法如下：

$$
\begin{bmatrix} Y_t \\ S_t \\ B_t \\ \mathrm{RB}_t \\ \mathrm{RE}_t \end{bmatrix} = \begin{bmatrix} C_Y \\ C_S \\ C_B \\ C_{\mathrm{RB}} \\ C_{\mathrm{RE}} \end{bmatrix} + \sum_{j=1}^{J} \begin{bmatrix} \omega_{11}^j & \omega_{12}^j & \omega_{13}^j & \omega_{14}^j & \omega_{15}^j \\ \omega_{21}^j & \omega_{22}^j & \omega_{23}^j & \omega_{24}^j & \omega_{25}^j \\ \omega_{31}^j & \omega_{32}^j & \omega_{33}^j & \omega_{34}^j & \omega_{35}^j \\ \omega_{41}^j & \omega_{42}^j & \omega_{43}^j & \omega_{44}^j & \omega_{45}^j \\ \omega_{51}^j & \omega_{52}^j & \omega_{53}^j & \omega_{54}^j & \omega_{55}^j \end{bmatrix} \times \begin{bmatrix} Y_{t-j} \\ S_{t-j} \\ B_{t-j} \\ \mathrm{RB}_{t-j} \\ \mathrm{RE}_{t-j} \end{bmatrix} + \begin{bmatrix} \sigma_{Y,t} \\ \sigma_{S,T} \\ \sigma_{B,T} \\ \sigma_{\mathrm{RB},t} \\ \sigma_{\mathrm{RE},t} \end{bmatrix} \quad （3\text{-}3）
$$

其中，Y_t 为卖家业绩；S_t 为卖家发起的单向关系数量；B_t 为买家发起的单向关系数量；RB_t 为互惠型关系的数量；RE_t 为卖家声誉；以上数值全部在时间 t 内发生；j 为 VARX 模型中的滞后期。

针对每个内生变量，其对应的外生变量都包括一个确定性趋势（即截距项），以解决遗漏信息的影响（Fang et al.，2015）。与 Joshi 和 Hanssens（2010）的研究相同，我们对所有变量进行了对数转换，以便将系数转换为弹性系数，得出脉冲响应函数（impulse response function，IRF），随着时间的推移，追踪任一内生变量单位冲激对其他内生变量的影响。借鉴 Dekimpe 和 Hanssens（1995）的研究，我们使用广义脉冲响应函数来确保系统中变量的序列不会影响结果并找出同时产生的影响。冲激的持续时间等于脉冲响应函数统计值 $|t|$ 大于 1 时的最后时段。计算滞后 k 阶的脉冲响应函数累计总数，以反映脉冲变量中意外冲激对响应变量造成的累积效果。结果见表 3-2。

表 3-2　单向关系和互惠型关系的动态收益

测试路径	弹性估值/差分	天数/天	价值/美元[a]
卖家单向关系→卖家业绩	0.10**	1	3.31
买家单向关系→卖家业绩	0.19**	4	6.29
互惠型关系→卖家业绩	0.30**	7	9.93
成对差异（互惠型关系—卖家单向关系）	0.20**		6.62
成对差异（互惠型关系—买家单向关系）	0.11*		3.64
卖家声誉→卖家业绩	0.04		

*表示 $p<0.05$，**表示 $p<0.01$；a：每增加一段关系所带来的价值

卖家单向关系（弹性估值=0.10，$p<0.01$）和买家单向关系（弹性估值=0.19，$p<0.01$）对卖家业绩产生了积极的影响。互惠型关系也对卖家的销售产生了积极的影响（弹性估值=0.30，$p<0.01$）。根据成对差异测试结果，互惠型关系对卖家业绩的影响要强于由卖家（差分=0.20，$p<0.01$）或买家（差分=0.11，$p<0.05$）发起的单向关系。VARX 模型还为三种关系的动态影响范围提供了一些思路。其中，卖家单向关系变化最小，只对销量有 1 天显著的影响，而由买家单向关系产生的影响能持

续 4 天，互惠型关系的影响最大，可持续 7 天。在提升价值方面，互惠型关系比买家单向关系高出 57.87%，比卖家发起的单向关系多出两倍。

这些结果有力地证明了前面的观点，在线上购物社区中建立互惠型关系组合对于促进销售增长十分重要。互惠型关系与卖家单向关系相比，前者对卖家业绩的影响是后者的三倍，影响持续时间是后者的数倍。互惠型关系的价值（美元）比买家发起的单向关系提升近 60%。因此，互惠是线上关系建立的关键过程，也是决定购买的重要前提。卖家可以通过宣传自身作为合作伙伴的价值（增加声誉）来间接影响买家关系的形成，或者直接与潜在买家建立关系。然而，我们的研究结果表明，卖家建立关系对销售的影响有限，除非能让买家进行回报（关注卖家）。互惠对于卖家业绩和动态影响范围都产生了巨大的倍增效应。因此，我们以这一结果为基础，从管理角度思考一个重要的问题：卖家如何让买家对卖家发起的单向关系做出回应？

四、建立线上互惠型关系策略

（一）互惠型关系策略

关系观察对买家自发建立关系有着巨大影响，在此基础上，我们研究了卖家是否可以通过主动识别更有可能给予回报的买家来促进关系的建立。研究已表明，如果买家关注的社区成员关注了某一卖家，就会发生关系观察，这位被其他买家关注，同时又关注某一卖家的买家就是中间人。中间人对于卖家的选择就是一个信号，会让另一位买家觉得这个卖家可靠、值得信赖，很适合自己（Chen et al., 2011）。卖家发起的关系应该对有关系观察行为的买家更有效果[图 3-3（a）]。

关系观察行为发生时，中间人和买家的声誉共同决定了关系观察促进互惠型关系形成的有效性。声誉的影响力可以从信号传递的角度来理解，信号源和接收者的相对可信度越高，信号越有影响力（Cialdini, 2009）。中间人和买家的声誉是指他们的专业度、知识性和可靠性。在网络环境下，声誉或地位可以通过关注者的数量来推断，这也是"用户判断社区内信息质量好坏的指标"（Labrecque et al., 2013）。买家观察到具有较高声誉的中间人时，更有可能对卖家发起的关系做出回应，因为他们相信中间人的选择是更可信的。但如果中间人声誉低于买家声誉，这种影响就会降低，因为买家不会太看重和自己水平相似或更低的消息来源（Adjei et al., 2010）。例如，一个较少被关注的新买家，在看待拥有众多关注者的中间人时，可能要比那些已经有很多关注者的买家更相信中间人，认为他们更可靠、知识更丰富[图 3-3（b）]。

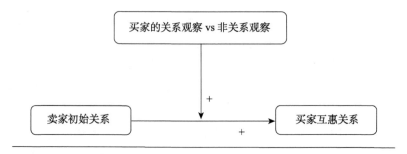

(a) 利用关系观察促进买家对关系做出回应 (比较对照组)

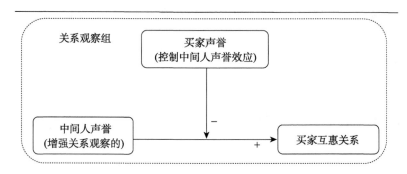

(b) 根据中间人和买家声誉调节关系观察的效果

图 3-3　卖家建立互惠型关系的策略

研究结果表明，卖家可以使用这些策略来增加潜在买家的回应比率。第一，关系观察组和对照组中各有 8.8% 和 5.2% 的买家对卖家发起的关系进行了回应，这代表与比较对照组相比，关系观察组中回应的可能性提升了大约 70%。因此，在选择关注潜在买家并希望将其转化为消费者时，与其随机关注，不如先从现有的关注者入手，把这些关注者变成中间人，关注中间人关注者里的社区成员，这些潜在买家更可能进行回应。第二，卖家可以选出具有较高声誉的中间人，将其关注者视为目标买家，中间人所表现出的专业度和声誉度会增加这些潜在买家对卖家关系进行回应的可能性。第三，卖家要着重考虑中间人和潜在买家之间的声誉高低；对于信号接收者来说，如果信号源头具有相对较高的声誉度，则信号更加可靠。

虽然线上关系的建立成本很低，但卖家应该努力维持更多的互惠型关系，而不仅仅是单向关系，因为这一关系的比例代表着关系的质量。如果在一段时期内，社区成员没有得到卖家的回应，就会"取消关注"。正如一位 Twitter 用户所说，"如果他们没有表现出与我进行互动的兴趣，我就会取消关注"（Schaefer，2013）。

（二）互惠型关系策略实证验证

为了更有效地证明我们的观点，我们的研究团队在网络社交媒体平台——微博上做了一项实地实验，在不同的线上环境中检验前文确认的重要概念的有效性，并解决可能产生的内生变量问题。我们与一家拥有近一百万名微博粉丝的大型食品饮料产品卖家合作，开展了实地实验。

在实地实验中，我们利用卖家发起关系操纵了潜在的买家群体：①第一组——关系观察组——只包括关注了中间人的社区成员；②第二组——对照组——买家没有关注任何中间人，这意味着他们不能进行关系观察。

为了构建样本，我们找出最近开始关注卖家的 4000 名关注者（作为中间人），然后使用网络爬虫识别了这 4000 位成员所有的关注者。我们移除了其中已经关注卖家的潜在买家后，共获得了 98 704 名潜在目标买家，其中没有人直接关注卖家，都只是关注了一位中间人（符合关系观察的条件）。我们从这个样本中随机选择了 386 名潜在买家（一开始是 400 名，但是去除了 14 名与平均值相差 ±3 个标准差的非操纵变量异常值）。对照组由随机选择的 2400 名成员组成，他们没有关注卖家和任何中间人。为了确保样本其他所有属性保持一致，我们采用倾向匹配处理，得出相同数量的观察值。非操作变量的平均值比较表明两组之间没有明显的差异。

我们在 8 小时内对所有 772 名潜在买家使用了由卖家发起关系的管理策略，即利用卖家账户，对两个潜在买家群体样本发起关系。7 天之后，我们在两组样本中统计出所有对卖家发起的关系做出回应的买家。这个时间点选择比较合理，我们发现 96% 的互粉发生在 3 天之内。因此，如果买家没有回应，因变量买家互惠型关系就等于 0，如果有回应，则因变量等于 1。我们还统计了每位买家的声誉（关注者人数）、买家关注的人数以及买家的活跃程度（发微博的数量）。

实验的目标是验证关系观察发生时，中间人和买家声誉共同决定了关系观察促进互惠关系形成的有效性。因为这个假设只涉及关系观察组，所以分析时仅分析这一组买家。验证这个假设时不需要额外的操作，只需测量每个中间人和 386 名买家的声誉，也就是其关注者的数量。

我们用逻辑回归检验之前的假设，与二进制因变量一致。在表 3-3 中，我们用买家关系观察（1=关系观察组，0=对照组）以及买家声誉、买家活跃度、买家关注人数等控制变量来预测每个买家是否会回应卖家发起的关系。通过对控制变量进行对数变换校正偏度，发现买家观察到中间人关注卖家时（也就是进行关系观察后），更有可能对卖家发起的关系做出回应（$\beta=0.59$，$p<0.05$）。

表 3-3　关系观察和声誉对买家互惠型关系建立的影响

分类	变量	参数估计值（标准差）
关系观察促进买家做出回应（vs 对照组）	常量	−2.40(0.69)**
	买家关系观察（0=无关系观察，1=有关系观察）	0.59(0.29)*
	买家声誉	−0.10(0.13)
	买家关注人数	−0.03(0.10)
	买家活跃度	−0.05(0.06)
	样本容量	0.772
	伪决定系数 R^2	0.02
	似然比	6.54
声誉的调节效果	常量	−6.41(1.68)**
	中间人声誉	0.32(0.13)**
	中间人声誉 × 买家声誉	−0.16(0.06)**
	买家声誉	−0.05(0.14)
	买家关注人数	0.30(0.14)*
	买家活跃度	0.13(0.09)
	买家关注的中间人数量	0.24(0.08)**
	样本容量	386
	伪决定系数 R^2	0.11
	似然比	22.98

*表示 $p<0.05$，**表示 $p<0.01$

我们还进行了模型预估，并检查了中间人的声誉是否会增加买家的回应，以及买家的声誉度是否会抑制这种影响。表 3-3 中包含了中间人声誉、买家声誉、中间人声誉与买家声誉的相互作用、买家关注人数、买家活跃度以及买家关注的中间人数量，用来预估买家是否做出回应。研究表明，当关系观察发生时，中间人声誉可以显著提高买家做出回应的可能（$\beta=0.32$，$p<0.01$）。此外，结果表明，中间人声誉和买家声誉的相互作用呈负相关，且关系显著（$\beta=-0.16$，$p<0.01$）；中间人声誉的效应会随着买家声誉的增加而被压制。

综上，我们的研究结果表明，在网络环境下，通过观察其他人的行为（即关系观察）来验证关系伙伴的选择是买家的重要策略之一。关系观察直接表明了卖家的质量，增加了关系形成的可能性，同时也增强了沟通和对卖家声誉的积极影响。线上电子零售商 Overstock 认为"观察其他人的行为"是其全面成功的关键（Bradley et al.，2011）。买家还使用其他信号，如沟通或声誉来减少与卖家的信息不对称，并降低关系形成的风险。

然而，忽视线上关系的动态性可以掩盖可观察信号随时间变化的有效性差异。沟通和关系观察的影响随着买家经验的增长而减少，但卖家声誉的积极影响随着体验的买家增多而增加。后一种情况与我们的预测相矛盾。也许当买家在社区获得经验，得知并识别出哪些卖家有很高的声誉后，会对其进行关注以了解这些"领先"卖家的动向，并以更多的回购作为回报。这种研究买家信号动态效应的调查拓展了前人的研究。例如，Katona 等（2011）表示，网络时长对用户网络的增长率没有影响。我们证实了网络时长的确对用户增长缺乏直接影响，但我们也发现，在众多信任诱导信号中，时长对关系形成有重要的调节作用。我们的结果与前人对声誉的重要性的网络研究结果相一致，还进一步发现了成员间声誉的相对差异在观察成员行为时的重要作用。

五、新型线上关系理论

虽然有些人可能会认为线上关系与线下关系作用相同，但我们认为，在理解和执行线上关系营销策略时，必须要考虑到线上线下有几项重要差异。在这一部分，我们将描述线上关系独有的特征，概述现有研究（包括本书）的结论，讨论有关构建与执行线上关系营销策略的启示。由此我们得出三个简明扼要的原则，这意味着新的线上关系理论正在形成（表 3-4）。

表 3-4　新型线上关系理论：研究准则

原则	线上环境的独特性	造成独特性的原因	支持性证据
原则 1	线上关系更具匿名性：合作伙伴对潜在的线上合作伙伴的身份信息或确定性了解有限（Rotman，2010）	• 线上关系合作伙伴可能位于世界各地 • 线上关系缺乏足够的面对面互动和其他非语言提示，很难识别线上关系伙伴的可信度（Rovie，2013）	• 96%的互惠型关系在 3 天内形成 • 研究表明，投机取巧的风险有所增加（Rotman，2010） • 线上社会规范的约束较弱（Wallace，1999）
原则 2	线上单向关系很容易形成并维护；大部分线上关系具有稳定的单向结构，即使另一方从来没有进行回应，也可以一直作为关注者保持单向的关系（Trier and Richter，2015）	• 线上关系形成和维护的成本较低（精力、时间、情感） • 随着时间的流逝，线下关系会向两个方向发展，一个是在社会规范压力下，关系进一步发展成为互惠型关系（Cialdini，2009），另一个是一方长时间不予回应，导致另一方感到失望，互动就此终止，关系破裂	• 线上用户的单向关系一般比互惠型关系更多 • 在网络环境中，社会压力较小，更容易促进互惠型关系的发展（Trier and Richter，2015） • 建立和终止线上关系都不会遇到太大阻碍（McKenna et al.，2002）
原则 3	突出二者的共同点，这一点很少有人了解，但却是建立线上关系（如互惠型关系）的基础法则	• 因为大部分线上关系都是单向关系，所以互惠型关系可能更加具有重要的意义；互惠型关系有助于买家从众多的单向关系中区分出特殊关系 • 互惠是最基础的感觉，代表了一定的社会规范；这种感觉存在于各种文化之中，甚至发生在无生命物体上，如电脑（Nass and Yen，2010）	• 与发起关系相比，买家回应卖家发起的关系时，风险降低信号的效果也得到加强 • 与买家单向关系相比，互惠型关系对销量的影响要高出近 60%，动态影响范围也多出两倍 • 互惠型关系对销售增长有最深远的影响：持续时间长达 7 天，而卖家和买家单向关系分别只有 1 天和 4 天

第一，线上关系更具匿名性。线下合作伙伴通常会了解潜在合作伙伴的身份（如名字、工作），有一定的信任度。线上合作伙伴往往对合作伙伴的身份信息了解有限，缺乏信任，因此"传统的商业交流形式不如电子商务更具匿名性，但这种匿名性为投机取巧的行为提供了基础"（Rotman，2010）。因为不受地理位置限制，所以除了身份匿名以外，位置不公开、缺乏地理位置邻近性也是网络交易的一大特征。建立线上关系时，合作伙伴身份不明或距离遥远，缺少提示信息，增加了对方投机取巧的风险，所以一切有效的风险降低信号就显得十分重要。我们的研究已表明，观察其他社区成员、接收卖家信息、回粉和阅读评价都是让买家确定建立关系或产生购买行为的关键信号。因此，管理者需要仔细识别和控制自身传递的线上风险降低信号的有限数量。我们了解评价的重要性，但却不太了解如卖家"点赞"等个性化沟通以及其他基于社区传递的信号具有怎样的作用，这些还需要进一步研究。

匿名性还会让线上关系快速形成又结束。当关系伙伴知道他们结束一段关系后，很可能再也不会"偶遇"这个伙伴，也几乎不再有共同好友，会促使其做出冒险尝试，轻易终止这段关系。例如，在研究中，我们观察到96%的互惠型关系在3天内形成。管理者应该意识到在网络环境下，变化率很高，决策用时也很短，需要想办法做出实时的响应，实现关系的拓展。否则，卖家可能会失去建立关系的机会，遭受重大财务影响。已有研究证实，错过一个回应买家的机会可能使销量减少约40%，还会损失从长期关系获益的机会。进一步研究需要关注线上回应的最佳响应时间，而且这种回应要传递出感兴趣的信号，不能是不假思索的自动回复。

此外，线上交流少了视觉提示，社会规范压力较小，匿名性有助于线上关系形成，并在不同类型的人群之中产生影响（Wallace，1999）。卖家可以匿名建立网上社区，由线上购物者提供信息、评价和关系观察给各种在线下环境中往往不会进行互动的潜在消费者群体，从而推动其产品和品牌的垂直营销。在匿名的网络环境中，即使是对差异很大的不同群体，关系观察也能发挥作用，但这一点在线下环境中并不典型，因为购物者经常会忽略与自己不一样的人的看法（Yaniv et al.，2011）。根据以上关于匿名性的讨论，我们得出了第一个原则。

原则1：线上匿名使得一切降低风险的信号对关系形成都有很大的影响，会引起线上关系快速形成和结束，促进关系形成并在不同群体之中产生影响。

第二，线上单向关系很容易形成并维护。线上关系成本较低（精力、时间、情感），全天候持续不断的连接用户能够与多位买家、卖家建立关系。在线下环境中，交易伙伴必须处于同一时间、同一地点，才能建立初始关系，而且在面对面的线下环境中，需要付出更多认知和情感上的努力才能建立关系并维持下去。此外，随着时间的流逝，线下关系会向两个方向发展，一个是在社会规范压力下，关系进一步发展成为互惠型关系（Cialdini，2009），另一个是一方长时间不予回应，导致另一方感到失望，互动就此终止，关系破裂，从而限制了关系组合的规模。

相比之下，大部分线上关系具有稳定的单向结构，即使另一方从来没有进行回应，也可以一直作为关注者保持单向的关系（Trier and Richter，2015）。因为网络环境降低了社会压力，线上伙伴通常不会进一步回应关系。人们能够建立广泛的、易于维护的单向关系，这在线下环境中几乎是不可能的。举例来说，某电视明星在 Instagram 上有 6600 万个单向关系关注者，其中只有 104 个是互粉，也就是互惠型关系。因此，形成和维护单向线上关系的便利性有助于消费者发展广泛、多样化的单向关系组合，这对于决策制定（如判断产品好坏或识别值得信赖的卖家）很重要（有时甚至是至关重要的）。例如，对于想要建立单向关系的买家，关系观察对关系的形成具有很强的直接作用和杠杆作用。管理者需要意识到，大部分潜在线上买家将会集中在哪个合作伙伴周围获取信息和评价，从而使用相应的策略，如进入新的消费者群体并利用其中的关系网产生影响，而不是针对那些没有中间人的消费者。

原则 2：形成和维护线上单向关系的便利性能够使消费者发展广泛而又多样化的单向关系组合，这些组合是影响消费者做决定的重要信息源。

第三，上述两项原则概括了线上和线下关系的关键差异，而最后一项原则突出了二者的共同点，虽然这一点很少有人了解，但却是建立线上关系（如互惠型关系）的基础法则。互惠在线上和线下似乎同样重要。买家单向关系（即买家关注卖家）和互惠型关系（即卖家也关注买家）对销量影响的差别巨大，后者对销量的影响要高出近 60%，动态影响范围也多出两倍，此结果令许多管理者感到意外。在接收的信息和访问权限不变的情况下，买家为何还会关心卖家是否也关注了自己呢？研究表明，人们在管理线上线下关系时的心理过程相同，互惠能够促进关系形成，鼓励积极行为，提高业绩（Zhu et al.，2012）。因此，管理者一定要知道对关系做出回应是关系建立的重要步骤，即使是在网络上，这种看似简单的行动背后也有着重要的心理学意义。

特别需要强调的是，此次研究结果表明，买家在回应卖家发起的关系时似乎会做出郑重承诺，因为这样会让风险降低信号的效应得以加强，产生的效果同发起一段关系相类似。互惠型关系对销售业绩的影响比任何一种单向关系都要大。从这个意义上讲，管理者不仅要回应消费者发起的关系（样本中的许多卖家都没能做到这一点），还要设计策略来促进其与消费者的互动，以此建立更牢固的线上关系从而促进销量增长。在线上环境中，因为互惠有助于买家从众多的单向关系中区分出这种特别的互惠关系，所以可能更加具有重要的意义。不过还需要更多研究来证明这一观点。

原则3：互惠型关系对消费者心理承诺和相关消费行为具有重大影响。

第二节　网络关系的演化①

一、交易型社区的拓扑结构

Borgatti 等（2009）指出不同类型网络的演化动力是不同的（图3-4）。在人际关系网络中，Newman 和 Park（2003）通过网络建模的方法解释了由人际关系组成的社会网络与其他类型的网络（如生物网络、硬件设施网络）的不同在于其"聚类性"（clustering）和"同配性"（assortative mixing）。崔爱香等（2011）和吕琳媛等（2010）在复杂网络研究中以"共同的邻居"作为驱动人际关系网络演化的动力。在相似关系和归属关系的网络中，其拓扑结构可以用前文提到的二模网络来表示，如 Koskinen 和 Edling（2012）利用贝叶斯推断的统计方法构建了这种二模网络的演化模型（尽管统计推断模型可以拟合二模网络演化，但并不能解释产生这些连接的根本原因）。Goldstein 等（2005）考虑到同一个群体的成员更倾向于合作这一社会效应，从而构建了二模网络（由科学家—论文组成）的演化模型。

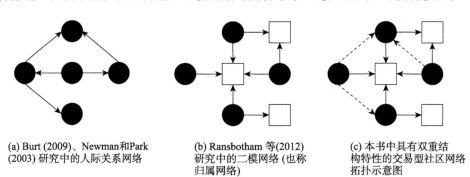

(a) Burt (2009)、Newman和Park (2003) 研究中的人际关系网络　　(b) Ransbotham 等(2012) 研究中的二模网络 (也称归属网络)　　(c) 本书中具有双重结构特性的交易型社区网络拓扑示意图

图 3-4　从拓扑结构上看交易型社区与以往研究中社会网络的不同

图中的圆形表示社区成员，矩形表示社区中的事件、信息（在本书中特指交易型社区成员共享的商品信息、兴趣爱好等）；(c)中的实线和虚线箭头分别表示两种网络结构中的连接关系

---

① Xiao B M, Huang M X, Barnes A J.2015.Network closure among sellers and buyers in social commerce community. Electronic Commerce Research and Applications, 14(6): 641-653；黄敏学, 肖邦明, 孙培翔.2015.基于网络闭包理论的交易型社区网络演化研究.系统工程理论与实践，35(5): 1165-1176.

交易型社区既包括了人际关系网络也包括了由事件—成员组成的二模网络[图3-4（c）]，因此上述关于几种不同类型网络演化动力的研究是本节的基础和起点，但同时，本节也注意到这些研究所忽视的两个关键问题：①同样是人际关系类型的网络，当成员之间的社会关系类型不同时，网络演化动力是否存在差异？即上述提到的"聚类性"等演化动力在交易型社区中是否适用？②不同类型的网络在演化上具有什么样的交互性？具有双重结构特性的交易型社区如何演化？关于第一个问题，交易型社区中的成员处于一个相互陌生的模糊情境中，其所受到的信息性社会影响相比于规范性社会影响可能更为显著，因此交易型社区中成员的人际关系演化可能更容易受到产品、信息、功能等的驱动。本节接下来结合相关文献进一步分析交易型社区网络演化动力的差异性及其机制。

二、交易型社区的网络闭包形态

上述关于不同类型网络演化动力的研究是本书探索交易型社区网络演化的基础，但缺少一个系统的网络演化理论将上述文献提及的网络演化动力整合起来。在计算机科学、物理、数学等领域，关于网络演化的系统性分析往往从统计计算的角度拟合网络演化趋势，很难解释网络演化背后的原因。社会学中关于社会网络的研究一般从两个视角出发：以 Granovetter（1973）为代表的关系的视角和以 Burt（2009）为代表的结构的视角。网络闭包理论就是 Burt（2009）从结构的视角提出的，他在研究中指出，如果网络中连接于同一个节点的两个节点之间具有连接，这样的结构在传递信息方面会更加有效，彼此之间的关系也会因此增强，这是因为"共享的节点"会创造更多的信息传播路径，使得与其相连接的节点之间更加信任。同样的，在计算机科学领域中，Newman 和 Park（2003）在社交网络中发现的聚类性以及周涛等（2005）将"共同的邻居"作为社会网络演化的动力与社会学中的网络闭包理论也是不谋而合。因此本书从网络闭包理论出发，总结社会网络闭包的各种形态并进一步探讨交易型社区网络闭包的差异性。

在上述关于网络闭包理论的研究中进一步考虑连接的方向和二模网络，则可以将网络闭包划分为基于社会影响的传染性闭包形态和基于选择影响的相似性闭包形态。Ahnert 和 Fink（2008）将网络闭包理论拓展到有向网络中，指出了无向网络中一个基本的闭包单位在有向网络中可能出现的多种情况（根据三者之间连接方向的不同组合来区分）；Crandall 等（2008）从社会学理论出发，将有向网络中的闭包类型划分为两种，一种是从社会影响的角度出发，以社会传染作为主要机制的闭包[图 3-5（b）中的第一种]，另一种是从选择影响的角度出发，以相似性作为主要机制的闭包[图 3-5（b）的后两种]。其中，选择影响驱使的网络闭包从网络结构来看体现了前文提到的二模网络对成员间人际关系形成的影响[图 3-5

（c）], 上述网络闭包理论都会涉及网络中的第三方, 而网络中两个节点之间的互惠结构在网络演化中具有非常显著的影响; Nowak（2006）在研究网络关系的建立时认为直接互惠（即时利益的互惠）和间接互惠（通过中介传导的互惠）是合作网络演化的基本原则。综上所述, 我们用图 3-5 来描述网络闭包理论的形成与发展, 并总结交易型社区演化中所包含的一些网络闭包形态。

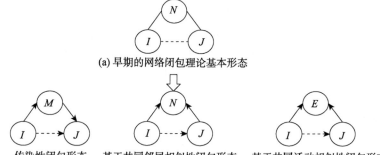

(a) 早期的网络闭包理论基本形态

传染性闭包形态　　基于共同邻居相似性闭包形态　　基于共同活动相似性闭包形态

(b) 考虑有向网络和二模网络的闭包理论发展

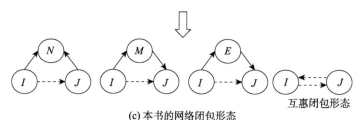

互惠闭包形态

(c) 本书的网络闭包形态

图 3-5　网络闭包理论的形成和发展以及在交易型社区中的应用
圆圈内字母 *I*、*J*、*M*、*N* 代表社区中个体成员, *E* 表示社区活动;
实虚线箭头分别表示两种网络结构中的连接关系

　　根据以往关于人际关系网络闭包理论总结出的网络闭包形态在本书提到的交易型社区中具有怎样的差异性呢？具体来讲, 即前文中提到的互惠性、传染性（社会影响）和相似性（选择影响）在交易型社区的网络演化中的表现如何。本节接下来的部分将进一步分析交易型社区网络闭包形态的特殊性。

三、交易型社区的网络演化

（一）互惠性与交易型社区的网络演进

　　互惠性是人际关系所具有的基本特性, Stockman 和 Doreian（1997）以及 Nowak（2006）在研究中证明了互惠性能够促进人际关系网络的演化。但也有学者从相反的角度探讨互惠性的关系模式所带来的负面影响。互惠性是基于大量的社会交互的，因此互惠性本身所需要的关系投入成本较高，如 Gu 等（2008）指出互惠型关系的成本和风险包括：第一，时间消耗和信息重复（反复的交互）；第二，关系无效率（搭顺风车）；第三，关系嵌入带来的责任和压力等。Fehr 和 Gächter（2000）等也在研究中指出互惠型关系容易导致信息冗余。因此，尽管互惠型关系在社交网络中能够增强信任和关系的稳定，但在交易型社区中，互惠型关系并不一定是一项高收益的投资，成员可能更注重信息性和功能性，因此交易型社区中关系的多样性和宽度比关系的同质性及深度更能够帮助交易型社区中的成员获取更优的社区地位，试图通过互惠模式建立关系可能会事与愿违。图 3-6 描述了交易型社区成员面临的互惠闭包选择。因此，在交易型社区中，社区成员因为更加关注关系建立的成本而回避互惠关系的出现，即成员 J 对成员 I 的关注会负向影响成员 I 与 J 构建关系的概率。

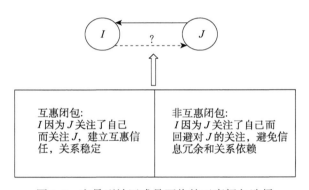

图 3-6　交易型社区成员面临的互惠闭包选择

（二）传染性（社会影响）与交易型社区的网络演进

Young（2009）在研究中区分了"社会影响"、"社会学习"和"社会传染"三种扩散模型，其所定义的"社会传染"与前文论述的有向网络传染性闭包形态[如图 3-5（b）的第一种情况]是一致的，即"当某成员所关注的人采取了某种行为时，该成员也随即采取此行为的现象"，它对社会网络演化的直接作用就是产生新的节点或新的连接，即本节提到的闭包，问题是在交易型社区背景下，这种传染性闭包形态具有怎样的特性。由于传染动力来源于社会影响，存在着信息性社会影响与规范性社会影响之分。规范性社会影响会促使人们在行为上从众，容易产生传染性闭包的形态；信息性社会影响则会促使人们摆脱重复冗余的信息，追求信息的差异化和多样性，容易产生与传染性闭包相反的形态。具体来讲，信息从成员 J 传导至成员 I 的路径越来越多时（即传染性越来越强），成员 I 可以从更多途径获取到成员 J 的信息，因此就没有必要进一步地与 J 建立关系，于是就出现了与传染性闭包相反的情况。图 3-6 描述了交易型社区成员在信息性社会影响下面临的闭包选择。因此，在交易型社区中，成员 J 对 I 的传染路径增加会降低成员 I 与 J 建立关系的必要性，因此会负向影响成员 I 与 J 构建关系的概率。

（三）相似性（选择影响）与交易型社区的网络演进

在社会网络的演化中，"出于社会比较和社会支持的目的，人们有很强的选择同那些与自身具有共同特征的人聚拢在一起的倾向"，这就是一种基于成员相似性的网络演化动力，其所对应的网络闭包形态如图 3-5（b）的后两种所示。Kossinets 和 Watts（2006）在关于一所大学内 43 553 名学生的实证研究中指出，可以通过学生共同参与的课堂和共同认识的朋友（这一研究测量学生间相似性的两个指标）来预测他们之间产生社会交互（邮件往来）的概率；Crandall 等（2008）选取了维基百科和 LiveJournal 等虚拟社区，主要分析了社区成员间的相似性与社会影响两种机制的交互作用如何促进虚拟社区的演化。因此，基于相似性的网络闭包是社会网络演化的一个重要形态，不论是在社交网络中还是在交易型社区中，这种"物以类聚，人以群分"的网络演化机制都会存在。图 3-5（b）描述了交易型社区基于成员相似性的闭包形态。综上，在交易型社区中，成员之间基于共同社区好友和共同社区活动的相似性会正向影响这些成员之间的关系构建的概率。

四、交易型社区的网络演化仿真分析

（一）数据

为了验证交易型网络关系的演化机制，本书团队选取了淘宝圈子中最活跃的圈子之一——交易型社区作为研究对象，该社区于 2012 年 6 月 12 日建立，截至本书数据采集之日（2013 年 4 月 28 日）已建立有近 11 个月，共有圈子成员 7902 名，全部为淘宝网站的注册会员，尽管淘宝圈子都是以特定的兴趣主题（如服饰、数码、汽车、校园）为主导，形式上看上去类似于兴趣型或社交型虚拟社区，但淘宝网站本身是一个商业性非常强的平台，而且圈子中的所有会员都是买家或者卖家，因此淘宝圈子并不是单纯的兴趣型或社交型圈子，交易型关系是这些圈子建立的基础。本书在数据搜集上基于 Eclipse 平台，通过自己编写的 Java 程序来抓取该社区成员之间的人际关系信息（关注、粉丝）和社区活动信息（发帖、回帖），并将这些信息储存在数据库中。

（二）变量测量与网络闭包模型构建

根据 Stockman 和 Doreian（1997）对网络中的互惠性的定义，社区中成员所面临的互惠性选择是指该成员在收到来自另一位成员的连接时，是否会反馈出一条连接从而使双方达到一种互为朋友的平衡结构。因此，本书的互惠性测量就是观察成员之间的相对关系，其是一个二元变量。

$$\text{Rec}_{i,j,t} = \begin{cases} 0, & \text{link}_{j,i,t} = 0 \\ 1, & \text{link}_{j,i,t} = 1 \end{cases} \tag{3-4}$$

其中，$\text{Rec}_{i,j,t}$ 为截止到 t 时刻，成员 i 所面临的互惠性；$\text{link}_{j,i,t}$ 为截止到 t 时刻，成员 j 是否关注了成员 i。

Ransbotham 等（2012）通过矩阵的自乘来研究信息传播在维基百科中的最短路径，因此，网络中一个成员对另一个成员的传染力实际上就是计算网络成员之间特定距离下的路径矩阵（对邻接矩阵进行 N 次自乘之后得到），其中自乘的次数 N 就是节点间信息传递的跳数（距离），而路径矩阵中的每一个单元格的数值表示节点之间 N 跳的路径有多少条。根据小世界网络理论，成员之间往往经过 6 步就能够到达网络中的任何其他成员，过长的路径会导致信息传递的衰减也无法造成实质上的传染，因此本书选取的路径长度为 4，成员间的传染随着路径长度增加而呈指数衰减。

$$\text{Con}_{i,j,t} = \sum_{p=2}^{m} \text{Path}_{i,j \cdot A_t^p} \cdot \left(\frac{1}{p}\right) \tag{3-5}$$

其中，$\text{Con}_{i,j,t}$ 为截止到 t 时刻，成员 j 对 i 的传染力；m 为易感成员 i 受到 j 传染的路径长度（$2 \leqslant m \leqslant 4$）；$\text{Path}_{i,j \cdot A_t^p}$ 为截止到 t 时刻，距离为 p 的情况下，i 受到传染的路径有多少条。

在选择性影响的作用下，网络中的成员因为已经具有的相似性而有选择性地发出连接。因此，研究成员的选择性机制其实就是计算社区成员间的相似性，本书对成员 i 与成员 j 相似性的测算同时考虑了二者基于共同邻居的相似性和基于共同活动的相似性，前者表示社区成员 i 与 j 共同认识的社区成员；后者表示成员 i 与 j 共同参与的社区活动。具体计算中，两种相似性的测算分别来自矩阵 A_t 和 B_t。

$$Psim_{i,j,t} = \text{MA}_{i,j,A_t A_t^{\mathrm{T}}} \tag{3-6}$$

$$Esim_{i,j,t} = \text{SA}_{i,j,B_t B_t^{\mathrm{T}}} \tag{3-7}$$

其中，$Psim_{i,j,t}$ 为截止到 t 时刻，成员 i 与 j 之间基于共同好友的相似性，其值 MA（即社区成员）等于矩阵 A_t 乘以其转置之后在第 i 行第 j 列单元格上的值；$Esim_{i,j,t}$ 为截止到 t 时刻，成员 i 与 j 之间基于共同社区活动的相似性，其值 SA（即社区活动）等于矩阵 B_t 乘以其转置之后第 i 行第 j 的值。

在虚拟社区中，成员是否发出连接而形成关系嵌入体现在网络闭包的过程中，其背后的动力来源于互惠、传染性和相似性。因此，本书采用逻辑回归模型，选取每一条连接形成的概率作为因变量，研究互惠因素、传染因素和相似性因素如何影响交易型社区中成员发出连接构建直接人际关系的概率，具体的模型构建如下：

$$
\begin{aligned}
\operatorname{logit}(P_{\text{link}_{i,j,t}}) &= \alpha + \beta \operatorname{Rec}_{j,i,t} + \gamma \operatorname{Con}_{j,i,t} + \varphi \operatorname{Sim}_{i,j,t} + \eta \operatorname{Con}_{j,i,t} \operatorname{Sim}_{i,j,t} + \theta_1 \operatorname{Exp}_i + \theta_2 \operatorname{Tim}_i + \varepsilon \\[2mm]
&= \alpha + \beta \operatorname{link}_{j,t} + \sum_{p=2}^{m} \gamma_{p-1} \operatorname{Path}_{i,j,A_t^p}\left(\frac{1}{p}\right)^p + \varphi_1 \operatorname{MA}_{i,j,A_t A_t^{\mathrm{T}}} \\[2mm]
&\quad + \varphi_2 \operatorname{SA}_{i,j,B_t B_t^{\mathrm{T}}} + \eta_1 \left[\sum_{p=2}^{m} \operatorname{Path}_{i,j,A_t^p}\left(\frac{1}{p}\right)^p\right] \operatorname{MA}_{i,j,A_t A_t^{\mathrm{T}}} \\[2mm]
&\quad + \eta_2 \left[\sum_{p=2}^{m} \operatorname{Path}_{i,j,A_t^p}\left(\frac{1}{p}\right)^p\right] \operatorname{SA}_{i,j,B_t B_t^{\mathrm{T}}} + \theta_1 \operatorname{Exp}_i + \theta_2 \operatorname{Tim}_i + \varepsilon
\end{aligned}
\tag{3-8}
$$

其中，因变量 $P_{\text{link}_{i,j,t}}$ 为成员 i 关注 j 的概率。自变量中，α 为虚拟社区成员发出连接的初始意愿；β 为该社区的互惠因素对网络闭包的影响；γ_{p-1} 为在距离为 p 的情况下，传染性对网络闭包的影响；φ_1 为基于共同邻居的相似性对网络闭包的影响；φ_2 为基于共同活动相似性的影响；η 为一组交互作用，分别是两种相似性与传染性的交互作用；θ 为一组体现社区成员自身特质的控制变量，主要是控制社区成员的社区经验和成长时间对其发出连接行为的影响。

（三）分析结果

在全部的 7902 位社区成员中，相互之间关注或成为粉丝的只有 2438 位，也就是说在该社区建立已经近一年的时间里，只有近三分之一的社区成员相互之间建立了社交关系，这也体现了交易型社区中关系构建（网络闭包）的困难。本书将社区成员与社区外的成员建立的关系排除，只关注圈子内部的关系演化，这就将需要分析的节点和关系范围缩小了，上述提到的 2438 位相互有关系嵌入的社区成员一共形成了 4311 条有向关系。为了更好地呈现社区网络演化的形态，接下来我们分别从宏观、中观和微观三个层面逐一呈现该社区的拓扑结构和网络闭包形态。

1. 社区整体的拓扑结构（宏观视角）

图 3-7 从整体上呈现了截止到本书数据抓取之日（2013 年 4 月 28 日），该社区成员之间最终形成的朋友关系网络（关注、粉丝关系）。图 3-7 外围是一些具有稀疏社区关系的节点，而图的中心处则是与圈子其他成员具有紧密关系的用户。出于显示简洁性的考虑，图 3-7 并没有标出每一个节点的用户 ID（identity document，身份标识号），只是提供了一个交易型社区关系构建的全貌，下面会按照社区划分算法呈现社区内部的小群体。

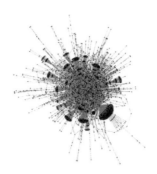

图 3-7 基于 Mashima 等（2012）的图布局算法的整体社区关系呈现（宏观视角）

需要注意的是，该网络只呈现了社区成员之间的人际朋友关系（关注、粉丝关系），这些成员之间基于共同社区活动的双重网络结构闭包形态将在网络闭包的微观视角部分呈现。表 3-5 是对图 3-7 整体网络基本特征的介绍。

表 3-5 截至数据抓取日该社区关系网络基本特征

网络结构	指标统计	指标解释
节点数	2438	虚拟社区中相互有关系的成员数
边数（有向）	4311	社区中总共构建的有向关系数量
平均度	1.769	在相互有关系的社区成员中平均关注和被关注的人数
网络直径	16	社区中任意两个成员之间最远的距离
平均路径长度	5.798	信息在任意两个成员间传播所需要的平均距离
网络密度	0.001	成员间已有的关系数/成员间所有可能的连接数
平均聚类系数	0.031	与某成员相连接的成员之间相互连接的程度

2. 基于社区探测算法的社区划分（中观视角）

为了更加清晰地展现该社区的中央－边缘结构，本书将图 3-7 按照 Blondel 等（2008）的社区划分算法进行社区划分，社区划分通常以模块度指标作为社区划分的标准：

$$Q = \frac{1}{2M} \sum_{i \neq j} \left(A_{ij} - \frac{k_i k_j}{2M} \right) \delta^{ij} \tag{3-9}$$

其中，A 为整体网络的邻接矩阵；M 为整体网络的总边数，如果 i 和 j 同属于一个划分，则 $\delta^{ij} = 1$，否则为 0。基于这一标准，图 3-7 的整体网络一共被划分为 117 个小群体。在图 3-8 中，我们取出其中较大的 4 个群体（分别占社区成员总数的 15.46%、7.92%、7.59% 和 7.42%，集中度并不高，初步可见这一交易型社区的聚类性并不显著），并分别进行同样的图布局呈现这些小群体的中央－边缘结构。

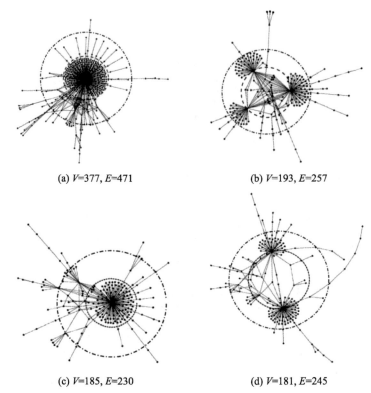

(a) *V*=377, *E*=471　　　　　　　(b) *V*=193, *E*=257

(c) *V*=185, *E*=230　　　　　　　(d) *V*=181, *E*=245

图 3-8　基于社区划分算法的社区小群体中央 – 边缘结构（中观视角）

V 表示该小群体中成员数量；*E* 表示该小群体关系数量；图中两个同心圆之间半径差越远，
则中央 – 边缘结构越明显

3. 具有双重结构的网络闭包形态（微观视角）

图 3-7 与图 3-8 所呈现的都是社区成员之间建立的朋友关系，并没有呈现社区另一层结构关系，即基于社区活动的二模网络结构。截止到本书数据抓取时间，在全部的 7902 名社区成员中，有 5905 名社区成员共同形成了 6954 条帖子和总共 8431 条回复。通过将前文得到的 2438 名成员之间的朋友关系和 5905 名成员之间的二模网络关系相结合，这种具有双重结构的网络一共涉及 6195 名社区成员。接下来我们将选取一些样本节点呈现这种具有双重结构的网络闭包形态（图 3-9）。由于该社区总体关系比较稀疏，如果以 6195 名成员为范围随机选取的节点之间关系很少，网络闭包形态不明显。因此，本书选取聚类系数较高且平均度较少的几个节点（成员 ID 分别为 5001、178、1317 和 2691），较清晰地呈现这些节点之间关系闭包形成时的互惠性、传染性及相似性状态。图 3-9 呈现了这些节点之间在不同的时间一共产生的 6 条关系；表 3-6 汇总了图 3-9 中每一条闭包连接形成时主要自变量的取值。

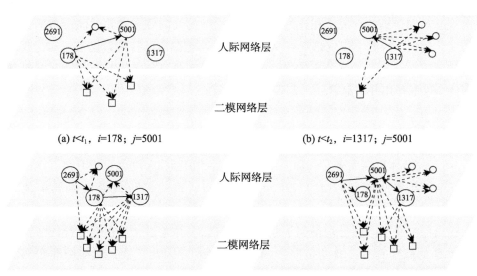

(a) $t<t_1$，i=178；j=5001　　　　　(b) $t<t_2$，i=1317；j=5001

(c) $t<t_3$，i_1=178；j_1=1317；i_2=2691；j_2=178　　　(d) $t<t_4$，i_1=2691；j_1=5001；i_2=5001；j_2=1317

图 3-9　具有双重结构的交易型社区网络闭包形态呈现

图中圆形表示社区成员（标注的编号是本书统一命名的成员 ID）；方形表示社区活动；实线箭头是在 t 时刻产生的闭包连接；虚线箭头是某闭包连接产生之前两位成员的历史关系

表 3-6　网络闭包形成时各主要自变量的取值

时间	网络闭包的边 ($link_{i,j}$)	互惠性	传染性	相似性 a	相似性 b	参照图
t_1=2012-09-16	i=178，j=5001	0	0	1	3	图(3-9) (a)
t_2=2012-10-03	i=1317，j=5001	0	0	3	1	图(3-9) (b)
t_3=2012-11-12	i=178，j=1317	0	0	1	5	图(3-9) (c)
	i=2691，j=178	0	0	1	1	图(3-9) (c)
t_4=2012-11-21	i=2691，j=5001	1	0	0	2	图(3-9) (d)
	i=5001，j=1317	0	0	3	3	图(3-9) (d)

图 3-9 中，我们选取了该社区的 4 名成员，他们之间可能的关系一共有 12 条，而在我们所选取的观察期内，实际出现的关系有 6 条，因此，单独从这 4 名成员之间的关系来看，他们的关系密度就是 0.5。另外，图 3-9 也体现了本书探讨交易型社区关系形成的基本逻辑，即根据成员之间的历史关系来预测他们在下一时刻的关系状态。表 3-6 实际上是本书用到数据集的一部分，在整个研究中，我们也是按照表 3-6 的数据结构，记录了每一条关系形成的时候两两成员之间在互惠性、传染性和相似性这几个自变量上的取值，基于此来检验交易型社区成员之间关系建立的模式。从表 3-6 中的各个变量取值我们可以初步看到，在 4 名社区成员彼此之间建立关系的时候，他们在历史上的互惠性和传染性变化不大，且普遍没

有出现互惠和传染的情况，相比之下，成员之间的共同好友数和共同参与的社区活动变化较大。因此，仅仅是只有 4 名成员的小范围内的行为数据也能够让我们初步判断驱动交易型社区关系建立的主要影响机制是成员之间的相似性，而互惠性和传染性的作用并不显著。

4. 模型分析

我们选择在 SAS 9.2 软件中运行逻辑回归的参数检验，结果如表 3-7 所示。从式（3-8）的整体拟合度来看，加上了交互项后的模型拟合度优于没有交互项的模型[没有交互项的模型–2LL（–2Log-likelihood，负二倍对数极大似然）值为 34 012.23，在添加交互项后，–2LL 值减少为 33116.50]；从模型的主效应来看，本书提出的三个基本假设均得到了较好的验证。具体来讲，互惠性对社区成员间构建关系的概率具有显著的负向影响（β=-2.99）。因此，社交网络中非常热的"互粉"现象在交易型社区中由于会带来过多的互惠成本而被社区成员回避；由于信息性社会影响在交易型社区中起着主导作用，当社区成员发现可以通过多条传染路径获取某些信息时，信息源的必要性减弱，从而负向影响了该成员对传染源的关系嵌入概率（γ_1=-0.44；γ_2=-0.03），随着信息传染所需要的路径距离越来越长，信息传染所带来的影响逐渐减弱（γ_3 不显著）。从表 3-7 的结果来看，推动交易型社区成员关系嵌入的主要动力来源于成员间的相似性，其中基于社区共同好友的相似性对成员的关系嵌入正向影响最强（φ_1=2.44），基于社区活动（发帖、回复）的相似性对成员关系嵌入同样具有正向的影响（φ_2=1.23）；在交互作用方面，传染性和相似性的交互作用会改变传染性的作用方向从而在整体上促进社区成员之间形成关系（η_1=-1.41；η_2=-0.13）。

表 3-7　交易型社区成员关系嵌入模型极大似然检验结果

变量	数据	结果解释
截距项	3.50***	
互惠影响		
β：互惠性	-2.99***	社区成员回避互惠关系
社会影响		
γ_1：传染性 1	-0.44***	传染者随着传染路径的增加
γ_2：传染性 2	-0.03**	而获得更少的关系嵌入
γ_3：传染性 3	n.s.	
选择影响		
φ_1：相似性 a	2.44***	随着共同朋友/共同参与的活动
φ_2：相似性 b	1.23***	增多而出现更多的关系嵌入
交互影响		
η_1：（Σ 传染性）×相似性 a	-1.41***	

续表

变量	数据	结果解释
η_2：（Σ 传染性）×相似性 b	−0.13***	
控制变量		
θ_1：成员 i 的社区经验	3.38**	
θ_2：成员 i 的社区成长时间	n.s.	

AIC（赤池信息准则）=34 458.63

SIC（Schwarz information criterion，施瓦茨信息准则）=34 523.63

−2LL =33 116.50

校正的 R^2=0.31

$p<0.05$；*$p<0.01$；n.s.表示不显著

　　本节通过分析淘宝网站中一个圈子的完整的社会网络数据发现：在交易型社区里，从关系嵌入的成本来看，互惠关系形成所需要的社会交互成本和关系依赖带来的关系无效率会使社区成员回避互惠闭包的形成；在社会网络中对成员关系嵌入起到主要动力的传染性机制在交易型社区中却并没有推动成员社区关系的嵌入，相反，由于信息性社会影响在交易型社区中所起到的主导作用，来自同一个信息源的传染路径过多会降低该信息源的必要性，因此，传染性并不能促使交易型社区成员的网络闭包。事实上交易型社区网络闭包的主要动力来源于选择性影响机制，即社区成员主要是基于与自身相似性的程度来选择是否嵌入关系，这样的相似性主要来源于共同的社区好友和共同的社区活动。因此，交易型社区的网络演化在本质上是成员根据自身特质的选择和归属，而并不是一种聚类性和互惠性的规范性社会影响过程。另外，相似性与传染性的交互作用会改变信息传递路径过多导致的信息源必要性减弱的影响，当交易型社区的成员 i 可以通过多条路径获得社区成员 j 的信息，同时又发现 j 具有较多的相似性时，那么 i 与 j 构建关系的可能性就会增加。本书把社区活动经验和社区成长时间作为控制变量，而从结果来看，单纯的社区成长时间并不会显著影响社区成员的关系嵌入，而活跃的社区成员（社区经验得分较高的成员）更容易嵌入交易型社区的关系网络中。

第三节　网络社群融入的交互策略[①]

　　本章前两节主要以交易型社区为主，探讨了其社区关系的形成、影响、演化

① Liao J Y, Huang H X, Xiao B M,et al.2017.Promoting continual member participation in firm-hosted online brand communities: an organizational socialization approach. Journal of Business Research,71: 92-101; 廖俊云，黄敏学，彭捷. 2016. 虚拟品牌社区成员社会化策略及其影响. 南开管理评论, 19(5):171-181,192.

机制及其策略。现在企业社群的构建与发展除了追求交易性，也更加关注交互性。越来越多的企业开始建立虚拟品牌社区，采用以用户交互为主的品牌社群营销。然而，尽管小米公司以其成功的品牌社区营销引起广泛的关注和效仿，但事实上，大量企业的虚拟品牌社区营销并没有取得预期的成功。研究表明，68%的社区成员首次加入某个社区就永久离开该社区，大多数虚拟品牌社区因为成员的流失、内容匮乏和互动不足而失败。以往关于虚拟品牌社区的研究大多聚焦在消费者参与社区的动机和结果方面，却没有回答一个基本问题——企业作为虚拟品牌社区的组织方应如何管理虚拟品牌社区？基于品牌社群中消费者的群体性，本节将从组织社会化的视角，探讨企业社群中基于成员社会化的交互策略及其影响。

一、组织社会化理论

组织社会化是组织行为学中一个比较成熟的概念，是指个体逐步理解组织价值、组织能力、期望行为和社会知识以作为组织的一员并承担组织角色的过程（Chao et al.，1994）。社会化过程是成员适应新的工作或者组织的主要过程。当新员工进入到某个组织中时，将面临全新的环境。新组织要求的角色任务、行为准则和行为方式、组织规范和文化可能与其之前经历的组织完全不同，这时新员工需要了解组织、适应组织、融入组织（Jones，1986）。在营销领域，营销人员的社会化（Menguc et al.，2007）、消费者的社会化同样是研究者关注的重要问题（Wang et al.，2012）。社会化对于个人和组织具有非常重要的意义。就个人而言，社会化可以帮助提高员工的角色清晰程度（Finkelstein et al.，2003）、提高组织成员的工作满意程度（Feldman，1981）、形成组织承诺（Jones，1986）、提高工作绩效表现等。就企业而言，社会化能够帮助员工尽快融入到组织之中、满足相应的工作需要、降低员工的离职率、提升企业绩效（Allen and Shanock，2013）。

二、网络社群的社会化

传统意义上，品牌社区是由品牌爱好者结成的具有一定社会关系、专门化、不受地理限制的社区（Muniz and O'Guinn，2001）。随着社会化媒体的发展，传统的品牌社区加速向基于社会化媒体的虚拟品牌社区转移。虚拟品牌社区，也称网上品牌社区（Zhou et al.，2013），大多数文献都将虚拟品牌社区视为传统品牌社区在网络世界的延伸，而没有做特别的区分和界定（Adjei et al.，2010）。但近年来，部分学者指出，虚拟品牌社区与传统品牌社区的内涵发生了一定的变化，传统的品牌社区强调成员因共同兴趣而结成群体，即品牌社区是自发组织的，多强调社区成员的同质性，如共同的兴趣、集体意识、责任感等（Muniz and O'Guinn，2001）。

　　然而，社会化媒体环境下的虚拟品牌社区容纳了更广泛的成员，因而异质性更强，社区群体更加松散，传统品牌社区所强调的共同意识也有一定程度的淡化（Wang et al.，2012），这也导致消费者对企业建立的社区信任度较低，社区成员网上社区的承诺通常低于对现实组织或群体的承诺，众多虚拟品牌社区因此走向失败。如何将虚拟品牌社区的"闲逛者"（tourist）社会化为社区的内部成员，使其成为社区积极的贡献者是一个重要问题。

　　组织社会化的视角为解决这一问题提供了新的思路。近年来的一些研究表明（表 3-8），虚拟品牌社区同现实的组织一样，其成员加入到组织之中也存在社会化的过程。也就是说社会化的研究正从实体组织拓展到虚拟组织之中。与此同时，许多学者针对网络组织中成员社会化的研究指出，与传统实体组织中制度化的社会化策略相比，虚拟社区的社会化策略都是基于个人化的社会化策略（Farzan et al.，2012）。

表 3-8　虚拟社区中的社会化策略研究

文献	研究背景	社会化策略	结论
Ahuja 和 Galvin （2003）	虚拟技术讨论小组	信息搜寻和提供。其中信息分为技术信息、参照信息、规范信息、绩效反馈和社会反馈	新进入者追求信息，而且集中在技术信息；有经验的成员则提供信息
Choi 等 （2010）	维基项目	邀请参与；欢迎信息；请求完成任务；提供帮助；正面反馈；建设性批评和个人闲谈	不同的社会化策略的作用对社会化起着不同的作用
Farzan 等 （2012）	问答社区	设置清晰的目标和完成目标的步骤；提供示范性的工作案例；给予反馈	社会化的经历能促进社区成员的社区贡献行为
本书的研究	基于品牌的兴趣社区，而非任务型社区	信息反馈、互动支持和用户教育	三类社会化策略对于形成品牌忠诚和社区持续参与具有正面的作用

　　梳理网络组织社会化相关研究发现，本书提到的虚拟品牌社区背景与之前研究的任务型虚拟社区还存在一些性质上的区别。以往研究者在研究虚拟组织的社会化时，多集中在任务型（如维基百科和问答社区）社区。这类社区如同传统组织一样，需要成员发挥能力去完成任务，因此这类社区社会化的重要方面是促进成员提高任务完成的能力，并遵守完成任务所需的规范，但是虚拟品牌社区的社会化并非任务导向，而是以分享品牌体验的兴趣为导向（虽然也有寻求产品知识和技术问题的方面，但成分较少），因此虚拟品牌社区社会化的重要方面是促进成员培养共同的兴趣，形成品牌社区强调的"仪式和传统"、"共同的责任感"和

"共有意识"。因此，虚拟品牌社区的社会化策略更强调建立成员与社区深刻的情感联系，而非任务型社区强调的发展社区成员知识贡献动机和知识贡献能力。反映在社会化策略上，虚拟品牌社区中社会化策略的任务型导向减弱，但是趋向于社交和产品体验分享方面。结合网络组织的社会化策略，现有研究识别了三种虚拟品牌社区中典型的社会化策略：①信息反馈。这类社会化策略在品牌社区和其他任务型社区同样存在，品牌社区中也需要建立消费者参与社区的规范。②互动支持。由于任务型社区中，成员的互动大都是基于任务驱动的互动，但是品牌社区中的互动并不带有明显的任务，甚至互动本身就是消费者参与品牌社区的目的。③用户教育。用户教育是品牌社区中比较独特的社会化策略。由于品牌社区是围绕品牌构建的，提高消费者品牌知识是顾客社会化的重要方面。但是在任务型社区中，成员主要围绕连续的任务而展开，他们需要掌握的是不同任务所需的技能。

三、网络社群中成员社会化及其策略

（一）信息反馈

组织为成员提供反馈是加速成员建立角色认知、融入组织的重要方式（Bezuijen et al.，2010）。在企业组织中，为新成员提供关于工作任务和工作角色方面的知识及信息有利于提高成员的适应水平。Ostroff 等（1992）的研究发现，从上级和同事中获取关于组织的信息能够提高成员的适应水平。上级对下级的反馈可以促进成员学习，增强他们的胜任力，促进新成员融入组织之中（Bezuijen et al.，2010）。在虚拟品牌社区中，当新成员的内容贡献和社交互动得到反馈，将促进其理解社区的运行规范，如果得到的反馈是积极的，成员就会认为自己的贡献是有价值的，值得持续投入精力。因此，当成员为社区贡献有价值的内容、社交比较活跃时，社区往往就会为成员提供虚拟的勋章，甚至是物质激励，这些行为都是社区对用户参与社区行为的正向反馈。社区成员违背社区的运作规则时会受到一定的惩罚（如一段时间内被禁止发言），即负向反馈（Scarpi，2010）。这些反馈信息可能帮助消费者提高参与能力并使其明确角色，从而更好地融入到社区之中。

（二）互动支持

互动支持是指社区组织为成员举办互动活动，促进社区成员之间的沟通交流（Kim et al.，2008）。消费者往往由于寻求品牌知识和品牌体验的分享而加入到虚拟品牌社区之中，而互动是社区成员参与虚拟品牌社区的重要行为（McAlexander et al.，2002）。组织行为学领域的研究表明，新成员进入组织之后，企业为其提供的社交和互动活动能够帮助员工建立人际关系，消除对组织的不确定感，获得组织支持感，从而促进员工更快地融入到组织之中。在虚拟品牌社区中，社区组织者通过组织和促进成员之间的互动，帮助社区成员获得社区中的角色反馈及组织归属感，明确在人际交往中的准则（Finkelstein et al.，2003），自觉遵守组织的规范和纪律。因此，促进社区成员之间的互动也是社区组织者常用的社会化策略之一（Kim et al.，2008）。例如，小米社区不仅在虚拟社区中组织网上的"摄影会"，鼓励成员用小米手机拍摄照片来进行竞赛活动，而且还在全国各地组织了线下的"同城会"，邀请小米用户参与线下的互动活动。

（三）用户教育

用户教育是指公司对实际和潜在的顾客开展教育活动，以提高用户的产品知识素养和使用相关技巧的能力（Bell and Eisingerich，2007）。用户教育对顾客社会化起着重要的作用，能够帮助消费者顺畅地使用产品，增强用户对产品的满意度，促进用户在与企业互动过程中产品认知能力的提高，改善用户与公司的关系。用户教育广泛应用在产品较为复杂的领域，如金融、科技产品等方面。将消费者信息需求与企业产品知识介绍相结合，是虚拟品牌社区进行消费者教育的重要渠道。企业通过在社区中进行用户教育活动，能够满足消费者对产品知识的需求，使消费者正确使用产品，实现产品价值。国内典型的虚拟品牌社区几乎都开辟了专门的消费者教育版块，为消费者提供手机系统更新指南、手机常见问题解决等服务与指导。

四、网络社群中成员社会化的社会认同机制

广泛参与虚拟社区的消费者会经历一个虚拟的自我社会化过程，可能衍生出多种身份意识。Mael 和 Ashforth（1992）将社会认同定义为"个人感知到实际上或者象征性地属于某个群体"，虚拟品牌社区认同则是消费者对某个虚拟品牌社区作为群体的认同。社会认同使社会个体通过某个社会分类来定义自己，并且认为自己拥有这些社会分类中的典型特征。通过社会认同的过程，个人共享所属社会分类的特质，而与其他社会分类区分开来。有研究认为社会认同包括三个成分：群体身份认知、情感涉入或承诺及群体身份重要性认知（Marzocchi et al.，2013）。培养成员对虚拟品牌社区的认同是虚拟品牌社区成员社会化的重要目标。前文已经指出，虚拟品牌社区社会化与传统组织社会化的重要区别是虚拟社区往往由消费者主动参与，没有传统组织中的雇佣合同的制约，虚拟社区的成员在社会化过程中，一旦发觉自己在社区中不适应，或感觉不到社区的价值就会离开该社区（Zhou et al.，2013）。因此，虚拟品牌社区成员社会化的难度可能远远高于传统组织中的成员社会化，虚拟品牌社区的组织方必须将成员的社区参与动机内

部化，才可能保持稳定、活跃的社区氛围，保证社区营销的成功。以往的文献表明，将成员参与动机内部化最好的方式是促使社区成员产生对虚拟品牌社区的认同，继而通过社区认同影响社区成员未来行为意向。

（一）信息反馈与消费者社区认同

组织社会化文献指出，在组织中，为了习得组织规范以及调整自己的行为，个体必须获得他们工作群体和所属组织方面充分、准确的信息。Sluss 和 Ashforth（2007）的研究发现，企业为员工提供信息反馈能够帮助员工尽早承担职务角色，这些活动提供了相应的角色认同（组织认同的一部分）。在虚拟品牌社区中，由于成员能够从组织中获得较好的信息反馈，更加有动机调整自己的行为来符合社区的要求，形成社区成员的角色需求，以融入到社区之中。社区不断反馈社区成员在虚拟品牌社区中的贡献值、社区地位，以及承认社区成员对社区内容的贡献，会激发社区成员在组织中的荣誉感，提高成员的社区认同水平。

（二）互动支持与消费者社区认同

社交也是驱使消费者加入品牌社区的重要因素。社区互动之中形成的共有规范、互惠原则、社区仪式，将社区成员联系起来营造一种集体的共有感，形成消费者人际连带，使其获得社会认同，同时社区获得消费者的认同，提升消费者对社区的承诺水平，形成消费者与社区的长期关系（Zhou et al.，2012）。社区互动的策略将促进社区成员关系的建立，从而增强成员之间的连带关系，增强他们对社区的认同感和归属感。企业在社区中组织各类的互动活动为不同消费者之间的互动提供了良好的契机，有利于消费者与其他消费者建立关系，形成人际连带和社区嵌入，提升消费者与社区的长期关系意愿。因此，可以推测，企业在虚拟品牌社区中组织活动，为消费者之间频繁沟通和交流提供支持和帮助，将提高消费者对社区的认同。

（三）用户教育与消费者社区认同

用户教育方面的文献表明，用户教育能够帮助消费者建立产品认知，获得产品使用的技能，提高与企业销售人员的互动质量，达到用户社会化的目的。在虚拟社区的互动中，Köhler 等（2011）的研究指出，在基于虚拟网络的社会互动中，消费者必须获得相关的角色认知，提高消费者的互动能力。在虚拟品牌社区中，企业通过对消费者进行产品知识等方面的教育，提高消费者的产品知识，能够提高消费者对产品的满意度，因为他们获得有用的价值信息，能够提高自身对社区积极价值的认知（Kim et al.，2008）。同时用户教育能够提高消费者的社区参与能力，促进消费者提高融入社区的意愿，使消费者对社区产生认同。

五、网络社群中成员社会化的影响

（一）社区认同与社区成员的持续参与意愿

众多虚拟社区因为社区成员的流失和贡献不足而失败，社区成员的持续参与是一个虚拟品牌社区存在及发挥作用的基础。在传统的组织行为学中，大多数学者认为组织认同能够促进员工的组织承诺，提高员工对组织的满意度、工作满意度，降低员工流失率（Cole and Bruch，2006）。同样地，在虚拟品牌社区之中，消费者的社区认同形成后，社区身份成为社区成员自我的一部分，社区成员与社区产生牢固的情感纽带，更容易持续参与。同时，社区认同意味着消费者对其他成员的接受，社区成员之间会建立一定的情感联系，更容易产生归属感，提高成员的嵌入度，从而影响成员的社区持续参与意愿。因此，本书认为：社区成员的社区认同正向影响成员的持续参与意愿。

（二）社区认同与成员品牌忠诚

消费者社区认同可能会正向影响品牌忠诚。理由如下：首先，以往社会认同方面的研究表明，社会认同往往会使个体产生内群体偏好，而与群体保持一致。因此，消费者形成对社区的认同之后，往往将品牌当作社区成员的标志，作为获取社区身份的一种手段，保持使用同一品牌而与社区群体保持一致（Turner，1975）。其次，社区认同也使消费者更容易接受社区的信息性影响。由于在一个品牌社区中，社区成员往往都会集中讨论品牌产品的优点，而有意屏蔽对竞争产品的讨论。具有社区认同的消费者更容易接受这种社区讨论，形成对产品的良好认知，建立品牌忠诚（Thompson and Sinha，2008）。最后，Zhou 等（2012）的研究表明社区认同能够通过情感迁移至品牌认同，也就是消费者通过品牌来表达自己，将品牌作为构建自我概念的一部分，产生自我—品牌连接，形成品牌忠诚。因此，本书认为：社区成员的社区认同正向影响品牌忠诚（Elbedweihy and Jayawardhena，2014）。

综上，本节虚拟品牌社群成员社会化策略影响及其作用机制框架如图 3-10 所示。

（三）网络社群成员社会化策略影响实证分析

为了验证以上虚拟品牌社群中成员社会化策略的影响及其作用机制，有学者以小米社区为研究背景，采用网上问卷调查的方法调查参与小米社区的消费者。小米公司以其成功的营销，在短短几年内成长为中国名列前茅的手机制造厂商，其中小米公司围绕粉丝经营的社区营销在国内引起广泛关注。小米公司非常重视小米社区的建设，派驻了大量的公司员工到社区之中，与其他社区成员一道管理

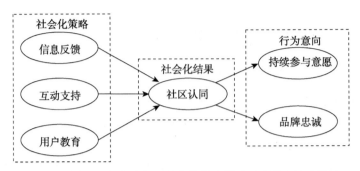

图 3-10 虚拟品牌社群成员社会化策略影响及其作用机制框架

社区，试图构建一个具有活力的社区，维护和促进社区成员对小米品牌的喜爱。目前，小米社区用户量大，并且企业积极介入到虚拟品牌社区的管理之中，因此以小米社区作为研究对象具有较强的合理性。

结构方程模型分析的结果如图 3-11 所示。首先，信息反馈正向影响社会认同（β=0.219，p<0.005），这表明在社区中，社区组织者及时通过系统设计或者直接沟通的方式，对用户参与绩效和行为加以反馈，有利于成员形成对社区的认同感。其次，互动支持正向影响社区认同（β=0.159，p<0.005）。这可能是因为互动支持能够帮助社区成员在社区中建立人际关系，增强组织嵌入性和归属感，使消费者认同自己作为组织的一部分，从而产生社区认同。最后，用户教育也显著正向影响社区认同（β=0.444，p<0.005）。这表明企业作为社区组织者及时更新产品信息，帮助消费者解决产品使用问题，能够形成社区成员的互惠动机，促进社区成员认同社区。社会化结果对社区成员行为意向的影响：社区认同正向影响用户持续参与意愿（β=0.539，p<0.005），这表明社区认同能够帮助成员建立与社区的良好关系和情感纽带，提高成员对社区的投入程度；社区认同正向影响品牌忠诚（β=0.452，p<0.005），这也证实消费者对社区层面的感情和归属能够迁移到品牌层面，通过社区参与认识具有相同品牌爱好的消费者，产生对社区的认同，从而促进消费者继续采用同一品牌产品。

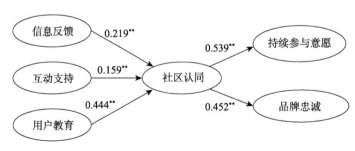

图 3-11 小米社区成员社会化策略影响结果

**表示 p<0.005

综上，本章基于组织行为学的相关理论，从组织社会化的角度探讨了企业管理虚拟品牌社区的三种社会化策略，即信息反馈、互动支持、用户教育，并检验了三种参与行为对社会化结果（社区认同）乃至行为意向的影响。相关研究表明，企业的三种社会化策略对形成社区认同都具有积极的影响，而社区认同则会积极影响消费者持续参与意愿和品牌忠诚。同时，社区认同在不同社会化策略中起着不同的中介作用。具体而言，社区认同部分中介了信息反馈对成员社区持续参与意愿和品牌忠诚的影响，完全中介了互动支持对成员社区持续参与意愿和品牌忠诚的影响；在用户教育与品牌忠诚之间起着部分中介的作用，但是在用户教育与持续参与意愿之间起着完全中介作用。

本章对网络社群社会化策略的探讨主要有三个方面意义。首先，拓展了虚拟品牌社区的研究视角。传统的品牌社区概念主要强调消费者之间的社会互动，而较少涉及企业参与，但是在社会化媒体时代，虚拟品牌社区已经成为企业进行顾客关系管理乃至价值共创等方面的重要营销手段，企业也就成为虚拟品牌社区的重要参与主体。在此基础上，有必要突破以往从个体消费者角度探讨参与虚拟品牌社区的前因与后效的范式，考虑从企业角度研究虚拟品牌社区管理。本书借鉴了组织行为学中的组织社会化理论，初步探讨了企业管理虚拟品牌社区成员的社会化策略及其有效性，从而拓展了虚拟品牌社区的研究视角。其次，以往的组织社会化理论一般应用在实体组织中的成员社会化研究之中，但是随着基于互联网的虚拟组织日益增多，虚拟组织中的成员社会化开始得到一些学者的关注。但这些研究者多关注的是任务型社区（如维基和开源项目），这类组织与传统组织一样存在明显的任务导向，而没有关注到兴趣型社区（如虚拟品牌社区）中的社会化。本章识别了两类虚拟组织在社会化策略方面的区别，并检验了虚拟品牌社区背景下成员社会化策略有效性的研究，可以视作组织社会化理论研究的拓展。最后，深化了社会化媒体中的成员社会化过程及机理研究。社会化媒体已成为一个被广泛接受的概念，但学界一般理解的社会化媒体的社会化仅仅是成员的互动和关系建立，忽略了群体关系形成背后的社会化过程。社会化的视角表明，一个具有凝聚力群体的形成需要共享的文化规范及价值观的支持，需要将成员融入已有的组织，接受相应的组织文化。以虚拟品牌社区这一特定形式的社会化媒体为例，探讨成员社会化策略及其影响机制，加深了学术界对社会化媒体中社会化过程的认识。

这对于企业管理虚拟品牌社区具有一定启示意义。实体组织中，企业为了新成员尽快融入组织，通常会采取一系列正式的社会化策略（如培训和导师制度等）。然而虚拟品牌社区与实体企业存在显著差异，现实组织中的社会化策略并不完全适用，而应采取一些适用于虚拟品牌社区的成员社会化策略。本章表明，企业在社区成员管理的过程中，可以通过信息反馈、互动支持及用户教育实现社区成员的社会化，从而将边缘的社区参与者转化为社区内部积极的参与者，创建具有活力的品牌社区。具体而言，根据本章的结论，企业可以从如下几个方面展开社区成员管理：①企业在设计虚拟品牌社区的信息系统和与社区成员交流过程中，应对成员的社区参与行为给予及时充分的反馈。例如，在参与社区任务时，及时给予奖励，更新成员的社区等级，承认社区成员对社区的贡献；对于社区成员的不当发帖和言论也要及时做出反应，通知到成员，帮助他们正确参与社区。②互动支持可以完全通过社区认同而作用于成员的持续参与意愿和品牌忠诚上，这表明满足社区成员的社交需要、产生对社区和品牌的感情对企业来说意义重大。因此，在社区管理时，企业可以投入精力乃至资金来支持社区成员的互动活动。事实上，小米社区不仅组织了大量的社区线上活动，而且将线上活动线下化，组织了同城会等形式的线下见面活动，这能帮助社区成员消除虚拟网络中的陌生感，增强社区的活力和凝聚力，这可能是虚拟品牌社区取得成功的重要因素。③品牌社区中品牌是社区成员的纽带，成员加入社区的重要目的是分享品牌体验。因此，企业在管理品牌社区的过程中可以对用户进行教育，帮助他们及时更新产品使用知识，提高产品使用能力，使他们更好地参与到社区之中。

参考文献

陈瑞, 郑毓煌, 刘文静. 2013. 中介效应分析: 原理、程序、Bootstrap 方法及其应用. 营销科学学报, 9(4): 120-135.

崔爱香, 傅彦, 尚明生, 等. 2011. 复杂网络局部结构的涌现: 共同邻居驱动网络演化. 物理学报, 60(3): 809-814.

黄敏学, 王殿文. 2010. 从客户关系管理到客户圈子管理. 企业管理, (6): 98-100.

黄敏学, 周学春, 王长征. 2014. 顾客越专业就越不忠诚吗——基于基金投资者顾客专业度悖论的实证研究. 南开管理评论, 17(1): 105-112, 144.

楼天阳, 范钧, 吕筱萍, 等. 2014. 虚拟社区激励政策对成员参与动机的影响: 强化还是削弱?. 营销科学学报, 10(3): 99-112.

吕琳媛, 陆君安, 张子柯, 等. 2010. 复杂网络观察. 复杂系统与复杂性科学, 7(S1): 173-186.

吕琳媛, 周涛. 2013. 链路预测. 北京: 高等教育出版社.

严鸣, 涂红伟, 李骥. 2011. 认同理论视角下新员工组织社会化的定义及结构维度. 心理科学进展, 19(5): 624-632.

张锴琦, 杜海峰, 蔡萌, 等. 2013. 基于节点属性的社群结构探测算法改进. 系统工程理论与实践, 33(11): 2879-2886.

周涛, 柏文洁, 汪秉宏, 等. 2005. 复杂网络研究概述. 物理, (1): 31-36.

周志民, 吴群华. 2013. 在线品牌社群凝聚力的前因与后效研究. 管理学报, 10(1): 117-124.

Adjei M T, Noble S M, Noble C H. 2010. The influence of C2C communications in online brand communities on customer purchase behavior. Journal of the Academy of Marketing Science, 38(5): 634-653.

Ahnert S E, Fink T M A. 2008. Clustering signatures classify directed networks. Physical Review E, 78(3): 036112.

Ahuja M K, Galvin J E. 2003. Socialization in virtual groups. Journal of Management, 29(2): 161-185.

Allen D G, Shanock L R. 2013. Perceived organizational support and embeddedness as key mechanisms connecting socialization tactics to commitment and turnover among new employees. Journal of Organizational Behavior, 34(3): 350-369.

Anderson R E, Swaminathan S, Mehta R. 2013. How to drive customer satisfaction. MIT Sloan Management Review, 54(4): 13-15.

Andrews L, Boyle M V. 2008. Consumers' accounts of perceived risk online and the influence of communication sources. Qualitative Market Research, 11(1): 59-75.

Ansari A, Koenigsberg O, Stahl F. 2011. Modeling multiple relationships in social networks. Journal of Marketing Research, 48(4): 713-728.

Baker W E, Faulkner R R, Fisher G A.1998.Hazards of the market: the continuity and dissolution of interorganizational market relationships. American Sociological Review, 63(2): 147-177.

Bell S, Eisingerich A. 2007. The paradox of customer education: customer expertise and loyalty in the financial services industry. European Journal of Marketing, 41(5): 466-486.

Benedicktus R L, Brady M K, Darke P R, et al. 2010. Conveying trustworthiness to online consumers: reactions to consensus, physical store presence, brand familiarity, and generalized suspicion. Journal of Retailing, 86(4): 322-335.

Bezuijen X M, van Dam K, van den Berg P T, et al. 2010. How leaders stimulate employee learning: a leader-member exchange approach. Journal of Occupational and Organizational Psychology, 83(3): 673-693.

Biswas D, Biswas A. 2004. The diagnostic role of signals in the context of perceived risks in online shopping: do signals matter more on the web?. Journal of Interactive Marketing, 18(3): 30-45.

Blondel V D, Guillaume J L, Lambiotte R, et al. 2008. Fast unfolding of communities in large networks. Journal of Statistical Mechanics: Theory and Experiment, (10): P10008

Borgatti S P, Mehra A, Brass D J,et al. 2009. Network analysis in the social sciences. Science, 323(5916): 892-895.

Bradley S P, Bartlett N, Weber J. 2011. Retail shopping in 2007: the net versus the mall. Harvard Business Review, 5: 707-566.

Burt R S. 2009. Structural Holes: the Social Structure of Competition. Cambridge: Harvard University Press.

Chao G T, O'Leary-Kelly A M, Wolf S, et al. 1994. Organizational socialization: its content and consequences. Journal of Applied Psychology, 79(5): 730-743.

Chan D K S, Cheng G H L. 2004. A comparison of offline and online friendship qualities at different stages of relationship development. Journal of Social and Personal Relationships, 21(3): 305-320.

Chan K W, Li S Y. 2010. Understanding consumer-to-consumer interactions in virtual communities: the salience of reciprocity. Journal of Business Research, 63(9/10): 1033-1040.

Chen Y B, Wang Q, Xie J H. 2011. Online social interactions: a natural experiment on word of mouth versus observational learning. Journal of Marketing Research, 48(2): 238-254.

Chen Y F. 2008. Herd behavior in purchasing books online. Computers in Human Behavior, 24(5): 1977-1992.

Choi B, Alexander K, Kraut R E, et al. 2010. Socialization tactics in wikipedia and their effects. //Proceedings of the 2010 ACM Conference on Computer Supported Cooperative Work. February 6-10, 2010, Savannah, Georgia, USA. New York: ACM: 107-116.

Cialdini, R. 2009. Influence: Science and Practice. Boston: Pearson Education.

Cole M S, Bruch H. 2006. Organizational identity strength, identification, and commitment and their relationships to turnover intention: does organizational hierarchy matter?Journal of Organizational Behavior, 27(5): 585-605.

Crandall D, Cosley D, Huttenlocher D, et al. 2008. Feedback effects between similarity and social influence in online communities//Proceedings of the 14th ACM SIGKDD international conference on Knowledge discovery and data mining. August 24 - 27, 2008, Las Vegas, Nevada, USA. New York: ACM: 160-168.

Dahl D W, Honea H, Manchanda R V. 2005. Three Rs of interpersonal consumer guilt: relationship, reciprocity, reparation. Journal of Consumer Psychology, 15(4): 307-315.

Dekimpe M G, Hanssens D M. 1995. The persistence of marketing effects on sales. Marketing Science, 14(1): 1-21.

Dellarocas C. 2003. The digitization of word of mouth: promise and challenges of online feedback mechanisms. Management Science, 49(10): 1407-1424.

Elbedweihy A M, Jayawardhena C. 2014. Consumer-brand identification: a social identity based review and research directions. The Marketing Review, 14(2): 205-228.

Fang E E, Li X L, Huang M X, et al. 2015. Direct and indirect effects of buyers and sellers on search advertising revenues in business-to-business electronic platforms. Journal of Marketing Research, 52(3): 407-422.

Farzan R, Kraut R, Pal A, et al. 2012. Socializing volunteers in an online community: a field experiment//Proceedings of the ACM 2012 Conference on Computer Supported Cooperative Work. February 11-15, 2012, Seattle, Washington, USA. New York: ACM: 325-334.

Fehr E, Gächter S. 2000. Cooperation and punishment in public goods experiments. American Economic Review, 90(4): 980-994.

Feldman D C. 1981. The multiple socialization of organization members. The Academy of Management Review, 6(2): 309-318.

Finkelstein L M, Kulas J T, Dages K D. 2003. Age differences in proactive newcomer socialization strategies in two populations. Journal of Business and Psychology, 17(4): 473-502.

Goldstein M L, Morris S A, Yen G G. 2005. Group-based Yule model for bipartite author-paper networks. Physical Review E, 71(2): 026108.

Gouldner A W. 1960. The norm of reciprocity: a preliminary statement. American Sociological Review, 25(2): 161-178.

Granovetter M S. 1973. The strength of weak ties. American Journal of Sociology, 78(6): 1360-1380.

Gu F F, Hung K H, Tse D K. 2008. When does guanxi matter? Issues of capitalization and its dark sides. Journal of Marketing, 72(4): 12-28.

Ha H Y. 2004. Factors affecting online relationships and impacts. Marketing Review, 4(2): 189-209.

Jones G R.1986. Socialization tactics, self-efficacy and newcomers' adjustments to organizations.The Academy of Management Journal, 29(2): 262-279.

Joshi A, Hanssens D M. 2010. The direct and indirect effects of advertising spending on firm value. Journal of Marketing, 74(1): 20-33.

Kane G C, Fichman R G, Gallaugher J, et al. 2009. Community relations 2. 0. Harvard Business Review, 87(11): 45-50, 132.

Katona Z, Zubcsek P P, Sarvary M. 2011. Network effects and personal influences: the diffusion of an online social network. Journal of Marketing Research, 48(3): 425-443.

Köhler C F, Rohm A J, de Ruyter K, et al. 2011. Return on interactivity: the impact of online agents on newcomer adjustment. Journal of Marketing, 75(2): 93-108.

Kim J W, Choi J, Qualls W, et al. 2008. It takes a marketplace community to raise brand commitment: the role of online communities. Journal of Marketing Management, 24(3/4): 409-431.

Kirmani A, Rao A R. 2000. No pain, no gain: a critical review of the literature on signaling unobservable product quality. Journal of Marketing, 64(2): 66-79.

Kleinbaum D G, Klein M. 2012. Competing risks survival analysis// Survival Analysis. New York: Springer: 425-495.

Koskinen J, Edling C. 2012. Modelling the evolution of a bipartite network—peer referral in interlocking directorates. Social Networks, 34(3): 309-322.

Kossinets G, Watts D J. 2006. Empirical analysis of an evolving social network. Science, 311(5757): 88-90.

Labrecque L I, vor dem Esche J, Mathwick C, et al. 2013. Consumer power: evolution in the digital age. Journal of Interactive Marketing, 27(4): 257-269.

Lund D J, Kozlenkova I V, Palmatier R W.2015.Relationships: good vs. bad relationship framework// Nguyen B, Simkin L, Canhoto A. The Dark Side of CRM: Customers, Relationships and Management. London: Routledge: 93-121.

Mashima D, Kobourov S, Hu Y F. 2012. Visualizing dynamic data with maps. IEEE Transactions on Visualization and Computer Graphics, 18(9): 1424-1437.

Mael F, Ashforth B E. 1992. Alumni and their alma mater: a partial test of the reformulated model of organizational identification. Journal of Organizational Behavior, 13(2): 103-123.

Manchanda P, Packard G, Pattabhiramaiah A. 2015. Social dollars: the economic impact of customer participation in a firm-sponsored online customer community. Marketing Science, 34(3): 367-387.

Marzocchi G L, Morandin G, Bergami M. 2013. Brand communities: loyal to the community or the brand?. European Journal of Marketing, 47(1/2): 93-114.

McAlexander J H, Schouten J W, Koenig H F. 2002. Building brand community. Journal of Marketing, 66(1): 38-54.

McKenna K Y A, Green A S, Gleason M E J. 2002. Relationship formation on the internet: What's the big attraction?. Journal of Social Issues, 58(1): 9-31.

Menguc B, Han S L, Auh S Y. 2007. A test of a model of new salespeople's socialization and adjustment in a collectivist culture. The Journal of Personal Selling and Sales Management, 27(2): 149-167.

Miller V D, Jablin F M. 1991. Information seeking during organizational entry: influences, tactics and a model of the process. The Academy of Management Review, 16(1): 92-120.

Mitra D, Golder P N. 2002. Whose culture matters?Near-market knowledge and its impact on foreign market entry timing. Journal of Marketing Research, 39(3): 350-365.

Muniz A M, O'Guinn T C. 2001. Brand community. Journal of Consumer Research, 27(4): 412-

432.

Nass C, Yen C. 2010. The Man Who Lied to His Laptop. London: Current Publishing.

Newman M E J, Park J. 2003. Why social networks are different from other types of networks. Physical Review E, 68(3): 036122.

Nitzan I, Libai B. 2011. Social effects on customer retention. Journal of Marketing, 75(6): 24-38.

Nowak M A. 2006. Five rules for the evolution of cooperation. Science, 314(5805): 1560-1563.

Ostroff C, Kozlowski S W J. 1992. Organizational socialization as a learning process: the role of information acquisition. Personnel Psychology, 45(4): 849-874.

Pai P Y, Tsai H T. 2011. How virtual community participation influences consumer loyalty intentions in online shopping contexts: an investigation of mediating factors. Behaviour & Information Technology, 30(5): 603-615.

Palmatier R W, Dant R P, Grewal D. 2007. A comparative longitudinal analysis of theoretical perspectives of interorganizational relationship performance. Journal of Marketing, 71(4): 172-194.

Palmatier R W, Dant R P, Grewal D, et al. 2006. Factors influencing the effectiveness of relationship marketing: a meta-analysis. Journal of Marketing, 70(4): 136-153.

Palmatier R W, Houston M B, Dant R P, et al. 2013. Relationship velocity: toward a theory of relationship dynamics. Journal of Marketing, 77(1): 13-30.

Pavlou P A, Liang H G, Xue Y J. 2007. Understanding and mitigating uncertainty in online exchange relationships: a principal-agent perspective. MIS Quarterly, 31(1): 105-136.

Porter C E, Donthu N. 2008. Cultivating trust and harvesting value in virtual communities. Management Science, 54(1): 113-128.

Ransbotham S, Kane G C, Lurie N H. 2012. Network characteristics and the value of collaborative user-generated content. Marketing Science, 31(3): 387-405.

Reinartz W J, Kumar V. 2003. The impact of customer relationship characteristics on profitable lifetime duration. Journal of Marketing, 67(1): 77-99.

Reinartz W, Thomas J S, Kumar V. 2005. Balancing acquisition and retention resources to maximize customer profitability. Journal of Marketing, 69(1): 63-79.

Rotman L I. 2010. Trust, Loyalty, and E-Commerce. Hershey: IGI Global: 58-80.

Rovie E M. 2013. The anonymity of the internet: a problem for e-commerce and a 'Modified' hobbesian solution//Examining the Concepts, Issues, and Implications of Internet Trolling: 197-208.

Rust R T, Chung T S. 2006. Marketing models of service and relationships. Marketing Science, 25(6): 560-580.

Scarpi D. 2010. Does size matter? An examination of small and large web-based brand communities. Journal of Interactive Marketing, 24(1): 14-21.

Schaefer M. 2013. Here's why 100, 000 people unfollowed me on twitter. [2022-10-23]https://businessesgrow. com/2013/04/02/heres-why-100000-people-unfollowed-me-on-twitter/.

Sluss D M, Ashforth B E. 2007. Relational identity and identification: defining ourselves through work relationships. The Academy of Management Review, 32(1): 9-32.

Stephen A T, Toubia O. 2010. Deriving value from social commerce networks. Journal of Marketing Research, 47(2): 215-228.

Stokmar F N, Doreian P. 1997. Evolution of social networks: processes and principles // Doreian P, Stokmar F N. Evolution of Social Networks. Amsterdam: Gordon and Breach: 233-250.

Thompson S A, Sinha R. 2008. Brand communities and new product adoption: the influence and limits of oppositional loyalty. Journal of Marketing, 72(6): 65-80.

Trier M, Richter A. 2015. The deep structure of organizational online networking: an actor-oriented case study. Information Systems Journal, 25(5): 465-488.

Turner J C. 1975. Social comparison and social identity: some prospects for intergroup behaviour. European Journal of Social Psychology, 5(1): 1-34.

van den Bulte C, Wuyts S. 2007. Social Networks and Marketing. Cambridge: Marketing Science Institute.

Verma V, Sharma D, Sheth J. 2016. Does relationship marketing matter in online retailing? A meta-analytic approach. Journal of the Academy of Marketing Science, 44(2): 206-217.

Wallace K A. 1999. Anonymity. Ethics and Information Technology, 1(1): 21-31.

Wang X, Yu C L, Wei Y J. 2012. Social media peer communication and impacts on purchase intentions: a consumer socialization framework. Journal of Interactive Marketing, 26(4): 198-208.

Yaniv I, Choshen-Hillel S, Milyavsky M. 2011. Receiving advice on matters of taste: similarity, majority influence, and taste discrimination. Organizational Behavior and Human Decision Processes, 115(1): 111-120.

Yoon S J. 2002. The antecedents and consequences of trust in online-purchase decisions. Journal of Interactive Marketing, 16(2): 47-63.

Young H P. 2009. Innovation diffusion in heterogeneous populations: contagion, social influence, and social learning. American Economic Review, 99(5): 1899-1924.

Zhou Z M, Wu J P, Zhang Q Y, et al. 2013. Transforming visitors into members in online brand communities: evidence from China. Journal of Business Research, 66(12): 2438-2443.

Zhou Z M, Zhang Q Y, Su C T, et al. 2012. How do brand communities generate brand relationships? Intermediate mechanisms. Journal of Business Research, 65(7): 890-895.

Zhu R J, Dholakia U M, Chen X J, et al. 2012. Does online community participation foster risky financial behavior. Journal of Marketing Research, 49(3): 394-407.

第四章

用户激发：三元交互的耦合策略

在厘清不同社群关系演化遵循的各自内隐的关系准则，了解社群关系的形成及演化机制后本章回到微观个体层面，对社群内部的消费者及其心理进行探讨。传统营销强调的是交易，其追求效率最大化、结果直接化，而社群营销倡导的是体验互动和情感。因此传统营销到社群营销的转变背后的逻辑是从追求交易到追求交互。交易思维是要追求结果，以金钱为对象，追求绩效指标，追求短期和数据的理性分析结果。因为顾客需要，企业借此多赚取顾客的利益，由此而产生溢价。用户视角则强调过程和体验，并不是每一次交互都是获取利益，但是从长期来看这个过程意味着企业有更多的资源和机会。这就要求从追求结果的交易思维转向过程的交互思维。交易无法激发消费者的情感，持续交互才是情感建立的基础。亟待解决的问题是激发用户与产品交互的意愿，并使用户将交互中的体验在参与的社群中进行分享和交流，起到传播倍增的效果。本书提出了一个"社群/用户—场景—产品"三元交互的框架，认为企业可以通过与场景协同，来激发用户的情感共鸣和对场景关联产品的兴趣；通过选择合适的沟通策略与用户互动，激发用户对产品的兴趣和参与性；洞察用户的动态场景化需求，通过增强沟通内容的原生性、关联性和场景性，来激发用户的沟通传播意愿。

具体而言，情感表达的激发需要场景刺激，需使产品通过场景与用户共鸣，激发消费者与产品一体化情感，驱动其产生口碑传播动机。消费者的思维模式与决策场景之间存在相容性，以购买终端为例，选取不同的卖家时则会启动理性或经验的差异化思维模式，一旦两者不相容则会对消费者的延迟选择形成负面影响。因此为了激发消费者的共鸣应该在广告信息传递上注重设计的原生性、投放的动态性、传播的社交性，三个过程相辅相成，最终达到激发消费者情感实现口碑传播及广告转化的最终目的。

在消费场景的触发下，对消费者的情感表达的激发是消费者决策过程中必不可少的一环，个体差异、消费者的自身知识体系以及经验是决定消费者是否忠诚的关键影响因素，态度和行为的忠诚是情感和承诺共同决定的结果，这与消费者的个人专业程度有着密切的关系。口碑的传播取决于消费者的体验经历，体验经历包括功能、享乐、社交三重体验维度。除了探索个体差异外，企业选取的外部激发刺激也是触发消费者情感表达的考量。

在以上"社群/用户—场景—产品"三元共进发展的基础上，企业需要进行最后的助推，一方面企业需要管理自己的口碑评论，因为不一致的评论会激发消费者的独特性和风险性感知，另一方面企业在选择名人背书时采取的沟通思维模式也会刺激消费者的信息性和规范性影响感知，最终在这些外部刺激作用下实现口碑的驱动和传播及购买意向的提升。

第一节　基于场景的情感共鸣[①]

在移动互联网时代，传统的以企业为主导的垂直化沟通范式收效日渐式微，越来越多的企业开始顺应移动消费场景采用以消费者为中心的水平化沟通范式（Wollschlaeger et al.，2017），为顺应消费者在移动互联网时代信息获取社群化、决策场景化以及行为碎片化趋势下对广告的偏好（Martins et al.，2019），本节重点探讨了嵌入在社交流媒体平台（如微信朋友圈、微博）、新闻流媒体平台（如今日头条）以及短视频流媒体平台（如抖音）中的信息流广告。通过探究延迟选择问题，考虑决策场景所激发的不同思维模式对消费者决策行为的影响，以期给价格策略与场景化营销带来启示。

一、信息流广告内涵与特征

（一）信息流广告

作为移动互联网时代涌现出的广告形式，信息流广告受到实践界和理论界的高度重视。但是，现实中对信息流广告定义众说纷纭，实践领域强调信息流广告所嵌入的平台与功能，认为"信息流广告就是嵌入在信息流媒体平台的信息之间，与互联网产品功能混搭在一起呈现的原生广告"（iResearch，2018）。在学术界，学者普遍从广告形式和广告内容两个方面对信息流广告进行解释。从形式来看，Campbell 和 Evans（2018）强调信息流广告形式与其所嵌入背景结构的相似性，称其是一种文章形式的原生广告（article-style native advertisements）；Kanuri 等（2018）则侧重于研究信息流广告的呈现方式，认为其是"在社交媒体

---

① 黄敏学，王薇. 2019. 移动购物更快吗？决策场景与思维模式的相容性. 心理学报, 51(5): 612-624；黄敏学，张皓. 2019. 信息流广告的前沿实践及其理论阐释. 经济管理, 41(4): 193-208.

平台中以信息流的形式逐条呈现的广告，其插入时机和频率可以基于具体场景动态调整"。从内容来看，Wojdynski 和 Evans（2016）强调信息流广告内容与平台的融合性，认为其是一种"与社交媒体平台中的内容相似的商业赞助信息"；范思等（2018）则关注于信息流广告对品牌信息的传达，认为信息流广告"是指穿插于社交媒体平台内容之间的，传达与品牌相关信息的原生广告形式"。虽然实务界与研究领域的学者从不同视角出发对信息流广告的定义各有不同，但都强调了信息流广告的两个要点：一是信息流广告的内容与其所嵌入的社交媒体平台特征相融合；二是信息流广告以信息流的形式伴随着社交媒体平台中其他非商业信息逐条呈现。不仅如此，社交流媒体平台还赋予了消费者自主选择和参与信息流广告的权利（如可对其点赞、转发或评论）。综合当前学者对信息流广告的相关探讨，本书将信息流广告定义为：信息流广告是一种嵌入在信息流媒体平台信息之间的，且能与平台特征相互融合（原生性），并按照平台信息呈现模式逐条展示（动态性），能支持消费者互动参与（社交性）的互联网展示广告。

（二）信息流广告实践发展

信息流广告遵循的是以消费者为主导的水平沟通范式，希望通过与消费者体验相融合、与移动场景相匹配、分享和表达需求的满足来实现消费者的情感激发从而进行说服（Goldfarb and Tucker，2011；Forster and Lavie，2008）。信息流广告的实践远远走在了相关理论研究的前面，从采用的技术视角来看，信息流广告发展主要经历了三个阶段。

1. 基于动态页面的信息推送技术阶段

信息流广告主要基于动态页面的信息推送技术，使广告由固定呈现式向推送式转变。作为互联网展示广告的新形式，信息流广告直至 2006 年才在 Facebook 上出现，但当时在 PC（personal computer，个人计算机）端投放的信息流广告与其他类型的广告相比并没有显现优势。2012 年 Facebook 在其移动端的动态页面内容中嵌入信息流广告使其与 Facebook 中其他非商业信息相融合，使这种原生的广告形式更加顺应移动端狭小的屏幕也更容易被消费者接受，从此，信息流广告价值不断突显，被业界誉为"移动营销的灵药"，企业在传统广告的基础上转型也启发了广告领域的学者的理论思考。其中，一些学者从认知心理学领域的双系统理论视角出发，论证了消费者从传统互联网的理性思维系统向移动互联网的感性思维系统的转变（Polites et al.，2018；Turel and Qahri-Saremi，2016）。然而，消费者的感性思维系统究竟如何影响消费者对原生信息流广告的反馈，其作用机制及相应的边界条件不得而知，这也是当前信息流广告领域结合实践需要突破的核心理论问题。

2. 基于消费者动态场景演化的大数据和机器学习技术发展阶段

随着信息流广告的发展，基于消费者动态场景演化的大数据和机器学习技术可实现信息流广告智能化协同推荐。随着人口红利的褪去，企业越来越重视流量的精细化运营，因此，企业开始在信息流广告实践中依据数据算法通过精准推送来提高广告的转化率。例如，今日头条、Twitter 和百度都纷纷凭借先进的智能推荐引擎结合消费者特征、场景特征和阅读内容特征来进行信息流广告的智能化协同推荐，满足消费者的个性化需求，提升消费者信息消费的体验。然而，在感性思维系统主导下，信息流广告如何才能实现精准匹配？信息流广告越精准就越好吗？这些问题启发学者对信息流广告精准匹配机制进行探讨。

3. 融入社交功能的页面交互技术发展阶段

这是信息流广告发展扩张阶段，其融入社交功能的页面交互技术，促使消费者积极参与与信息流广告的交互。赋予信息流广告点赞、转发、评论等交互功能，不仅可以把握消费者的兴趣点助力广告的精准投放，还可以满足消费者的社交需求。当前信息流媒体平台，如微信朋友圈、抖音越来越多地通过提升信息流广告创意和相关性来激发消费者主动参与广告互动、主动进行广告的二次传播。iResearch（2018）调查显示，对于信息流广告，九成以上消费者会"点击查看"，超七成消费者会有"点赞"行为，67.4%的消费者有过"评论"行为，65.7%的消费者曾经"转发"过。然而，上述企业通过融入社交功能的页面交互技术所带来信息流广告的社交繁荣背后，是关于移动互联网消费者在碎片化、移动化的动态场景中情感激发的黑匣子，即感性思维主导的移动互联网消费者究竟为何以及如何在群体认同和社交交互的过程中接收并传播相应的信息流广告内容，这也为该领域的学者带来了新的理论启发。

二、信息流广告沟通范式

（一）互联网广告沟通范式的转变

艾瑞咨询数据显示，2018 年网民移动端使用时长占整体互联网使用时长的91%，移动端已然成为人们使用互联网的主要媒介（iResearch，2018）。移动互联网时代呈现出的信息获取社群化、决策场景化以及行为碎片化的特征，促使互联网广告沟通范式发生了转变，从"企业主导的垂直化沟通"范式向"消费者主导的水平化沟通"范式转变，如图 4-1 所示。

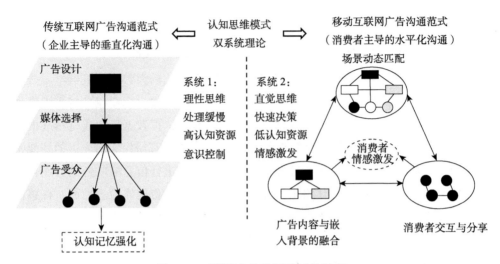

图 4-1　互联网广告沟通范式的转变

图中不同深浅的方框、圆圈代表不同的场景和消费者

基于双系统理论，个体在进行信息处理和决策时会启动直觉（系统2）与理性（系统1）两种不同的认知思维模式。直觉是由情感驱动的一种快速的、不会耗费太多资源的、内隐的思维模式，而理性是由认知驱动的一种缓慢的、耗费资源的、被意识控制的思维模式（Polites et al.，2018；Turel and Qahri-Saremi，2016）。传统互联网在展示广告的沟通过程中一般采取一对多的传播方式，广告受众相对独立，广告接受场景相对静态，消费者的信息获取与购买也一般是分离的，更容易启动消费者的理性思维模式（Forster and Lavie，2008）。因此，传统互联网展示广告遵循的是以企业为主导的垂直沟通范式，希望通过认知状态高唤起的广告内容和形式来争夺消费者的认知资源（cognitive resource），强化消费者的认知记忆，从而达到广告说服的目的（Goldfarb and Tucker，2011）。然而，随着移动互联网的发展和推进，广告受众不再相互孤立，而是呈现出信息获取社群化、决策场景化、行为碎片化的特征（黄敏学等，2017；Martins et al.，2019），更容易启动消费者直觉思维模式。

（二）信息流广告特征

如前所述，信息流广告与传统互联网展示广告遵循着不同的沟通范式，其中信息流广告遵循着消费者主导的水平化沟通范式以实现对消费者情感的激发，而传统互联网广告遵循着企业主导的垂直化沟通范式以实现对消费者认知记忆的强化。为了实现各自的说服目的，二者在广告设计、广告投放和广告传播方面均有着较大的差异。

在广告设计方面，直觉思维模式主导下的消费者因其较低的认知资源投入和较高的信息流畅性需求而偏好设计更加原生的信息流广告设计。传统的互联网展示广告在形式上往往通过高度可见（highly visible）的方式（如旗帜、弹窗等）吸引消费者的注意力，在内容上更多强调产品自身属性和诉求以提升广告的说服效率（Pieters and Wedel，2004）。Goldfarb 和 Tucker（2011）在对旗帜广告的研究中指出，这种突显的广告形式和直接的广告说服内容更能提升消费者的唤醒水平，在最短的时间内实现广告信息的传达。然而，随着信息爆炸性的增长，消费者的认知资源不断被大量信息挤占，形式突显且说服直接的传统互联网展示广告导致消费者产生更强的回避反应（Forster and Lavie，2008）。众多研究表明，信息流广告的设计具有原生性（Kim et al.，2016；Wojdynski and Evans，2016；Campbell and Evans，2018），且在形式与内容两方面集中呈现出来。形式原生指信息流广告与其所嵌入的社交平台内其他非商业信息在规格和样式上保持一致，如在微博里它是一则状态，在今日头条里它是一则新闻。Campbell 和 Evans（2018）认为，信息流广告原生的展现形式使得广告在不破坏消费者体验的前提下为其提供有价值的信息，降低了消费者对于广告干扰性的感知，提升了消费者信息处理的流畅性。内容原生指信息流广告在内容表述上与其他非商业信息存在一定的相似性，当前各大信息流媒体平台在进行信息流广告设计的时候越来越倾向于更加原生的广告内容。Wojdynski 和 Evans（2016）指出，信息流广告如果不是周围标注有"赞助"或"广告"很难让消费者识别出其是一则广告。

在广告投放方面，为实现直觉思维系统主导下的消费者的快速决策，需要信息流广告具有更高的动态性以实现精准的匹配，从而降低消费者决策时认知上的阻碍。传统互联网展示广告主要投放于物理位置相对固定的 PC 端，通常采用的是基于细分市场的广告投放策略，根据消费者相对稳定的人口统计特征与历史行为偏好进行广告投放。随着互联网应用逐渐趋向移动化和场景化，互联网展示广告也越来越趋向基于消费者动态属性与场景的个性化投放（Molitor et al.，2012），信息流广告体现了这一转变。在投放媒介的选择上，信息流广告主要投放于移动端，顺应了人们移动化、碎片化的信息消费场景（Kridel et al.，2017）。在投放策略上，信息流广告借鉴机器学习（machine learning）的思想，通过学习海量消费者动态数据（如浏览行为、消费行为和位置变化等），运用协同过滤、动态匹配等数据挖掘技术进行动态的广告投放。例如，今日头条每五秒计算一次消费者兴趣，选择消费者最有可能喜欢的广告为其进行推荐。因此，信息流广告投放是因人而异、因场景而异的，并且一般会基于消费者场景与消费者反馈进行动态的、响应式的策略调整（Molitor et al.，2012）。

在广告传播方面，直觉思维系统主导下的消费者更愿意与他人建立情感上的连接，信息流广告的社交性可以为消费者赋能，使其加入到信息的交互和传播当中。传统互联网展示广告常见于各类信息发布式的门户网站，进行单向一对多的信息传播，其认为受众之间是相对独立的，考虑更多的是广告对受众认知记忆的直接影响（Goldfarb and Tucker，2011）。然而，社交媒体时代消费者不再只是被动地接受信息，而是更加主动地加入到信息的交互和传播之中（Akpinar and Berger，2017）。诸多研究表明，消费者之间的社交关系带来的影响比直接的广告说服给消费者心理和行为带来的影响更加深刻，与他人关于广告的积极交互越频繁，消费者就越容易对品牌产生认同，这有利于品牌形象的塑造与品牌价值的传播。嵌入在社交流媒体平台的信息流广告被赋予了社交功能，通过对信息广告进行点赞、转发、评论，让更多的消费者参与到广告传播中来（Lambrecht et al.，2018）。例如，Facebook、微博、微信这类社交流媒体平台通过有创意、幽默搞笑、二次元的广告内容提升消费者的信息流广告参与度。表 4-1 展示了信息流广告的主要特点。

表 4-1   信息流广告与传统互联网展示广告特征对比

传播过程	信息流广告			传统互联网展示广告		
	主要特征	特征描述	相关文献	主要特征	特征描述	相关文献
广告设计	原生性	广告形式上，与其嵌入平台内非商业信息在规格和样式上保持一致	Campbell 和 Evans (2018)	突显性	广告形式上，高度可见（旗帜、弹窗）	Goldfarb 和 Tucker (2011)
		广告内容上，与其嵌入平台内非商业信息的表述方式存在一定的相似性	Wojdynski 和 Evans (2016)		广告内容上，更多强调产品自身的属性和诉求	Pieters 和 Wedel (2004)
广告投放	动态性	媒介选择上，主要投放于移动端	Kridel 等 (2017)	静态性	媒介选择上，主要投放于 PC 端	Goldfarb 和 Tucker (2011)
		投放策略上，基于消费者的动态场景投放	Molitor 等 (2012)		投放策略上，基于细分市场投放	Joshi 和 Hanssens (2010)
广告传播	社交性	消费者之间可以通过广告的社交功能进行交互	Lambrecht 等 (2018)	相对独立性	消费者是被动的广告接受者，彼此相对独立	Goldfarb 和 Tucker (2011)

（三）信息流广告沟通的双刃效应

尽管兼具原生性、动态性和社交性特征的信息流广告在业界中取得了较显著的效果，但学者认为信息流广告的主要特征在实践中具有双刃效应，如表 4-2 所示。相关研究主要是围绕着信息流广告三个特征存在的双刃效应展开。接下来将详述该领域研究存在的主要问题为未来研究提供思路。

表 4-2 信息流广告主要特征的双刃效应

双刃效应	原生性		动态性		社交性	
	主要观点	代表文献	主要观点	代表文献	主要观点	代表文献
正面效应	提升了消费者对广告的接受意愿	Wojdynski 和 Evans (2016)	提升了广告效果	Li 等 (2017)	有益于品牌价值塑造与口碑传播	何超等 (2018)
负面效应	说服力度不足	Harms 等 (2017)	隐私侵犯	Zarouali 等 (2017)	不利于企业短期利益的实现	Lee 等 (2016)
	存在广告欺骗	Steigrad (2013)	实现难度大；模型出现过度拟合	Guseva 等 (2016)	—	—

1. 信息流广告原生性的双刃效应

信息流广告的原生性特征降低了广告的干扰性以及消费者对广告说服意图的感知，从而提升了消费者对广告的接受意愿（Wojdynski and Evans，2016）。然而，信息流广告越原生就越能带来积极的广告效果吗？研究表明，高度原生的信息流广告不易被消费者识别，一方面，可能会使消费者无法将广告内容与品牌联系在一起，从而影响广告说服的效果（Harms et al.，2017），Wojdynski 和 Evans（2016）研究发现，虽然信息流广告的点击率较高但是常常因过于原生而使消费者无法识别出广告中的品牌信息；另一方面，也有可能使消费者感觉到被欺骗，根据 Steigrad（2013）的说法，信息流广告的原生性可能会掩盖其真实来源和商业性质，存在欺骗成分，一旦消费者将广告误认为一般信息进行点击而后发现其是一条广告时，则会导致消费者产生认知失调，最终引起消费者负面情绪的溢出效应，对广告、品牌和平台产生负面的评估（Franklyn and Hyman，2013）。

当前解决信息流广告识别问题的研究主要有两条思路：其一，采用标签或者其他视觉线索从而帮助消费者识别出信息流广告，使消费者从新闻信息阅读状态转化为品牌产品评估分析状态，最终提升信息流广告的说服效果。例如，Wojdynski 和 Evans（2016）聚焦于信息流广告的标签位置（上端、中间或下端）与标签语言（"广告""赞助内容""品牌之声""由赞助商赞助"）对信息流广告的识别影响。实验结果发现，在广告底部或者中间标注"广告"或"赞助"标签相较于其他情况更能提升广告的可识别性。其二，通过信息流广告文本内容中包含产品、定价、促销、赞助商、代言人等具有商业信号意义的信息来提升信息流广告的可识别性，Harms 等（2017）采用访谈的方法发现，信息流广告的品牌突显程度与消费者对于广告的评估呈倒"U"形关系，适度的品牌突显更有益于消费者对品牌的评估，然而，该研究并没有通过实证研究的方法进一步探讨最优的品牌突显方式。

综上所述，尽管部分学者对于权衡高度原生的信息流广告可能带来的冲突效应进行了有益的探讨，但几乎没有证据表明信息流广告采取哪种原生性策略能够以一种既容易被理解又不容易引起反感的方式达到向消费者传达广告说服的目的（Harms et al.，2017）。学者面临的主要问题是：对于信息流广告原生性的定义相对宽泛，缺少对不同类型原生性的理论界定。信息流广告的原生性可分为形式原生与内容原生两个维度，具体来看，形式原生又包括形式一致程度（Campbell and Evans，2018）、标签可识别度（Wojdynski and Evans，2016）、赞助透明度（Wojdynski et al.，2017）等维度，内容原生包括品牌突显程度（Harms et al.，2017）、产品信息披露程度（Kim et al.，2016）等维度。面对信息流广告不同类型的原生，消费者所采取的信息处理模式和认知状态会产生差异。因此，应该将信息流广告的原生性类型区分开来，探讨不同类型的原生如何匹配消费者相应的信息处理模式，帮助业界和学界有效识别信息流广告不同程度以及不同类型原生形式对消费者广告态度与行为结果的影响，进而帮助其探究内在的作用机制并进行广告策略的调整。

2. 信息流广告动态性的双刃效应

诸多研究表明，信息流广告的动态匹配对广告效果有着积极的影响（Kim et al.，2016；Li et al.，2017）。然而信息流广告越能实现与消费者的动态匹配就意味着越好的广告效果吗？它也可能会带来诸多问题。其一，动态匹配带来的隐私侵犯问题。Tucker（2014）指出，社交媒体平台使用消费者个人信息进行广告投放不可避免地会带来隐私侵犯问题；Zarouali 等（2017）在对某社交平台中的信息流广告精准投放策略的研究中发现，虽然总体上基于消费者浏览行为推送的广告更能提升消费者的购买意愿，然而，对于那些隐私关注程度较高的人，推送的广告越精准其购买意愿反而越低。其二，动态匹配实现难度大，具体算法模型容易出现过度拟合。一方面，动态精准匹配需要考虑多维度的复杂场景以及消费者实时行为反应，相比静态匹配系统需要处理的数据量提高了十余倍，并且算法的复杂性也极大提升（Guseva et al.，2016）；另一方面，企业在实现信息流广告千人千面的动态匹配时，容易将个体行为中偶然出现的行为误差纳入算法模型中，如此虽提升了样本内的拟合效度但却降低了对样本外的拟合效度。

当前计算机研究领域的一些研究为应对信息流广告动态性面临的上述问题进行了积极的探讨。例如，Dao 等（2012）在基于地理位置的广告推荐研究中，将场景感知协同过滤与遗传算法相结合，通过获取移动端消费者的场景数据来计算消费者之间场景的相似性，从而创建新的场景感知协同过滤模型；Bruce 等

（2017）通过构建动态零膨胀计数模型（dynamic zero-inflated count model）提出了一个自适应的广告推荐算法，基于消费者的人口统计特征以及动态的信息浏览模式进行广告的智能推荐。尽管上述研究都是从单一动态场景的视角来探讨信息流广告的精准匹配，忽略了场景是一个多维概念，会影响广告推荐的精度，但也给未来研究提供了启示——可以从群体视角切入探讨信息流广告的动态匹配问题。具体来说，在群体分析的基础上，探究群体内个体的个性化动态需求，力图克服消费者个体数据的局限性问题，降低隐私侵犯的风险。或者以群体为单元，在考虑群内相似性和群间差异性的基础上，制定整体的差异化群体策略，在保证差异化营销效果的基础上降低运营复杂性和成本。

3. 信息流广告社交性的双刃效应

相较于广告点击，消费者的信息流广告分享、点赞与评论等社交行为对企业更具长远意义（Ljungberg et al.，2017）。这是因为，这些社会化传播能够强化信息内容的社交属性淡化其交易属性，帮助消费者之间构建社交关系，从而有益于品牌价值塑造与口碑传播（何超等，2018）。然而，一些研究也表明，为了提升广告的社交性似乎需要牺牲其有效性，这会给企业短期利益的实现带来负面影响。例如，Tucker（2014）通过对 YouTube 中 400 个视频广告长达四年的跟踪研究发现，一个视频广告每获得 100 万次分享量，其广告说服力就会下降 10%。Lee 等（2016）也发现，信息流广告的说服性和分享性存在矛盾效应，分享性较强的信息流广告其说服性会被削弱。

为了实现信息流广告传统绩效与社会化效果的权衡，部分学者进行了一些探讨。例如，Akpinar 和 Berger（2017）研究发现，情感性的广告虽然更容易得到分享但其说服效果不佳，因此广告内容应该兼顾信息性与情感性，以实现广告分享与积极的品牌评估双重目标；Tucker（2014）也发现，幽默既可以提升广告的分享性，又可以提升广告的说服性。综上所述，已有研究一般是通过对信息流广告文本内容的优化来兼顾广告的社交性与说服性，然而，对广告投放实践的指导性仍然不强，企业在信息流广告投放实践中仍然面临着顾此失彼的问题。

信息流广告社交性存在双面效应的根源在于消费者社交基于的情感规范与广告说服基于的交易规范之间存在的互斥性（Lee et al.，2016；Lambrecht et al.，2018），即前者往往强调互惠和认同，而后者更多地强调公平和效率。Lambrecht 等（2018）为解决这一问题提供了一个很好的思路，其在研究中指出，通过在信息流广告的文本内容中加入热点话题（如 Facebook 中常见的以 "#" 加话题内容的形式）作为广告信息的中介，从而避免直接的情感交互或交易说服，既引起了消费者进行广告参与的兴趣，又能很好地实现广告说服。

三、信息流广告理论阐释

（一）相关文献梳理

借鉴 David 和 Han（2004）采取的文献计量分析步骤和标准，本书对信息流广告研究领域代表性研究进行系统回顾：①选择"信息流广告"（news feed ads、sponsored stories、article-style native advertisements、in-feed ads / embedded advertising）、"移动广告"（mobile advertising）、"社交媒体广告"（social media advertising）等为主要搜索关键词在 EBSCO、Web of Science、JSTOR、Wiley 以及中国知网等国内外各大电子期刊数据库进行检索，根据信息流广告概念提出年份确定文献搜索的时间区间为 2006~2018 年；②所选文献的标题和摘要中至少要包含以上一个关键词；③通过阅读摘要剔除与信息流广告主题不相关的文献；④删除重复以及非核心期刊来源的文献[国内文献以 CSSCI（Chinese Social Sciences Citation Index，中文社会科学引文索引）或 CSCD（Chinese Science Citation Database，中国科学引文数据库）为筛选标准]；⑤通过阅读剩余文献确保文章与信息流广告研究主题的相关性。最终 131 篇文献符合要求，其中外文文献 120 篇，中文文献 11 篇。仔细阅读所选择的文献后，围绕发表时间、研究领域、研究主题对文献进行编码处理。

从时间分布来看，与 Facebook 在 2006 年最早提出信息流广告概念相对应的是，相关的学术探讨也在同年出现（Schabsky，2010），2012 年以后针对信息流广告的研究逐渐增多，特别是 2015 年随着移动互联网的飞速发展，越来越多的学者开始信息流广告相关话题的研究（图 4-2）。

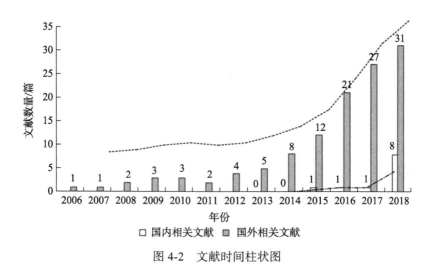

图 4-2　文献时间柱状图

从研究领域来看，信息流广告的相关研究主要集中在计算机与统计学领域（共计 57 篇，占比 43.5%），关注个性化算法和模型的优化；营销领域也有相当多的研究（共计 42 篇，占比 32.1%），探讨信息流广告对消费者心理与行为以及平台收益的影响；信息系统领域研究（共计 29 篇，占比 22.1%）则侧重于如何对信息流媒体平台推荐系统进行优化；心理学研究领域也存在部分研究（共计 3 篇，占比 2.3%），探究信息流广告对消费者认知与心理的影响。

从研究主题来看，本书在 CiteSpace 中导入所搜集的英文文献的摘要和关键词（由于中英文文献的关键词共线关系无法共同计算，选取了文献数量更多的英文文献作为关键词共现分析的数据源），通过高频关键词共线网络知识图谱来描绘当前信息流广告研究的主题分布（李杰和陈超美，2016）。结果显示，出现频率前 50% 的高频关键词数量共 164 个，相互之间有 387 条连线，网络密度为 0.029，模块化（modularity）Q 值为 0.861（大于 0.3）。本书以关键词对聚类结果命名得到了信息流广告研究高频关键词共线网络知识图谱。

当前信息流广告研究主题主要包括三类：①最大的聚类标签为 "personalized recommendation（个性化推荐）—collaborative filtering（协同过滤）"，其他高频关键词还包括 "machine learning"（机器学习）、"location based service"（基于位置的服务）和 "mobile computing"（动态计算）等，这反映了这一研究领域对于信息流广告动态性研究的重视，这一聚类标签主要研究的是信息流广告的推荐算法以及如何根据消费者动态的物理场景、广告嵌入背景与社交关系场景的动态融合提升其广告效果（Polatidis and Georgiadis，2015；Bruce et al.，2017）。②排名第二的聚类标签为 "native advertising（原生广告）—advertising deception（广告欺骗）"，其他高频关键词还包括 "persuasion knowledge"（说服知识）、"广告侵犯性"（intrusiveness）和 "information cognition"（信息认知）等，这反映了该研究领域对于信息流广告原生性的关注。这一聚类标签主要研究的是信息流广告在设计层面所带来的对传统广告沟通范式的颠覆，探讨了信息流广告的内容和形式的原生性对消费者信息认知带来的影响（Wojdynski and Evans，2016；Harms et al.，2017；Ferreira et al.，2017）；③排名第三的聚类标签为 "advertising sharing（广告分享）—word of mouth（口碑传播）"，其他高频关键词还包括 "social media"（社交媒体）、"advertising participation"（广告参与）和 "social network"（社交网络）等，这反映了这一研究领域对信息流广告社交性的关注。这一聚类标签主要研究的是信息流广告的社交功能对于消费者的赋能，赋能进一步使消费者可将其感兴趣的信息流广告作为媒介与其他消费者进行交互，让信息流广告得到进一步传播（Lambrecht et al.，2018；Li and Wang，2014）。

（二）信息流广告作用机制整合模型的提出及其理论阐释

尽管上述文献计量统计和关键词共现分析呈现了研究对信息流广告主要特征的关注，但由于大部分的文献集中在计算机、统计与信息系统等领域，相应的研究范式往往从输入和输出两个层面直接计算信息流广告不同特征所带来的结果，信息流广告的原生性、动态性和社交性究竟如何对消费者心理产生影响进而产生差异化的广告效果仍然是一个黑匣子。本书将立足于已有研究，借鉴社会学、心理学、认知神经心理学、传播学相关理论力求归纳提炼出信息流广告作用机制的整合模型（图 4-3）。

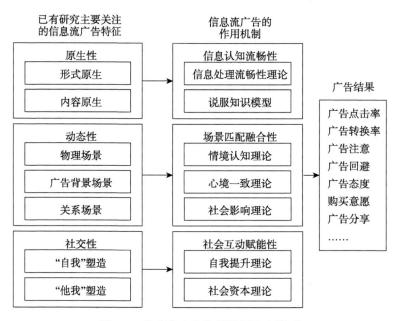

图 4-3　信息流广告作用机制整合模型

具体来讲，本书从信息流广告形式原生和内容原生两个维度切入，基于信息处理流畅性理论（Lee and Labroo，2004）和说服知识模型（Friestad and Wright，1994）解释信息流广告原生性的作用机制；将消费者的动态场景特征归纳为物理场景特征、广告背景场景特征和关系场景特征三个层面，分别基于情境认知理论（Smith and Semin，2004）、心境一致理论（Chang，2006）和社会影响理论（Wang and Genç，2019）探讨信息流广告动态精准性的作用机制；把消费者参与信息流广告社交功能的动机区分为群体中的"自我"塑造与"他我"塑造，基于自我提升理论（Alexandrov et al.，2013）和社会资本理论（Wasko and Faraj，2005）探讨信息流广告社交性的作用机制。

1. 基于信息认知流畅性的广告原生性作用机制

原生性的根源其实是广告注意领域的问题，认知神经心理学相关理论表明，注意力作为认知和行为过程的协调机制发挥着重要作用（Pieters and Wedel，2004）。当前关于信息流广告作用机制的研究一般从两种视角对其进行解释。一是从广告形式原生的视角分析其对消费者信息加工过程的影响。Ferreira 等（2017）在对社交媒体广告回避的研究中指出，突显的广告形式会让消费者在处理信息时感知到更高的目标障碍从而导致广告回避，而与背景相融合的广告形式更容易被消费者接受。范思等（2018）根据有限注意力模型提出，如果信息流广告与其所嵌入平台内的信息在形式上保持一致，那么消费者将该广告视为主要认知任务来处理的可能性则会增大，出现广告回避的可能性也会降低。上述研究虽然是从不同的理论视角出发，但其实都体现了信息流广告形式原生性给消费者信息加工流畅性感知带来的积极影响。信息处理流畅性理论指出，人们对处理信息难易程度的感知影响其对信息的回应，人们在处理信息时感知流畅度高的信息更容易引起消费者积极的反馈（Lee and Labroo，2004）。因此，正是消费者在处理信息流广告时感知到的流畅性增强了其对广告的关注和接受意愿。二是从广告内容原生的视角分析其对消费者广告说服带来的影响。说服知识模型（Friestad and Wright，1994）指出，信息中隐藏的说服动机越容易被察觉，则越容易唤起消费者的说服知识，学者普遍使用这一理论解释信息流广告的内容原生与广告说服效果之间的关系。例如，Wojdynski 和 Evans（2016）认为，信息流广告通过适度的内容原生在一定程度上向消费者隐藏了其说服意图，从而导致消费者在处理信息流广告时难以唤起说服知识和怀疑知识，因此更容易对信息流广告产生积极的反馈；Harms 等（2017）就信息流广告中是否应该突显品牌相关信息（如品牌名、品牌标志、产品等）的问题对 22 名广告行业从业人士进行深度访谈，结果发现，品牌信息的突显程度与广告的原生性感知呈负相关关系，较低的原生性感知会给广告带来负面的评估，而较高的原生性感知也达不到好的说服效果。

2. 基于场景匹配融合性的广告动态性作用机制

逆转理论指出，人在不同场景下的认知体验具有复杂性和可变性，个体的行为决策会随着心理状态的改变而改变（Jung et al.，2014）。消费者动态场景主要包括三个方面：物理场景、广告背景场景与关系场景。物理场景指消费者阅读广告时所处的物理环境，如消费者的位置、天气、时间、消费者的物理活动和移动性等。情境认知理论认为，个体的信息编码过程受到场景因素的影响，在基于场景的行动中，隐含在人类行为模式中的默会知识会在人与场景的交互中激活相应的知识结构，使处理类似于特定场景下的信息变得更加容易（Smith and Semin，

2004）。例如，de Pessemier 等（2014）构建了场景感知推荐模型，通过获取消费者的地理位置、所在城市的都市化程度、天气、物理活动等场景信息进行移动端广告的动态推荐。Andrews 等（2016）研究发现，当人们处在人流高峰期的地铁中时拥挤的环境会提升个体对于心理距离的需求，个体会更加专注于手机信息的阅读，此时广告的转换率是不拥挤环境下的两倍。

广告所嵌入的背景内容会唤起消费者不同的情绪反应，激发消费者通过不同说服路径对广告进行评估（Yang，2018）。相关研究都强调心境一致效应，普遍认为当广告唤起的情绪与广告背景内容唤起的情绪相一致的时候更有可能带来更加积极的广告评估（Chang，2006）。基于该思想，Wen 等（2017）认为，信息流广告诉求类型应该与消费者情绪状态相匹配，通过 2（情绪状态：积极/消极）×2（广告诉求类型：体验型/功能型）组间实验发现，积极情绪状态下的消费者对功能型广告和体验型广告都会产生积极反应，而消极情绪状态下的消费者只会对体验型广告产生积极反应。

关系场景指消费者所处的社会网络关系，社会影响理论认为，处在社会关系网络中的个体在思想、态度、行为方面会受到来自他人的影响。Wang 和 Genç（2019）探究社会影响在消费者广告决策中的作用，通过田野实验发现，同伴影响（peer influence）使关系消费者之间的偏好具有相似性。信息流广告中采用协同的过滤推荐算法的基本思想，基于消费者之间的相似性来选择邻居消费者，基于启发式计算公式计算邻居消费者的偏好，从而进行广告推荐（Polatidis and Georgiadis，2015）。当前大部分信息流广告投放在社交媒体平台便利了对消费者社交关系数据的获取，基于协同的过滤广告推荐算法运用十分广泛。例如，Polatidis 和 Georgiadis（2015）在研究移动端社交媒体广告推荐算法中，通过加权聚合邻居消费者的偏好来计算目标消费者的潜在偏好，提高了推荐系统的准确性。Kim 等（2016）在此基础上进行优化，提出 Facebook 中的信息流广告推荐还需要考虑消费者之间的心理距离，具体来讲，在感知心理距离较近的 Facebook 个人主页上，信息流广告采用低解释水平（相较于高解释水平）的表述方式更容易让消费者产生积极的态度；在感知心理距离较远的 Facebook 公共主页上，信息流广告采用高解释水平（相较于低解释水平）的表述方式更容易让消费者产生消极态度。

3.基于社会互动赋能性的广告社交性作用机制

信息流广告社交性可以赋能消费者满足其社会交往的心理需求，消费者参与信息流广告的社交功能主要是为了在群体中实现"自我"与"他我"的塑造。"自我"指消费者眼中的自己，自我的概念指导着消费者对于与自己相关信息的处理和反应（Naylor et al.，2012）。消费者对于自我形象的塑造一方面来源于自我肯定

（self-affirmation），即个体希望确保自我形象的完整性和价值；另一方面来自自我提升（self-enhancement），即个体希望在社会交往中被积极看待以实现自我价值的增长（Alexandrov et al.，2013）。在营销场景中，消费者通常借助产品、品牌这类具有符号价值的事物实现自我肯定与自我提升（Shen and Chen，2007）。具体在信息流广告场景中，"点赞""评论""转发"等社交功能按钮使消费者对广告的态度可视化，每一个社交按钮操作都是消费者自我表达和自我形象的传递。消费者更愿意分享能得到公众的认可并与其自我身份定位相一致的广告信息（Jans et al.，2012），Lambrecht 等（2018）也用自我价值提升来解释 Facebook 中广告参与行为，通过两个田野实验发现，消费者认为通过与更多人建立连接可以提升自我价值，而那些能够增加消费者知名度、影响力、社交地位的广告信息更容易引起消费者的分享。

"他我"指别人眼中的自己，个体在社会交往中希望通过分享等亲社会行为在他人面前构建良好的形象。社会资本理论认为，获得声誉是个体积极参与社会交往的主要动机之一，而声誉是个体在群体中获得和维持身份地位的重要资产。Wasko 和 Faraj（2005）在探讨虚拟社区中人们进行知识分享的动机中指出，贡献知识是提升个人声誉的重要方式，当个体感知到社区参与能够提升自己的声誉时会更加积极参与到社区贡献中。Li 和 Wang（2014）将这一研究结论应用于信息流广告分享动机的探讨上，发现消费者的社会资本与其信息流广告分享意愿存在关联，实证研究证明消费者的结构资本和关系资本会给其广告分享意愿带来正面影响，而认知资本对广告分享意愿的影响却不显著。这项研究认为，这是由于个体在决定是否与他人分享广告时更加在意与他人的社交关系状态，而不是是否与他人有共同话题。

四、移动与 PC 场景的特征

互联网技术的迅速发展使网上购物成为一种重要的购物形式（常亚平等，2012；Kozinets，2016）。由于传统购物模式较单一，以往有关消费决策中延迟选择影响因素的研究主要关注决策任务本身与个体情绪的作用（Crockett et al.，2013；Pejsachowicz and Toussaert，2017；Mochon，2013；Hedgcock et al.，2016），鲜有考虑决策之外场景因素的影响。近年来，移动互联网技术又使网络购物逐渐移动化，消费者不仅可以使用台式电脑进行购物，还可以使用智能手机等移动终端随时随地购买商品或服务，因此消费场景也变得丰富起来。一方面，移动购物场景的时间碎片化、便利性以及触摸效应等会促进消费者积极选择（Kahneman，2011；Shen et al.，2016），而 PC 端能展示更多信息，消费者会因信息甄别而难以及时做出决策（Kahneman，2011）。另一方面，移动端的信息展示也会使消费者感到视觉拥挤而使其花费更多时间与精力进行商品评估（Sohn et al.，2017）。事实上，使用不同终端进行购买决策时，消费者所处心理模式的不同（Shen et al.，2016）会导致其决策行为存在差异。

五、移动与 PC 场景下的价格策略

（一）延迟选择

网络购物的信息海量性与延迟选择代价的降低也使得越来越多的人选择先将商品加入购物车，等待或考虑一段时间再做决策。这种情况可能会导致消费者放弃购买，对企业不利，同时消费者自身会面临机会的错失（Cho et al.，2006；Mourali et al.，2018）。

延迟选择指个体在应该做出选择时而决定不做选择，包括推迟选择（如选择延迟选项）或拒绝在可选项中选择一个选项（Anderson，2003）。因此，延迟选择是一种个体在决策困难下，通过推迟做决定来逃避决策的行为（Anderson，2003）。延迟选择会使企业收入下降，对消费者来说也可能意味着机会的丧失。因此对延迟选择影响因素与机制的研究应引起重视。目前有关延迟选择影响因素的研究主要集中于以下四个方面。①决策冲突：当消费者难以对各个备选商品的产品属性做出权衡时，消费者会倾向延迟选择（Dhar，1997a）。②决策策略：消费者会根据决策任务来确定决策策略，决策策略会影响决策难度进而影响延迟选择（Dhar，1996）。③时间压力：Dhar 和 Nowlis（1999）指出，在选择决策阶段且有时间压力条件下，人们会更多地采用非补偿性策略，提高对独特性的关注而降低延迟选择。④情绪因素：消费者在决策过程中的焦虑感、渴望程度等均会对延迟选择产生影响（Dai and Hsee，2013；Lichters et al.，2016；Rassin and Muris，2005）。当得知购买时的价格高于购买后的价格，消费者会体验到更强烈的后悔情绪（后比较情绪），为了避免这种负向情绪，消费者会更倾向于延迟选择（Cooke et al.，2001；Mourali et al.，2018）。因此，延迟选择的影响因素可以总结为决策难度（决策冲突、决策策略、时间压力）与负面情绪。

通过梳理既有文献，我们发现以往有关延迟选择的研究主要集中于备选项权衡比较阶段（Dhar，1996，1997a，1997b；Greenleaf and Lehmann，1995；Mourali et al.，2018；Pejsachowicz and Toussaert，2017），而在网络购物中，消费者往往会在购物车阶段或最后支付阶段产生拖延踌躇的行为而不及时做决定（Cho et al.，2006）。同时，以往研究主要关注决策本身与个体特质或情绪对延迟选择的影响（Crockett et al.，2013；Hedgcock et al.，2016；Li et al.，2017；Mochon，2013；Pejsachowicz and Toussaert，2017），较少考虑决策过程的外在消费场景的

影响。对于网络购物而言，购买终端作为场景因素的一种（Novak and Hoffman，2009），消费者无法通过真实触摸来感知、评估商品，但可以通过触摸移动设备屏幕模拟完成这一过程（Peck and Johnson，2011；Oviatt et al.，2012；Shen et al.，2016）。从情境触发与触摸效应两方面可知，购买终端会影响消费者的决策。

（二）购物终端与价格水平对延迟选择的影响

有研究表明，移动端购物情境的时间碎片化、触屏操作便利性以及触摸效应等会使消费者更加感性从而提高决策速度与满意度（Brasel and Gips，2014；Dijksterhuis and van Olden，2006；Shen et al.，2016；Zhao et al.，2011）。在相同单位时间，PC 端能给消费者展示更多的信息，消费者会因信息甄别而考虑更多（Kahneman，2011）。另外，移动端的信息展示也会使消费者感到视觉拥挤而使其花费更多时间与精力进行商品评估（Sohn et al.，2017）。

本书认为，产生冲突结论的原因在于消费者购买决策并非由单因素决定，而是由消费场景与决策任务本身共同作用。因此本书以企业（消费者）可以进行操控（直接感知）的购买终端产品价格为切入点，欲通过探究二者的匹配性对延迟选择的影响来解释以往看似冲突的结论。产品价格水平会引发消费者财务风险感知的不同，进而对决策思维模式产生影响。当商品质量一定，低价格会降低消费者感知财务风险，促使消费者进行快速判断；高价格会增加消费者感知财务风险，使消费者更加犹豫不决（刘红艳等，2012；Dodds et al.，1991；Grewal et al.，1998；Roselius，1971）。

（三）购物终端与价格水平对延迟选择的影响的理论机制

关于决策与推理的研究，很多学者提出了双系统理论（dual-process theory）模型：分析式系统（analytic system）和启发式系统（heuristic system）（Cryder et al.，2017；Dijksterhuis et al.，2006；Evans，2002，2003；Gilovich et al.，2002；Sloman，1996；Stanovich and West，2000）。分析式系统指人们在进行决策推理时，更多地依赖理性思考与判断的控制加工方式；启发式系统指更多依赖感性与直觉的自动加工方式（孙彦等，2007）。基于两种系统，人的思维模式也存在两种：理性思维模式（rational thinking style）与经验性思维模式（experiential thinking style）。理性思维模式是一种基于深思熟虑的、分析思考的"冷"模式。相反，经验性思维模式则是一种基于直觉的快速判断的"热"模式（Epstein，1994；Hsee and Rottenstreich，2004；Metcalfe and Mischel，1999；Shafir et al.，1993；Zhao et al.，2011）。目前对于思维模式影响因素的研究主要从内部因素与外部因素两个层面出发。一些学者认为，人的思维模式是一种相对稳定的个人特质；另一些学者认为思维模式是一种在特定情境下的状态（specific-situation state）

（Novak and Hoffman，2009）。因此，购物终端作为一种消费场景，会对思维模式产生影响。

但这两种系统是如何相互作用的呢？一种观点认为当个体进行决策判断时，二者相互排斥，不能同时运作（Fiske et al.，1999）。另一种观点认为两种系统相互独立、平行，同时对个体的决策推理过程产生作用（Evans，2002，2003；Sloman，1996；Stanovich and West，2000）。此后，更有学者通过过程分离程序（process dissociations procedure，PDP）证明了此观点（孙彦等，2007）。因此我们认为两种系统同时会对消费者决策产生影响。

当遇到决策困难时，消费者往往通过延迟选择来降低心理冲突（李晓明和傅小兰，2006；Pejsachowicz and Toussaert，2017）。一方面，移动购物终端的可移动、可触摸、使用时空场景碎片化等特性，使消费者更加感性而依赖经验直觉进行快速决策（Kahneman，2011；Shen et al.，2016；Zhao et al.，2011）促进其启动经验性思维模式。同时相较于高价格产品，消费者在 PC 端购买低价格产品时感知风险相对较低，促使其选择快捷省力的决策模式（刘红艳等，2012；Dodds et al.，1991；Dijksterhuis，2004；Dijksterhuis and van Olden，2006；Wang et al.，2015），这与移动端所启动的经验性思维模式似乎更加相容，可以提高决策流畅度（Mosteller et al.，2014），降低延迟选择倾向。相较于低价格产品，消费者在购买高价格产品时感知风险相对较高，这促使其选择分析思考的理性决策模式，这与移动端启动的经验性思维模式相左，容易增加消费者的心理模式冲突，妨碍个体积极选择，增加延迟选择倾向。另一方面，PC 端信息展示细致丰富，使用场景相对稳定，有利于消费者进行全面的信息比较与深入的理性思考（Kahneman，2011），促使其触发理性思维模式。这似乎与购买高价格产品时采用的理性决策模式更加相容，可以提高决策流畅度，降低延迟选择倾向，而与购买低价产品采用的快速决策模式相左，容易增加消费者心理模式冲突，妨碍个体积极选择，增加延迟选择倾向。基于以上讨论，我们认为：消费者在 PC 端购买低价格产品，容易触发两种相左的思维模式，进而相较于移动端，会增加延迟选择倾向；消费者在移动端购买低价格产品，容易激发相容的经验性思维，相较于 PC 端，会降低延迟选择倾向。消费者在移动端购买高价格产品，容易触发两种相左的思维模式，进而相较于 PC 端，会增加延迟选择倾向；在 PC 端购买高价格产品，容易触发相容的理性思维，进而相较于移动端，会降低延迟选择倾向。

（四）不同终端场景下价格策略效果的实证分析

为了验证以上分析假设，检验消费者网购使用终端类型（PC 端/手机端）与产品价格水平对购买延迟选择的影响，我们通过与某经营酒类的企业合作，获取该企业两个多月的天猫商城白酒销售后台订单数据并进行分析（获取 2016 年 8 月 26 日至 2016 年 11 月 1 日某品牌酒类商品在天猫旗舰店中 41 种白酒商品后台销售订单数据 16 410 条）。延迟选择倾向程度可以通过决策反应时长来表现（Frost and Shows，1993；Pejsachowicz and Toussaert，2017），所以此部分研究主要通过用户的订单时长来刻画延迟选择。此外，本章选取某同一品牌酒类产品作为研究对象，一是因为酒类产品价格高低具有一定区分度；二是避免不同品牌、不同产品类别的混淆，以便于分析；三是酒类属于常见的快消品，属于本章研究涉及的范畴。

利用所收数据，构建门限回归（threshold regression）（Hansen，2000），结果如表 4-3 所示。最终我们发现，当商品价格小于 209 元时（图 4-4），PC 端订单时长显著大于手机端（$M_{手机端}$ = 2.34，$SD_{手机端}$ = 1.11；$M_{PC端}$=3.61，$SD_{PC端}$ = 1.49；$F(1,2554)$=605.82，$p < 0.001$，Cohen's d =0.97）；当商品价格大于等于 209 元时，PC 端订单时长小于手机端（$M_{手机端}$ = 5.37，$SD_{手机端}$=1.22；$M_{PC端}$=4.53，$SD_{PC端}$ = 0.91；$F(1,1116)$=44.39，$p < 0.001$，Cohen's d = 0.78），且在门限价格两侧 PC 端与手机端的订单时长呈现显著不同的变化趋势，因此验证了价格对购买终端与延迟选择的关系具有调节作用。

表 4-3　门限回归结果

参数	估计值	t	p
μ	1.426	5.941	< 0.001
β_1	0.001	0.312	0.757
β_2	−0.010	−5.496	< 0.001

注：R^2=0.507，调整后的 R^2=0.481

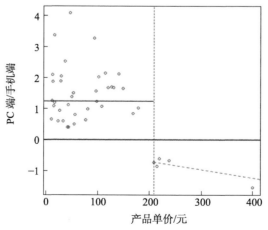

图 4-4　PC 端与手机端订单时长散点图

实线（右侧虚线）表示商品单价低于（高于）209 元时，消费者 PC 端与
手机端订单时长的平均差值走势

移动互联网的发展拓展了传统的单一购物模式，移动购物市场也逐渐成为企业成功的关键。一方面，移动终端的便利性与可触摸性会促进消费者积极选择；另一方面，移动购物的决策回避成本降低，选择的海量性、产品信息显示空间有限等使得消费者往往难以及时抓住机会，做出判断。PC 端便于产品信息展示，网络稳定性高，有利于消费者决策。所以目前有关购物终端的研究结论并不统一。同时网络购物更便于消费者进行比价，寻找适合的商品。因此价格也是影响消费者网络购物决策的重要原因。本节从产品（价格）—场景（终端）—用户（决策行为）三元交互视角，探讨了电商中不同购物场景下的价格策略对消费者决策行为的影响。这丰富了对消费决策场景的认识。一方面，以往有关决策过程的研究主要对线上或线下的固定场景进行探讨（Mourali et al.，2018；Pejsachowicz and Toussaert，2017）。随着移动互联网的发展，越来越多的消费者选择使用手机随时随地进行购买决策。因此本书的研究由以往的固定场景向移动场景进行了拓展。另一方面，也有观点仅从场景角度出发认为移动购物模式会使消费者相对感性，促进决策过程。也有研究认为移动端使消费者感到视觉拥挤从而造成决策困难。本节通过引入产品价格水平作为调节，同时探究了移动场景（手机端）与固定场景（PC 端）对决策过程中的延迟选择的影响，解决了以往看似冲突的结论。结果发现 PC 端易启动消费者理性思维模式，与高价格启动的理性思维相匹配，更利于消费者决策，减少延迟选择倾向。相比移动端，PC 端更利于高价格产品的决策；同理相比 PC 端，移动端更利于低价格产品的决策。因此本节拓展了以往有关某种单一场景利于决策的观点，且证明了不同场景均有各自的价值，不存在绝对的优劣。

本节拓展了对延迟选择影响因素的认识。首先，以往研究主要关注"决策任务（决策什么）"、"决策方式（如何决策）"和"决策者个人特质或情绪（谁做决策）"对延迟选择的影响，少有考虑"决策场景（在哪决策）"的问题。也就是说，传统的决策场景相对单一稳定，研究者主要关注决策策略与个体特质等内在因素对延迟选择的影响（Crockett et al.，2013；Pejsachowicz and Toussaert，2017）。随着消费场景的不断丰富甚至移动化，消费者的决策过程受到消费场景等外在因素的作用。其次，消费决策是一个复杂的过程，并非由单方面决定，而是受多因素共同影响。因此本节通过探究场景因素（购买终端）与决策任务本身（价格水平）的交互作用对延迟选择的影响，验证了购买终端要与价格水平相匹配才能减少延迟选择。最后，以往研究主要基于传统单一购物模式，认为消费者决策是一个理性认知的过程（李晓明和傅小兰，2006）。然而，随着如今消费场景的不断丰富，某些消费场景（如移动端）可能会促使消费者进行感性决策。

本节深化了对双系统理论的理解。已有观点认为当遇到决策困难时，消费者往往通过延迟选择来降低心理冲突（李晓明和傅小兰，2006；Pejsachowicz and Toussaert，2017）。但少有研究对这种心理冲突的内在机制进行深入探讨。当面对多因素影响的决策问题时，消费者会启动不同的思维模式。本节试图从场景启动与产品价格启动两个角度，考虑不同思维模式间的相容性问题。研究发现，相匹配的思维模式比相冲突的思维模式更利于消费者决策，减少延迟选择。因此本节利用双系统理论加深了对延迟选择机制的理解，并深化了两种系统并非独立排斥而是同时对个体决策过程产生作用的认识。

在管理实践上，本书为企业的场景化精准营销提供参考依据与启示。首先，对于新产品的销售，企业可以通过产品价格定位，精准识别消费者决策心理模式，营造匹配的营销场景，促进个体积极选择。其次，企业在制定线上销售渠道时，要考虑产品价格高低与购买终端的匹配问题。例如，本书发现 PC 端利于高价格产品的销售，手机端利于低价格产品的销售。也就是说，企业可以根据不同终端类型使用体验特征，制定相匹配的价格策略或促销策略，尽可能减少消费者的回避决策现象，提高用户决策流畅性，增加企业收益。

第二节　用户情感表达的激发[①]

用户情感既包含情绪也包含情感。本节的主要目的是探讨用户体验唤醒情绪和情感的机制，以及情绪和情感对口碑行为的影响。用户情感表达主要集中于兴趣社区，因为消费者参与兴趣社区是基于共同爱好的，而较少涉及功利性目的，这使得用户在兴趣社区更加愿意分享自己的体验、经历和感受，即进行情感表达。当今互联网用户中第二大受欢迎的项目——网络游戏的热潮已经扩展到全球。因此本节以游戏产品社区为例，探讨用户体验唤醒情绪的机制。

尽管网络游戏大受欢迎，但游戏开发者却面临着一个重大挑战，即产品的生命周期很短，预估寿命大约为 6 个月。因此，游戏开发商不得不在消费者失去兴趣之前迅速传播新游戏的信息。口碑作为互联网时代下最具影响力的营销手段，可以使产品在目标受众中流行（Godes and Mayzlin，2004）。口碑交流允许网络游戏玩家与他人分享自己的经历和感受，并邀请新玩家加入。论坛成员分享的关于产品的口碑可能被认为是值得信任的，因为这些成员是与公司和产品没有利益关

① Huang H X, Ali R, Liao J Y.2017. The effect of user experience in online games on word of mouth: a pleasure-arousal-dominance (PAD) model perspective. Computers in Human Behavior, 75: 329-338；潘海利，黄敏学. 2017. 用户三元情感关系的形成与差异化影响：满意、依恋、认同对用户行为的交互补充作用.南开管理评论, 20（4）：16-26,72.

系的消费者，他们并不能从产品营销中获益。更重要的是，产品的口碑可以在消费者网络中快速传播。网络游戏是一种以体验为导向的产品，其成功与否很大程度上取决于消费者的感受和体验。长期以来，之前的研究认为流体验是游戏中用户参与的一个重要因素（Choi and Kim，2004；Takatalo et al.，2011）。有研究通过品牌信任的中介作用考察了品牌形象与网络口碑之间的关系，建议游戏开发者创建良好的品牌形象，以获得网络游戏玩家的正面口碑。面对社交网络游戏的系统故障时，意见寻求者会比意见领袖传播更多的负面口碑（Sun et al.，2006）。因此，避免负面口碑是另一个重要的考虑因素。快速发展的互联网技术提高了一对多关系中的电子口碑，并提供了游戏玩家分享经验和交换意见的在线论坛。根据这个研究主线，我们将在本节探究网络游戏中的用户体验如何影响用户传播口碑的意愿。

对于情感表达机制，本节将以虚拟品牌社区为例，探讨企业营销的努力如何促进用户形成依恋、满意、认同情感，以及这三种情感又如何影响用户口碑行为。

一、在线游戏中的用户体验

用户与游戏的互动对于留住玩家至关重要。游戏熟悉度和复杂性这两个认知要素对用户游戏参与有显著的单独和共同影响（Li and Wang，2014）。一项研究通过对虚拟氛围线索与情绪、口碑之间关系的考察，发现快乐是传播口碑的重要情绪状态（Loureiro and Ribeiro，2014）。一项实证研究调查了访问者在体验死亡和痛苦相关网站时的情绪唤醒，结果表明，消极情绪可以对行为产生长期影响（Nawijn and Fricke，2015）。

由于网络游戏属于体验产品，消费者的价值主要来自网络游戏的体验。消费者在玩网络游戏时体验到极大的享受，玩网络游戏可以提高消费者的自尊、能力和幸福感（Rau et al.，2006）。近几十年来，越来越多的用户沉浸在网络游戏中。为了解释这种沉浸感，Csikszentmihalyi（1975）提出了构想流（construct flow），它指的是玩家完全投入自身行动的最佳体验状态。构想流状态的特征是时间观念的扭曲、控制感、目标的明晰和自我意识的丧失（Trevino and Webster，1992）。当一个人的技能与挑战相匹配时，心流体验就会发生。

心流的作用已被广泛承认。广泛的研究检验了在线游戏中最佳体验的前因后果（Sánchez et al.，2012）。之前的研究表明，诸如新颖性、技能、挑战、专业玩家和娱乐专业化等因素可以增强心流体验（Wu et al.，2013）。Takatalo 等（2011）研究了三维立体显示器，他们发现中等立体性能激发高度的现场感和心流体验。专业玩家比缺乏经验的玩家更有可能享受心流体验并表现出游戏上瘾（Wu et al.，2013）。关于流体验的结果，如果玩家在游戏中拥有良好的体验，他们倾向于持续地玩在线游戏（Choi and Kim，2004）。最近的研究注意到流体验对回购意愿和支付溢价意愿的正向影响。表 4-4 总结了游戏玩家最佳体验前因与后果的实证研究。

表 4-4　游戏玩家最佳体验前因与后果的实证研究

相关研究	理论基础	心流体验的前因	心流体验的结果
Choi 和 Kim（2004）	心流理论	个人互动和社会互动导致心流经验	心流体验激励用户继续玩在线游戏
Takatalo 等（2011）	呈现—参与—心流框架	适度的立体分离通过增强用户的存在感来提升用户体验	—
Skoric 和 Kwan（2011）	社会资本理论		游戏体验与在线社交资本有关
Wu 等（2013）	娱乐专业化框架	用户专业化增加心流体验	心流经验增加，游戏上瘾
Weibel 等（2008）	心流理论	对手类型影响心流经验	—
本书	愉悦（pleasure）—唤醒（arousal）—主导（dominance）模型（PAD 模型）	—	口碑

虽然心流的建构极大地促进了对网络游戏中用户沉浸性的认识，但并没有抓住网络游戏中用户体验的具体维度。有关网络游戏的文献表明，网络环境中的用户体验是一个多维建构（Takatalo et al.，2011）。对网络游戏所属的虚拟社区的研究，证明了用户体验是网络社区语境中的一个多维建构。Nambisan 和 Watt（2011）展示了在线产品社区中用户体验的四个要素，即实用性、享乐性、社交性和可用性。在实用性维度，消费者发现了用户体验有助于他们实现目标的有用和有价值的经验。在享乐性维度，消费者通过在线社区的互动体验到快乐和兴奋。社交性维度反映了社区成员之间的友好和开放。可用性维度是指客户在没有任何干扰的情况下轻松参与在线社区的能力。与 Nambisan 和 Watt（2011）的研究一致，本节调查了用户体验各维度（功能性、享乐性和社交性）对情感的影响，并探究情感对玩家口碑意愿的影响。网络游戏中的功能体验是指用户在网络游戏互动中获得的实用价值体验（Nambisan and Watt，2011）。功能体验与游戏中用户体验的实用性有关。网络游戏是一种高度互动的系统，玩家在玩的过程中会获得不同的功能体验。角色扮演、社交、追求实现、奖励系统都是视频游戏中具有吸引力的功能（Holt and Kleiber，2009）。享乐体验是指顾客与产品的高水平互动，为他们提供乐趣（Mummalaneni，2005）。网络游戏中的社交体验是用户在网络游

戏中从与他人的互动中获得的价值（Nambisan and Watt，2011）。如果人们能有效且成功地和他人沟通，那么他们会感觉很好，并且他们会被激励去再次沟通以享受同样的感觉。口碑传播指的是消费者之间关于产品、品牌或组织的非正式交流。虽然情绪被认为会影响消费者行为，但很少有研究考察用户体验对口碑的影响。基于口碑营销模型，我们将继续探讨用户体验对口碑营销意图的影响。

二、PAD 模型

（一）PAD 模型定义

PAD 模型最初被提出是为了充分捕捉个体的情绪状态。Russell 和 Mehrabian（1977）认为愉悦是一种情绪状态，从极度痛苦或不快乐到极度快乐或狂喜；唤醒指的是个体兴奋、警觉和受刺激的程度；主导指的是个体认为自己能够控制事情而不是被事情控制的程度。PAD 模型假设刺激会影响个体的三种主要情绪，从而影响使用者对环境的体验。PAD 模型符合被广泛接受的刺激（stimulus）—机体（organism）—反应（response）（S-O-R）模型，这一模型通常被用来解释刺激对人的意图和行为的影响。Hsieh 等（2014）使用 PAD 模型研究了消费者对网站氛围（如任务相关线索）的反应，他们发现愉悦、唤醒和主导中介了网站氛围对购买意愿的影响。Vanwesenbeeck 等（2016）提出了基于 PAD 维度的模型，揭示了说服知识受游戏心流的影响，游戏心流受情绪（即愉悦、唤醒和主导）的影响。

这些情绪反应会影响消费者的行为，包括购买产品、待在或逃离某个环境（Eroglu et al.，2001）。Graa 和 Dani-Elkebir（2012）在零售环境中使用 PAD 模型，研究了顾客情绪（愉悦、唤醒和主导）对情境因素和冲动购买行为之间关系的中介作用。基于 PAD 模型，一项关于零售环境的研究揭示了周围气味对消费者情绪和行为反应的影响（Davies et al.，2003）。以往通常在网上零售环境中研究情感反应的影响，对于其在网络游戏环境中的影响研究是有限的。相比之下，PAD 模型似乎与网络游戏开发者对游戏设计的关注度高度相关。虚拟的物理和社会环境对玩家的情绪反应有很大的影响。因此，在本节中，我们将基于 PAD 模型来研究用户体验对口碑意图的影响。

（二）功能体验和 PAD 模型

网络游戏的功能，尤其是轻松性，对于玩家来说是非常有价值的（Kim et al.，2015a）。升级是网络游戏的一个流行功能，如果一个玩家达到了一个目标，那么他就会进入下一个级别。游戏的升级会激励玩家继续玩下去（Yee，2006）。在线游戏是高度互动的系统，其主要目标是利用用户的情感并提供娱乐（Voida and

Greenberg，2012）。网络游戏的这些功能可以为玩家带来持续的乐趣（Hsu et al.，2009）。良好的功能体验让玩家对游戏感到兴奋。在在线游戏中，用户可能会被游戏中的氛围所激励。例如，与立体性非常高或非常低的 2D（two-dimensional，二维）游戏相比，具有中等立体性的 3D（three-dimensional，三维）游戏为玩家提供了良好的体验。功能体验也可以让用户在游戏中轻松控制自己的角色，从而获得高水平的主导性。网络游戏包含挑战，促使玩家利用游戏道具获得特殊技能，从而进入下一个阶段。高技能玩家享受心流体验的时间较长，而低技能玩家享受心流体验的频次更多但时间较短（Wu et al.，2013）。虚拟氛围线索被分为三个部分，即设计、布局和信息，这使得用户在浏览一个网站时能够体验到目标达成的轻松感。虚拟氛围线索以目标为导向，对情绪有积极影响，如愉悦和唤醒（Davis et al.，2008；Koo and Ju，2010）。许多游戏结合了随机性和不确定性来激发玩家的情感，如惊喜（Owen，2005）。基于以上讨论，我们假设功能体验可以影响情绪：功能体验对愉悦感有积极的影响；功能体验对唤醒度有积极的影响；功能体验对主导感有积极的影响。

（三）享乐体验和 PAD 模型

享乐体验包括多种感官、幻想和情感。感官包括嗅觉、触觉、听觉和视觉。幻想是消费者不受现实限制的想象。情感包括多种类型，如积极的、平静的、活跃的、愉快的、热心的、高兴的、刺激的、兴奋的。愉悦是 PAD 模型的三个维度之一。愉悦和唤醒与享乐体验有很大的不同。根据文献记载，愉悦是一种情绪状态，从极度痛苦或不快乐到极度快乐或狂喜；唤醒指的是个体兴奋、警觉和受刺激的程度（Russell and Mehrabian，1977），是消费者内部的。相反，享乐体验来自外部环境（Otto and Ritchie，1996）。消费者的愉悦感是在享乐体验的强烈刺激下产生的（Dhar and Wertenbroch，2000；Holbrook and Hirschman，1982）。享乐性产品显著影响产品试用过程中的情绪反应、态度形成和未来使用（Menon and Kahn，2002）。Goulding（2000）指出，博物馆环境会影响参观者的情绪，并影响行为意向。Bougie 等（2003）认为顾客在体验到糟糕的服务时可能会感到愤怒，这与他们体验到好的服务时不同。数字游戏影响玩家的情绪（Poels and Dewitte，2006）并提供愉悦感（Phillips et al.，1995）。在网络游戏中，当玩家不断适应游戏进展面临的新环境时，就会产生享乐体验。重复的享乐性体验给玩家带来愉悦感（Nicolao et al.，2009）。积极的体验解释了"心流"的概念，即人们完全处于环境的控制之下。电子游戏通常会让玩家进入心流状态（Gurǎu，2008）。因此，我们认为：享乐体验对愉悦感有积极的影响；享乐性体验对唤醒度有积极的影响；享乐体验对主导感有积极的影响。

（四）社交体验和 PAD 模型

人们通过加入社交媒体来结识志同道合的朋友，并相互传递信息。社会环境，尤其是亲密关系，会影响一个人的情绪调节。在社会背景下，两个人会互相影响彼此的情绪（Butler and Randall，2013）。特殊的关系，如爱人、朋友和家庭，与人际情感有关；恋爱关系中的人可以影响彼此的情绪（Dixon-Gordon et al.，2015）。为了克服网络游戏中的巨大挑战，玩家通常会结伴而行，相互激励，从而激起集体的情感（Sánchez et al.，2012）。在线玩家之间的互动产生了社交资本，并增强了玩家对社区的投入。在线游戏为玩家提供了一个虚拟空间，在这里他们可以相互交流，而这种交流可能会带来最佳的体验（Churchill and Bly，1999a，1999b）。网络游戏玩家之间有效且愉快的社交互动可以产生最佳体验，从而使玩家进入心流状态（Choi and Kim，2004）。综上，我们认为：社交体验对愉悦感有积极的影响；社交体验对唤醒度有积极的影响；社交体验对主导感有积极的影响。

三、PAD 模型与口碑传播

相当多的研究调查了情绪和意图行为之间的关系（White，2010；Derbaix and Vanhamme，2003；Zeelenberg and Pieters，2004）。愉悦感可能会增加消费者与他人分享经历的意愿。一项关于虚拟环境的研究显示，与唤醒度和主导感相比，愉悦感对积极口碑的影响更为显著（Loureiro and Ribeiro，2014）。愉悦感通过满意度间接影响口碑（Miniero et al.，2014）。高唤醒情绪强烈影响口碑传播意愿，因为消费者倾向于通过与他人交谈来恢复稳定的情绪状态（Ladhari，2007）。积极的情绪会产生口碑。因此，我们认为主导感是一种积极的情绪，可以增加用户发表口碑的意向（White and Yu，2005）。据此，我们认为情绪会影响口碑：愉悦感对口碑有积极影响；唤醒度对口碑有积极影响；主导感对口碑有积极影响。

（一）参与时长的调节效应

参与时长指的是用户玩游戏的时间。在当前的场景中，一个在线游戏的初学者（刚刚加入游戏）参与时长较短。他们情绪激动，积极地与其他玩家互动，建立联系，学习和分享游戏技能。随着游戏时间的增加，玩家获得了游戏技能，他们专注于提升到游戏的下一个级别（Shen et al.，2014）。情感和认知层次基于情感—认知模型存在；情感首先在网站暴露中产生，这些情感随后会影响认知（Richard and Chebat，2016；Zajonc and Markus，1982）。网络游戏的初学者在游戏的初始阶段会感受到更多的情感，但随着时间的推移，他们逐渐掌握了专业知识，感受到的情感越来越少，他们会使用更多的认知来达到高级阶段。并不是所有玩家都喜欢社交性体验，在网络游戏中，有些人会加入群体，但大多数玩家不会加入群体（Shen et al.，2014）。参与时长与反作用行为、角色绩效、核心任务行为正相关。长期的用户通常是专家，他们习惯了游戏，很少有情绪上的感受。相比之下，参与时长较短的用户往往会对游戏感到兴奋，并感受到更多的情感。因此，我们提出以下假设：在短期用户中功能体验对（a）愉悦感、（b）唤醒度和（c）主导感的影响强于长期用户；在短期用户中享乐体验对（a）愉悦感、（b）唤醒度和（c）主导感的影响强于长期用户；在短期用户中社交体验对（a）愉悦感、（b）唤醒度和（c）主导感的影响强于长期用户。

（二）PAD 的中介效应

这一假设基于 Russell 和 Mehrabian（1977）推荐的 S-O-R 模型。"刺激"是 S-O-R 模型的第一个组成部分，指的是用户在网络游戏中的体验，如功能体验、享乐体验和社交体验。"机体"是模型的第二个组成部分，它表达了人们在玩网络游戏时所体验到的愉悦、唤醒和主导等情绪。"反应"是指玩家在其社交圈内传播的口碑。根据 S-O-R 模型，我们提出愉悦、唤醒、主导等情绪状态可能中介用户体验对用户传播口碑的意图的影响。在零售研究中，购物者的情绪常常被概念化为不同的方面（Dailey，2004；Eroglu et al.，2003）。过去的研究对传统零售环境中的氛围线索进行了大量的研究（Hausman and Siekpe，2009）。在目前的研究中，S-O-R 模型表明，刺激（用户体验）也会影响网络游戏玩家的情绪和行为。Loureiro 和 Ribeiro（2014）研究了情绪在网络环境线索和口碑关系中的中介作用；他们认为愉悦感是传播口碑最有效的媒介。对价格相关不公平的感知会产生负面情绪，进而产生负面口碑。当消费者体验不好时，消极的感觉产生，负面口碑传播（Loureiro and Ribeiro，2014）。Eroglu 等（2001，2003）将 S-O-R 模型应用于网上商店环境中，发现与低任务相关的线索影响愉悦度和唤醒度，进而影响在线商店顾客的消费行为。Koo 和 Ju（2010）在网上商店环境中采用 S-O-R 框架，揭示了网站氛围（颜色、链接、图形）对愉悦度和唤醒度的影响，进而导致意向行为。主导感是一种重要的情感状态，在网络游戏的语境中，它可能是用户体验与口碑关系的一个很好的中介。Graa 和 Dani-Elkebir（2012）测试了在实体零售环境中 PAD 在情境因素与冲动购买行为之间关系中所起的作用，发现主导性在二者之间起着显著的中介作用。结合 S-O-R 模型和相关文献，我们认为：愉悦感在（a）功能体验、（b）享乐体验和（c）社交体验对口碑的影响中起中介作用；唤醒度在（a）功能体验、（b）享乐体验和（c）社交体验对口碑传播的影响中起中介作用；主导感在（a）功能体验、（b）享乐体验和（c）社交体验对口碑传播的影响中起中介作用（图4-5）。

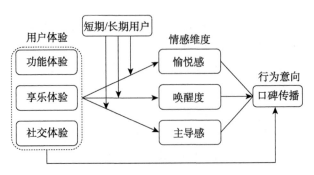

图 4-5　PAD 模型与口碑传播

（三）PAD 模型对口碑传播影响的检验

该实验调查于 2015 年 7 月和 8 月进行，历时两个月。样本是那些在调查期初近三个月有在线游戏经验的人。调查人员在巴基斯坦的大城市与受访者进行了接触，回复率为 71.2%（500 份有效问卷中的 356 份）。这项调查是在玩过网络游戏的志愿者中进行的。该样本的人口统计特征表现为 75% 的男性和 25% 的女性。大部分（54%）的样本在 18~23 岁，34% 的受访者在 24~30 岁。网络游戏玩家的平均年龄为 23~24 岁。在线游戏玩家的平均任期为 2.35 年（标准差 SD=1.183）。在受访者中，44% 的人获得学士学位，39% 的人获得硕士或以上学位。在受访者中，26% 的人在过去三年或更久的时间里一直在玩网络游戏。

根据表 4-5 的研究结果，功能体验对愉悦感和主导性具有积极且显著的影响，这与 Davis 等（2008）的研究结果一致。在线游戏有许多操作和道具来帮助玩家完成目标并进入下一个阶段。正确使用道具可以给玩家带来愉悦感和主导感。已有研究发现，享乐体验积极且显著地影响情绪的所有维度（愉悦感、唤醒度和主导感）。我们的结果证实了 Nicolao 等（2009）的发现，社交体验积极且显著地影响情绪的所有维度（愉悦感、唤醒度和主导感）。我们的发现与 Sánchez 等（2012）、Choi 和 Kim（2004）、Churchill 和 Bly（1999b）一致。我们的研究结果显示，社交体验对口碑有很强的正向显著影响，但在一定程度上与 Rezaei 和 Ghodsi（2014）之前的研究有所不同。当玩家在团队中进行游戏时，他们会欣赏对方对道具的良好使用，并通过评论和发送表情（如拇指）来表达感激之情。这些信息会让玩家感到愉悦和唤醒，然后他们就会完全投入到游戏中去。根据我们的发现，情感维度中的主导感比愉悦感和唤醒度对口碑传播有更强的影响。这一发现与之前的研究不同，如 Loureiro 和 Ribeiro（2014），他们认为愉悦感是积极口碑最重要的影响因素。主导感是用户体验与口碑传播关系的最佳中介。短期/长期用户是用户体验与情感关系的一个很重要的调节变量。这一假设支持了 Zajonc

和 Markus（1982）提出的情绪—认知模型。此外，我们的发现与 Richard 和 Chebat（2016）一致。尽管短期用户一般专业性较差，但更情绪化，更倾向与其他玩家进行互动以建立联系。初级玩家会积极地加强自己的社交圈，分享信息，学习新技术和技能。相比之下，长期用户玩家更有技能、更专业，但认知能力更强，较少情绪化，因为他们已经度过了情绪的初始阶段，对游戏更熟悉。我们的发现与之前的研究一致，即初学者热情地建立联系，但这些联系在后期会减弱（Shen et al.，2014）。

表 4-5　PAD 模型与口碑关系的调查分析结果

| 假设关系 | 主效应 | | 中介效应 | | 调节效应 | | | |
| | | | | | 短期用户 (n=208) | | 长期用户 (n=148) | |
	回归系数	t 值	回归系数	t 值	回归系数	t 值	回归系数	t 值
FE→WOM	0.32	5.83	0.20	5.14	0.20	3.87	0.25	3.79
HE→WOM	0.28	4.57	0.29	6.91	0.26	4.79	0.30	4.10
SE→WOM	0.19	3.76	0.07	2.85	0.09	2.34	0.06	1.33
PL→WOM			0.23	3.62	0.17	2.31	0.38	3.27
AR→WOM			0.20	2.76	0.24	2.88	0.07	0.52
DM→WOM			0.32	5.77	0.33	5.20	0.30	3.33
FE→PL			0.23	3.78	0.20	2.67	0.27	2.72
FE→AR			0.17	2.73	0.24	2.97	0.10	1.01
FE→DM			0.37	5.33	0.33	3.78	0.46	4.62
HE→PL			0.48	8.54	0.51	7.23	0.45	4.63
HE→AR			0.49	8.06	0.40	5.11	0.61	6.12
HE→DM			0.26	3.77	0.24	2.65	0.28	2.72
SE→PL			0.09	1.91	0.06	0.91	0.12	1.65
SE→AR			0.10	1.94	0.15	2.28	0.03	0.34
SE→DM			0.11	2.04	0.13	1.85	0.03	0.39

注：FE=功能体验，HE=享乐体验，SE=社交体验，PL=愉悦感，AR=唤醒度，DM=主导感，WOM=口碑传播

本节的研究对目前理论主要有以下几个方面的贡献。第一，通过调查网络游戏中的用户体验与口碑传播的关系，我们扩展了之前的研究。虽然口碑传播在网络游戏传播中至关重要，但对影响网络游戏玩家口碑传播意愿的因素研究还不够。在本书中，我们研究了用户体验与口碑传播之间的关系。更重要的是，用户体验是一个复杂的多维结构，以往的研究通常认为体验是一个单维的结构，这个限制无法识别影响口碑传播的维度。因此，本节在一般框架中检验了功能体验、享乐体验和社交体验的影响。我们的研究可以增进对用户体验与口碑传播之间关

系的认识。第二，我们使用 PAD 模型来解释为什么用户体验会影响口碑传播。PAD 模型通常被用来解释刺激对消费者行为的影响，最近被广泛应用于零售领域。本节将此模型应用于网络游戏情境，发现三种情绪反应在用户体验与口碑传播的关系中是非常重要的中介。因此，我们的研究推广了 PAD 模型的应用。第三，本节拓展了在线游戏玩家细分领域的知识。结果显示，不同任期的用户在功能体验、享乐体验和社交体验上有不同程度的关注。这一结果表明，网络游戏用户不是同质的，而是异质的。

　　这项研究为网络游戏开发者提供了几个重要的启示。首先，本节提示开发者应该关注游戏口碑传播意愿的影响因素。在此之前，网络游戏开发商只重视消费者花在网络游戏上的时间。然而，由于网络游戏的生命周期较短，管理者必须学会利用口碑的力量迅速传播网络游戏。其次，我们的研究表明创造良好的用户体验是非常重要的。因此，当开发游戏时，管理者应该在游戏中加入功能体验、享乐体验和社交体验。例如，开发人员应该设计方便的交流工具来促进用户的社交体验。最后，网络游戏开发者应该监控用户在玩游戏时的情绪反应。研究结果表明，积极的情绪状态会对用户的口碑传播意向产生积极的影响。换句话说，开发者发现了解用户的情绪并找出可能破坏用户积极情绪的因素是有价值的。

四、虚拟品牌社区用户的三元情感

　　根据刺激机制理论，企业的营销活动的外在刺激会给消费者带来内在变化，这种情感的变化会给消费者行为带来影响。以往研究认为，情感会对消费者行为起到中介传导作用，很多企业把情感构建作为企业营销的重点。根据文献，大致可将情感分为两类：一种是一般性的情感，是内在心情的反映，这种一般性情感并没有特定的心理关联对象；另一种情感与相关的目标物关联，这种关联情感就是一体化情感，企业希望构建的是消费者与产品一体化的情感。这种一体化情感，根据情感反应模式可分为三类：第一类是直接反应式情感，如顾客满意，是消费者感知价值超出预期的愉悦感；第二类是内生关系式情感，如品牌依恋，是消费者与产品在互动过程中形成的关系；第三类是社交归属式情感，如品牌认同，是消费者在与产品交互过程中对产品形成的一种自我认知，可促进消费者与产品的其他相关消费者进行交互，是一种社交归属感。

　　情感是指与某一事物或观点相联系的主观、直接的心理体验。Bodenhausen（1993）首次把情感分为一体化情感和带入情感。关于情感影响决策的研究，Lerner and Keltner（2000）提出评价倾向框架理论（appraisal tendency framework），认为相同效价（消极或积极）的情感对判断和选择具有不同的效果，并着重分析了带入情感对于判断和决策的影响。Cohen 等（2008）在

Bodenhausen（1993）的基础上把一体化情感定义为与判断或决策对象直接关联的、真实体验的情感反应，这些情感反应是该对象特征刺激的一体化程度，这些特征可以是真实、感知的或只是想象的；带入情感是指与评价对象无明显关联的情感体验，是个体在面对刺激物之前已经具有的情感。本节主要分析一体化情感对于消费者行为的影响，满意感、依恋感和认同感属于一体化情感的范畴，三者都基于与品牌的互动刺激的情感。一体化情感取决于刺激物，不同的刺激物会导致不同的情感模式。根据以往关于品牌的研究，消费者把品牌视为不同的对象：当消费者把品牌视为"物"的时候，品牌代表了能满足消费者功能性需求的对象；当把品牌视为"伙伴"的时候，品牌被拟人化为具有人格属性的对象；当把品牌视为"纽带"的时候，品牌代表了具有社交属性的社会身份对象。基于三种目标品牌对象，消费者从不同的对象视角建立起一体化情感。消费者在与目标品牌对象的互动过程中，通过品牌刺激、联想、评价、比较而产生更高层次的情感，如满意感、依恋感和认同感。本节认为，物化的品牌所刺激产生的满意感是一种直接反应式情感。因为满意感基于消费者的购后评价，是消费者把感知的品牌实际性能与消费者的预期进行功能性比较之后的一种直接反应式情感。对于拟人化的品牌，消费者通过与品牌的长期互动，与品牌建立亲密的关系。消费者在内心认可并接受品牌，并将品牌作为自我概念的一部分，满足消费者特定的内在需求。因此，本节把拟人化的品牌刺激产生的情感描述为内生关系式情感。另外，对于社会化的品牌，消费者将品牌作为自我呈现的一部分，以品牌为纽带和桥梁建立社会关系、进行社会活动。此时，社会化的品牌所激发的情感体现了消费者的社交归属需求，因此，本节把这种情感称为社交归属式情感。

　　首先，这三种情感相互独立，与目标物关联的一体化情感，根据其触发反应模式可以分为直接反应式情感——满意感、内生关系式情感——依恋感、社交归属式情感——认同感。因此，本节认为这三种情感在触发反应的模式上是三种不同的模式，是相互独立的。

　　其次，这三种情感又是相互依存的。满意感相对来说是用户浅层次、最直接，也是最基础、最重要的情感。如果一开始品牌不能满足或超越用户的期望，那么用户继续购买、使用品牌的意愿就会降低，用户与品牌发展更深层次关系的可能性也会降低。品牌依恋是衡量用户与品牌关系质量的重要指标，这种依恋感是通过用户长期与品牌互动逐渐培养而成的，是内生关系式的情感模式。因此，品牌依恋的形成离不开满意感这个基础。同样，品牌认同也是用户与品牌更深层次的关系。对于品牌认同，满意感同样具有基础性作用。认同体现了个体（用户）两种自我概念——个体自我和社会自我。个体自我主要体现品牌与用户之间的自我表达关系，社会自我体现用户感知到自己属于认同同一品牌的群体成员身份。个体自我体现了用户与品牌的关联程度，根据 Park 等（2006a）的说法，这种关联程度体现了品牌依恋中用户认知和情感纽带的强度。从认知的角度来说，用户感知与品牌关联程度越高越有利于用户与品牌建立良好的关系，促进品牌依恋的形成。

最后，消费者依恋感和认同感是满意感的有益补充。本节认为，满意感、依恋感和认同感是消费者把品牌视为不同对象时所激发的情感。依恋感和认同感是消费者基本品牌情感关系的延伸与强化，体现了消费者对品牌功能性需求之外的心理需求和社会需求，是消费者与品牌关系更持久、稳定的表现。这种持久、稳定的情感是消费者满意感的有益补充。当品牌由于某种原因不能满足消费者基本需求时，也就是说在满意感低的情况下，消费者此时的决策依据是依恋感和认同感，这两者决定了消费者的行为。因为，就像人际的依恋关系一样，当消费者对品牌产生依恋以后，消费者不会因为某次令人失望的消费或品牌互动而抛弃现有品牌，而会继续购买该品牌从而维持自我一致性。另外，当消费者把品牌作为纽带建立起更加广泛的品牌关系时，消费者建立起的品牌、群体身份认同感，强化了消费者的群体意识和归属感。与依恋感对满意感的补充强化关系一样，当满意感低时，消费者也不会就此脱离群体、抛弃现有品牌，而是会保持品牌互动和群体参与。

与满意感相比，依恋感体现了顾客与品牌更强、更持久的关系，是顾客与品牌的情感、连接和激情。根据上文关于三种一体化情感的分析，满意感是顾客关于品牌作为"物"刺激的直接反应，顾客更多是在认知层面建立起与品牌的情感关系。依恋感是顾客把自己与品牌作为"人"关联起来的认知和情感连接强度，把顾客与品牌的情感关系扩展到了心理层面，是顾客内在的自我—品牌关联情感。这种内在关联越强，顾客与品牌的关系就越稳定。那么，即使在即时的、直接反应式的满意感比较低的情况下，由于依恋感的存在，顾客依然会与品牌保持良好的关系。此时，针对顾客的忠诚行为（持续购买），依恋感对于满意感来说起到补充的作用。另外，Haumann 等（2014）通过对比分析之后发现，相对于满意感，认同感对于忠诚和支付意愿的影响不管在时间维度还是竞争环境维度上都更稳定。Haumann 等（2014）认为，初期顾客满意感对于忠诚和支付意愿的影响要强于认同感，但随着时间的推移，满意感影响的消退速度非常快，甚至变得无关紧要；相反，认同感影响的消退速度要慢得多，认同感的影响显得很稳定。也就是说，满意感在短期内相对来说更有效，然而由于认同感的稳定性，长期来看认同感对顾客忠诚行为的影响效果更加有效，即使此时满意感已经消退到很低水平。另外，满意感相比于认同感对市场竞争强度的敏感性要更强。在市场竞争激烈的情况下，满意感影响的消退速度更加迅速。相反，认同感大体上受到竞争强度的影响很小。本节认为，认同感和满意感的差异性，使得认同感成为满意感的重要补充。

总的来说，在激烈的竞争环境下，企业自身或者竞争者都会面临一些负面的、降低用户满意度的情况。交互补充性关系体现在满意度低的情况下，依恋感和认同感对满意感正起到保护、补充作用。因为依恋感和认同感相对来说是更深层次、更加持久稳定的情感，当满意感这种浅层次、直接反应式的情感受到威胁时，基于与品牌长久稳定关系的依恋感和认同感就会起到弥补满足感不足的作用。

五、用户三元情感与口碑传播

（一）顾客满意

如表 4-6 所示，以往关于满意对行为影响的研究比较多，满意对用户的持续购买及口碑传播都有积极的影响。在社会化媒体时代，企业的追求是消费者既买又说。消费者由满足带来的愉悦感有可能促进他把这种情感表达出来，更加强化情感的满意，即通过行为强化情感。很多研究指出，顾客满意是导致顾客忠诚，如重复购买、口碑、支付意愿等的主要原因。因此，顾客忠诚是由顾客满意决定的，顾客满意是顾客行为倾向的直接影响者。本书认同这样的看法，故不提假设。

表 4-6　顾客满意、品牌依恋和品牌认同之间的概念差异

比较内容	顾客满意	品牌依恋	品牌认同
概念	消费者对产品或服务购买后的评价取决于购买前的期望与实际表现的一致性	品牌依恋是联结消费者自身和品牌之间认知和情感纽带的强度	顾客感知、感觉和评价归属于特定品牌的心理状态
测量	功能性比较	品牌表现自我情感的程度	品牌形象与自我相关性比较
内涵	产品满意、服务满意、品牌满意	消费者感知情感与产品的关联性	消费者与品牌之间的心理连接
情感模式	直接反应式	内生关系式	社交归属式
基础理论	预期不一致理论	依恋理论	社会身份理论
触发机制	达到或超越期望	满足自主—关联—能力基本需求	满足自我定义需求
情感关系	基本情感	满意感的交互补充	满意感的交互补充
消费者关系强度	短暂、不稳定	持久、稳定	持久、稳定
结果	购买、口碑	购买	口碑

（二）品牌依恋

依恋是一个以关系为基础的构念，反映个体与特定对象相联结的情感纽带。最初的依恋理论主要是研究儿童与父母、伴侣等人与人之间的情感纽带关系。依恋会使个体产生寻求亲近的行为，通过亲近依恋对象可以让个体获得安全感。但失去或与依恋对象的分离则会让个体感到伤心和痛苦，所以依恋对个体行为的影响非常显著，特别是在个体认为形成依恋后可以更有效地满足其需求的时候。后有学者认为人的依恋对象不仅仅是同类，还可以扩展到物。据此 Schultz 等（1989）把依恋概念引入市场营销领域，用来研究消费者与品牌的关系。品牌依恋是联结消费者自身和品牌之间的认知和情感纽带（Belk et al.，1988；Wallendorf and Arnould，1988）。品牌依恋对消费者的品牌承诺和溢价购买等品牌忠诚行为有很好的预知能力，也就是说，顾客对品牌的依恋会促进对品牌的购买。消费者对产品或品牌形成较强程度的情感依恋可以使其有效地抵抗新产品的诱惑，削弱其他产品提供的利益优势。同时，关系伙伴较强程度的依恋还可以抑制其冲动反应，从而产生一些破坏性行为，以及提高消费者继续保持长期关系的意愿，消费者会较容易原谅品牌或产品的失误，并忽视产品或品牌的一些负面信息（Rusbult et al.，1991）。而且消费者对产品或品牌的依恋越强，基于依恋对品牌的承诺水平就会越高，消费者就愿意承受更高的购买价格，也就是说，消费者对产品或品牌的依恋可以积极地影响消费者对溢价支付的意愿，消费者在暂时购买不到这种产品或品牌时会选择延迟购买。以上研究表明，消费者对产品或品牌的负面信息进行抵抗时，也就是消费者的满意度相对低的时候，消费者还是愿意保持与产品的这种良好关系，此时品牌依恋起到了很重要的补充作用。因此，消费者情感依恋对其行为和态度的影响可以有效地促进消费者的重复购买，减少顾客保留的成本，使企业可以保持稳定增长的收益。因此提出假设：品牌依恋对用户的持续购买行为具有正向影响；在低满意感情况下，品牌依恋会对持续购买行为起到补充促进作用。

（三）品牌认同

品牌认同是顾客感知、感觉和评价归属于特定品牌的心理状态。品牌认同是顾客把品牌及其形象内化、融合的过程，体现顾客的归属感。品牌认同的基础是身份，而品牌代表某种社会身份，这种身份为具有相同兴趣爱好的顾客群体所认可。对于消费者来说品牌代表与自我相关的社会范畴，品牌具有积极的、富有吸引力的、有意义的社会身份，某种程度上满足了消费者的自定义需求。基于品牌的这种社会身份，消费者把品牌看成一种伙伴关系，而这种伙伴关系对于消费者的个体自我和社会自我来说很重要。对于个体自我，品牌使消费者定义他们是谁；对于社会自我，品牌使消费者把自己看成认同同一品牌群体的一部分。从认知角度看，消费者感知自我与品牌的相似、重合程度，也就是某种特定群体的身份感知。对于价值和情感，消费者基于此身份能意识到其所具有的价值和情感意义，如自我增强和归属感。因而，这种认同感会促进顾客与品牌、顾客与顾客之间的交流。

以往研究指出，品牌认同会导致积极的结果，如促进顾客产生角色内和角色外行为。角色内行为有产品使用、重复购买、支付意愿等；角色外行为有线上线下口碑、顾客招募、负面信息抵抗、顾客建议及抱怨等。虽然很多研究指出，品牌认同对顾客购买、行为忠诚具有积极影响，但也有学者认为认同和顾客购买与忠诚没有关系。而且，关于品牌认同与口碑传播行为关系研究的结果非常一致，都认为品牌认同对口碑传播具有积极影响。本书认为，品牌认同是用户与产品形成一种社交归属式情感，即用户以产品或品牌为载体与其他用户建立关联，来丰富用户自身的社会自我。这种认同感更多强化社会群体的意识、用户间交互，似乎会导致更多的用户交流。另外，认同感对负面信息抵抗、顾客建议及抱怨都具有积极影响，表明在顾客满意感比较低的时候，消费者还是愿意与品牌保持良好的关系，此时认同感对于满意感来说起到了很好的补充作用。因此提出假设：品牌认同对用户的口碑传播行为具有正向影响；在低满意感情况下，品牌认同会对口碑传播行为起到补充促进作用。

（四）顾客感知价值

满意感是基于消费者对于产品或服务的价值感知，是消费者的基本需求得到满足之后的情感反应。根据上述关于三种情感划分标准及补充强化关系的讨论，本节认为基本价值诉求的满足是消费者品牌情感形成的基础。从情感累积视角来看，消费者与品牌的情感关系的价值基础，存在一个从功能性价值到象征性（体验性）价值的累积过程。Park 等（2006b）提出了基于资源观的品牌依恋模型，指出品牌依恋的形成基于消费者关于品牌的功能、享乐及象征性需求的满足。Lam等（2012）发现，感知质量（价值）与品牌认同之间具有积极关系，认为品牌认同是品牌的功能性价值和象征性（体验）价值的函数。因此，本节把消费者感知品牌价值作为消费者品牌情感激发的前置因素。

用户对产品的情感建立在对产品价值认可的基础上。如上文分析所示，消费者情感要通过刺激物激发。在营销学领域，营销者通常采用两种方式激发个体情感：一是通过某些环境要素设计，促使个体在进行评价和决策之前就进入某种情感状态，进而影响其后续反应；二是通过产品或服务直接激发个体的某种情感，并影响其后续反应（Bitner，1992；Chang and Pham，2013）。本书所探究的三种情感属于受到品牌刺激产生的一体化情感，因此主要分析第二种类型的情感激发模式。根据 Han 等（2007）提出的评价倾向框架理论，情感的产生与特定的认知和刺激过程有关。Norman（2003）指出，产品的设计可以强化消费者对产品的认知并激发情感。他认为，产品从三个层面上刺激消费者：一是本能（visceral）层面，如通过外观、触觉等初步形成关于产品特征的认知；二是行为（behavioral）层面，如通过产品功能、效用及使用的愉悦感等形成关于产品功能性价值的认知；三是反射（reflective）层面，如通过产品的符号、形象等形成关于产品体验性价值的认知。本节认为，以上三个层面体现了产品的功能属性价值和体验价值。以往研究分析了功能和体验属性价值对消费者情感的影响。本节认为，消费者对品牌或产品的认知是在与品牌或产品的长期互动中形成的，在互动中消费者感受到品牌所带来的价值，这些价值既有功能性的也有体验性的。品牌的体验（享乐）价值包括为消费者提供体验价值的一些功能、美感设计。品牌的功能价值是指品牌的功能等一些工具性、实用性价值。Holbrook 和 Hirschman（1982）从体验的视角出发，强调除功能性要求之外，顾客在消费过程中所得到的愉悦和美感等体验也十分重要，顾客是通过功能和体验两方面进行价值判断的。由于本节将体验型产品作为研究对象，消费者对于体验型产品的价值诉求主要体现在产品的功能价值和体验价值上。功能价值指产品为用户提供的实用性利益；体验价值指产品为用户带来的视觉享受及内在愉悦性体验利益。

当品牌提供功能性资源并使之与消费者自我相关时，会促进消费者自我效能感的提升和期望目标的实现。消费者会对满足自我、实现自我和丰富自我需要的品牌产生依恋。认同的基础是身份，并且个体还要感知到此身份所带来的价值和情感意义。这种价值体现在产品的使用中，由于本节采用体验型产品作为研究对象，其身份价值更多体现在顾客的产品体验中，这种价值包括功能性价值和体验性价值。另外 Lam 等（2012）的研究指出，基于品牌功能性价值和社会价值的顾客—品牌关系质量正向影响品牌认同。而且，以往研究认为情感会对消费者的行为起到中介传导的作用，因此提出假设：品牌依恋对用户感知的价值与持续购买行为之间的关系起到中介作用；品牌认同对用户感知的价值与口碑传播行为之间的关系起到中介作用。本节研究框架如图 4-6 所示。

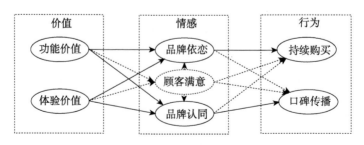

图 4-6　本节研究框架

框架涉及"满意"的作用路径均用虚线表示

（五）实证检验

1.数据样本

本节选定国内某保健酒品牌用户作为研究对象，总共收集有效问卷 313 份，剔除数据不完整或同一选择的问卷，最终合格问卷 256 份。本节选取国内某保健酒品牌作为研究对象，其顾客群体以男性为主，其中男性用户 244 人，占 95.3%。

2.结构方程模型

本节利用 SmartPLS 软件对研究模型进行分析，模型路径系数检验结果如图 4-7 所示。

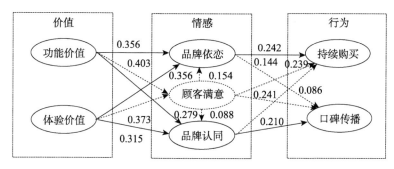

图 4-7　模型路径系数检验结果

框架涉及"满意"的作用路径均用虚线表示

接着对模型进行 Bootstrap 检验，检验结果如表 4-7 所示。在模型路径分析步骤中，本节同时分析了顾客满意×品牌依恋和顾客满意×品牌认同的交互影响效果。根据表 4-7 的数据，品牌依恋与持续购买显著相关，顾客满意×品牌依恋对持续购买作用的交互路径系数为-0.231 且显著，说明在满意感低的情况下，品牌依恋会对消费者的持续购买行为产生补充强化作用；品牌认同与口碑传播显著性相关，在满意感低的情况下，顾客满意×品牌认同对口碑传播作用的交互路径系数为-0.187 且显著，说明品牌认同对消费者的口碑行为产生补充强化作用。

表 4-7　路径系数 t 检验结果

作用路径	初始样本	均值	标准差	标准误	t 值
体验价值→品牌依恋	0.356	0.359	0.055	0.055	6.427
体验价值→顾客满意	0.373	0.375	0.0545	0.055	6.811
体验价值→品牌认同	0.315	0.319	0.075	0.075	4.217
品牌依恋→口碑传播	0.144	0.150	0.096	0.096	1.502
品牌依恋→持续购买	0.242	0.239	0.099	0.099	2.439
功能价值→品牌依恋	0.356	0.359	0.055	0.055	6.474
功能价值→顾客满意	0.403	0.402	0.068	0.068	5.930

续表

作用路径	初始样本	均值	标准差	标准误	t 值
功能价值→品牌认同	0.279	0.282	0.062	0.062	4.476
顾客满意→品牌依恋	0.154	0.151	0.056	0.056	2.769
顾客满意→口碑传播	0.241	0.224	0.073	0.073	3.297
顾客满意→持续购买	0.239	0.227	0.061	0.061	3.923
顾客满意→品牌认同	0.088	0.086	0.063	0.063	1.411
顾客满意×品牌依恋→ 持续购买	−0.231	−0.263	0.059	0.059	3.932
顾客满意×品牌认同→ 口碑传播	−0.187	−0.232	0.076	0.076	2.466
品牌认同→口碑传播	0.210	0.204	0.084	0.084	2.514
品牌认同→持续购买	0.086	0.088	0.082	0.082	1.049

本节的中介检验参照 Vinzi 等（2010）提出的利用 SmartPLS 软件分析结构方程模型的方法，以 Bootstrap 方法求得品牌依恋和品牌认同两个间接效果的标准误，然后利用 Sobel 检验验证间接效果的显著性。品牌依恋和品牌认同两个间接效果的标准误差可以从总效应统计表中获得，如表 4-8 所示。本节的中介假设只涉及品牌依恋和品牌认同在顾客感知价值和顾客持续购买、口碑传播之间分别起到的中介作用。因此，本节只检验品牌依恋对顾客感知价值与持续购买、品牌认同对顾客感知价值与口碑传播的中介效果。根据表 4-8 的结果，体验价值和功能价值对持续购买具有直接影响，t 值分别为 6.828（p=0.000）、6.420（p=0.000）。体验价值→品牌依恋、品牌依恋→持续购买以及功能价值→品牌依恋、品牌依恋→持续购买的 Sobel 检验结果分别为 3.592（p=0.0003）、3.60（p=0.0003），说明品牌依恋在顾客感知价值和持续购买行为之间起到部分中介作用；体验价值→品牌认同、品牌认同→口碑以及功能价值→品牌认同、品牌认同→口碑传播的 Sobel 检验结果分别为 2.322（p=0.0202）、2.300（p=0.0214），说明品牌认同在顾客感知价值和口碑行为之间起到部分中介作用。

表 4-8   总效应结果

作用路径	初始样本	均值	标准差	标准误	t 值
体验价值→品牌依恋	0.408	0.410	0.050	0.050	8.178
体验价值→口碑传播	0.220	0.218	0.035	0.035	6.375
体验价值→持续购买	0.216	0.215	0.032	0.032	6.828
体验价值→顾客满意	0.373	0.373	0.054	0.054	6.939
体验价值→品牌认同	0.346	0.352	0.066	0.066	5.207
品牌依恋→持续购买	0.292	0.287	0.073	0.073	4.023
品牌依恋→品牌认同	0.638	0.638	0.067	0.067	9.522

续表

作用路径	初始样本	均值	标准差	标准误	t 值
功能价值→品牌依恋	0.421	0.422	0.051	0.051	8.305
功能价值→口碑传播	0.221	0.215	0.037	0.037	5.976
功能价值→持续购买	0.223	0.219	0.035	0.035	6.420
功能价值→顾客满意	0.402	0.403	0.066	0.066	6.076
功能价值→品牌认同	0.310	0.310	0.062	0.062	4.992
顾客满意→品牌依恋	0.157	0.152	0.055	0.055	2.854
顾客满意→口碑传播	0.285	0.268	0.069	0.069	4.157
顾客满意→持续购买	0.287	0.272	0.056	0.056	5.101
顾客满意→品牌认同	0.090	0.087	0.062	0.062	1.450
顾客满意×品牌依恋→持续购买	−0.233	−0.266	0.059	0.059	3.973
顾客满意×品牌认同→口碑传播	−0.190	0.236	0.080	0.080	2.385
品牌认同→口碑传播	0.215	0.211	0.083	0.083	2.606

通过以上结构方程分析，本节的假设得到初步验证。品牌依恋（$\beta=0.242$，$t=2.439$，$p=0.015$）对用户的持续购买行为具有正向影响，品牌认同（$\beta=0.210$，$t=2.514$，$p=0.012$）对用户的口碑传播行为具有正向影响。中介检验分析结果显示，品牌依恋和品牌认同在顾客感知价值之间起到部分中介的作用。顾客满意×品牌依恋（$\beta=-0.231$，$t=3.932$，$p=0.000$）和顾客满意×品牌认同（$\beta=-0.187$，$t=2.466$，$p=0.014$）交互效应分别对用户的持续购买行为和口碑传播行为具有负向的影响。初步说明在顾客满意度低的情况下，品牌依恋和品牌认同对满意感具有保护补充作用。

3. 补充分析

在结构方程模型分析中，研究对象是 A 酒的顾客，其顾客群体主要以男性为主（男=244，95.3%）。考虑到本节选取的酒类品牌比较单一，研究对象主要以男性为主，有一定的偏差且不具典型性，为进一步验证模型在其他品牌的适用性和样本的有效性，本节补充了一个调查研究，补充研究扩展了研究对象以及所研究的产品类型，主要分析顾客满意和品牌依恋、顾客满意和品牌认同的交互效应。这次实验没有指定具体的品牌为研究标的，要求被试者回忆自己体会最深的品牌，然后将跟上文一样的问卷稍作修改，用来测量被试对目标品牌的情感及忠诚行为意愿。被试者报告的目标品牌包括手机、服装、首饰、巧克力、香水等品牌。问卷总计发放 200 份，剔除没有报告目标品牌等不合格问卷，有效问卷 162份，有效率为 81%。最终获得测试者中男性 74 人（45.7%），女性 88 人（54.3%）。从年龄结构上看，18~24 岁 15 人（9.3%），25~34 岁 56 人（34.6%），

35~44岁77人（47.5%），45~54岁12人（7.4%），55岁及以上2人（1.2%）。

交互效应检验采用 2（顾客满意：高，低）×2（品牌依恋/品牌认同：高，低）设计分析，利用 SPSS 软件的多因素方差分析分别对假设进行检验。首先，进行顾客满意（高，低）×品牌依恋（高，低）的交互效应分析。主体间效应检验结果显示，模型（F=13.16，$p<0.01$）具有统计学意义。顾客满意（F=12.32，$p<0.01$）、品牌依恋（F=4.31，$p<0.05$）对持续购买影响的主效应显著，以及顾客满意×品牌依恋（F=5.10，$p<0.05$）对持续购买的主效应显著，如图4-8所示。

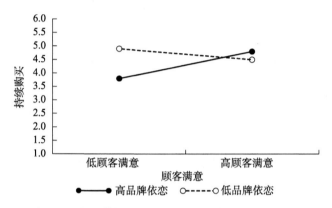

图 4-8　顾客满意和品牌依恋对持续购买的交互作用

进一步做简单效应分析，如表 4-9 所示。结果发现，当低顾客满意时，相比于低品牌依恋的用户，高品牌依恋的用户体现出更高的持续购买意愿（$M_{高品牌依恋}$=4.40，$M_{低品牌依恋}$=3.85，$F(1,158)$=15.73，$p<0.01$）。然而，在高顾客满意时，低品牌依恋和高品牌依恋的用户在持续购买意愿方面得分没有明显差异（$M_{高品牌依恋}$=4.56，$M_{低品牌依恋}$=4.58，$F(1,158)$=0.01，$p>0.05$）。这说明只有在低顾客满意的情况下，顾客满意和品牌依恋才会存在负向交互效应，而在高顾客满意的情况下这种交互效应并不存在。这也说明顾客满意对于用户来说是最基础、最重要的情感模式，对于用户购买行为具有重要的促进作用。多因素方差分析结果进一步验证了假设，这与结构方程模型检验结果一致。

表 4-9　顾客满意（S）和品牌依恋（A）对持续购买的影响

因变量	低顾客满意						高顾客满意						F	p
	低品牌依恋		高品牌依恋		F	p	低品牌依恋		高品牌依恋		F	p	（S×A）	（S×A）
	均值	标准差	均值	标准差			均值	标准差	均值	标准差				
持续购买	3.85	0.08	4.40	0.11	15.73	0.00	4.58	0.19	4.56	0.09	0.01	0.91	5.10	0.025

其次，进行顾客满意（高，低）×品牌认同（高，低）的交互效应分析。主体间效应检验结果显示，模型（$F=12.72$，$p<0.01$）具有统计学意义。顾客满意（$F=17.44$，$p<0.01$）、品牌认同（$F=7.11$，$p<0.01$）对口碑传播影响的主效应显著，以及顾客满意×品牌认同（$F=3.92$，$p<0.05$）对口碑传播的主效应显著，如图4-9所示。

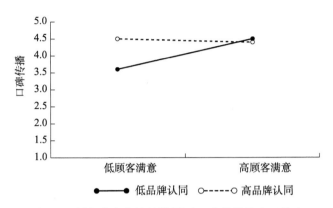

图 4-9　顾客满意和品牌认同对口碑传播的交互效应

进一步做简单效应分析，如表 4-10，结果发现，在低顾客满意的情况下，相比于低品牌认同的用户，高品牌认同的用户表现出更高的口碑传播意愿（$M_{高品牌认同}=4.20$，$M_{低品牌认同}=3.65$，$F(1,158)=15.94$，$p<0.01$）。然而，在高顾客满意的情况下，低品牌认同和高品牌认同的用户在口碑传播意愿方面得分没有明显差异（$M_{高品牌认同}=4.41$，$M_{低品牌认同}=4.33$，$F(1,158)=0.18$，$p>0.05$）。这说明只有在低顾客满意的情况下，顾客满意和品牌认同才会存在负向交互效应，而在高顾客满意的情况下这种交互效应并不存在。这也说明了满意感对于用户来说是最基础、最重要的情感模式，对于用户口碑行为具有重要的促进作用。

表 4-10　顾客满意（S）和品牌认同（I）对口碑传播的影响

因变量	低顾客满意						高顾客满意						F (S×I)	p (S×I)
	低品牌认同		高品牌认同		F	p	低品牌认同		高品牌认同		F	p		
	均值	标准差	均值	标准差			均值	标准差	均值	标准差				
口碑传播	3.65	0.65	4.20	0.66	15.94	0.0	4.33	0.59	4.41	0.62	0.18	0.67	3.92	0.049

4. 讨论

研究发现，顾客情感是企业与顾客关系质量的重要衡量指标，很多企业把促进消费者建立与企业的强情感关系作为目标。在社会化时代，企业的营销活动既要促进消费者的购买行为，又要促进消费者的口碑传播行为。以往关于品牌忠诚的研究把持续购买和口碑传播两种忠诚行为一起讨论，消费者的忠诚行为到底是由什么引起的，什么样的因素会导致持续购买，什么样的因素会导致口碑传播，还不是很清楚。因此，企业要同时关注消费者的购买行为和口碑行为。以往的研究指出顾客满意是顾客忠诚的基础前提，顾客满意是用户对产品直接价值的直接反应式情感，是用户的感知价值超出了预期价值的愉悦感。消费者与品牌的情感还有更加丰富的情感方式，比如说消费者会产生一种内生的关系式情感，如品牌依恋。品牌依恋是消费者与品牌的互动中产生的一种自我关联的、具有强关系的情感依赖，依恋会强化用户购买行为。用户与产品还会形成一种社交归属式情感，即以产品和品牌为载体的与其他用户建立的关联，从而丰富了用户自身的社会自我。社会认同更多地强调社会群体意识、用户间交互，似乎会导致更多的用户交流，它与满意情感是不是会同时强化口碑传播的作用，以往研究没有做清晰说明。更进一步的问题是，当用户拥有这三种情感以后，整体会对用户产生什么样的作用。用户的多元情感是补充强化还是相互替代，或者哪种情感更有利于持续购买和口碑传播，或者企业有没有必要培养用户的多元情感（因为用户情感的培养既费时又费力），用户与品牌之间的情感是单一模式好还是多元模式好等也有待深入研究。本节为以上问题提供了一个比较清晰的答案。

第一，品牌依恋对行为的影响具有针对性。品牌依恋对顾客的持续购买行为具有积极的正向影响。因为对品牌的依恋使消费者希望亲近品牌或产品，如果失去或离开了品牌，顾客会觉得失去了信任感或安全感，品牌依恋会促使消费者通过购买产品来避免信任感或安全感的缺失。然而本节发现，品牌依恋对顾客的口碑传播行为影响不显著，这可能是由于依恋感更多体现用户与品牌之间的一种一对一的依赖关系，其社交属性相对较弱。结合结构方程模型分析以及后续的多因素方差分析结果，在低顾客满意的情况下，品牌依恋会对顾客满意起到保护、补充的作用。通过顾客满意与品牌依恋的交互分析发现，当低顾客满意的时候，对于持续购买行为，品牌依恋会起到很大的补充强化作用，弥补低顾客满意的不足，且这种交互效应对不同的品牌同样适用。

第二，品牌认同对行为的影响也具有针对性。品牌认同对顾客的口碑传播行为具有积极影响。品牌认同使得顾客把自己看成认同同一品牌群体的一部分，强化社会自我的概念，这种社会自我认知有助于顾客与其他消费者进行交互、交流、强化归属感。此外本节发现，品牌认同对顾客的持续购买行为的影响不显著，原因可能是品牌认同更多体现为社交归属属性，这有利于用户之间的分享与交流。结合结构方程模型分析以及后续的多因素方差分析结果，在低顾客满意的情况下，品牌认同对顾客满意也起到保护、补充作用。通过顾客满意与品牌认同的交互分析发现，当低顾客满意时候，品牌认同会对口碑传播行为起到补充强化作用，弥补顾客满意低的不足。

第三，对体验型产品来说，顾客感知的功能价值和体验价值与顾客的持续购买行为和口碑传播行为具有显著直接关系。引入品牌依恋和品牌认同情感机制后，通过 Sobel 检验发现这种关系通过顾客情感的传导机制与顾客行为产生积极的关系，说明顾客情感在感知价值与行为忠诚之间起到部分中介传导作用。

本节的理论贡献体现在三个方面：第一，丰富了消费者品牌情感关系的研究。以往研究大多从单一视角分析消费者与品牌的情感关系。本节从消费者看待品牌的视角出发，总结了三种不同的品牌"对象"：物化的品牌、拟人化的品牌和纽带化的品牌。研究发现，不同品牌"对象"所对应的品牌情感有所差异。物化的品牌对应消费者的满意情感，拟人化的品牌对应消费者的依恋情感，而纽带化的品牌对应消费者的群体认同感。第二，深化了消费者品牌情感对品牌行为忠诚与口碑影响的研究。本节从多元情感角度进行研究，认为消费者与品牌的情感关系中，品牌依恋和品牌认同对顾客忠诚行为存在差异化影响。研究发现，品牌依恋更多地影响顾客的持续购买行为，品牌认同更多地影响顾客的口碑传播行为。另外本节还发现，顾客满意和品牌依恋、顾客满意和品牌认同之间存在补充关系。当出现负面消息或顾客满意降低时，顾客满意与品牌依恋及品牌认同的关系是一种补充关系，在低顾客满意的情况下，品牌依恋和品牌认同起到很好的补充作用。第三，拓展了价值体验的情感作用。本节发现，消费者品牌价值体验可以激发消费者的品牌情感关系。消费者需要长期互动，并对品牌产生深层次的认知，从互动过程中感知其功能价值和体验价值。消费者价值体验的满足激发了消费者对品牌的满意感、依恋感和认同感。

第三节　社会化传播策略的设计[①]

一、企业自媒体营销内容

随着移动互联网时代的兴起，微博、微信等一系列移动社交媒体将人们的生活织成了一张庞大的社交网络。社会化分享内容成为人们获取企业品牌和产品信

[①] 黄敏学, 雷蕾, 朱华伟. 2016. 谈钱还是谈情：企业如何引导消费者分享自媒体营销. 心理学报, 48（2）：211-220；黄敏学, 姚舜禹, 刘茂红. 2018. 自强还是自嘲？名人代言如何提升社会化媒体广告的营销效果. 心理学报, 50(8): 907-919；黄敏学, 王艺婷, 廖俊云, 等. 2017. 评论不一致性对消费者的双面影响：产品属性与调节定向的调节. 心理学报, 49(3):370-382.

息的一大主流渠道，对消费决策的影响不容小觑。在如此大的"影响力"面前，各企业纷纷踏上自媒体营销之路。有些企业在自媒体营销的道路上如有神助（如小米、杜蕾斯，拥有上百万的粉丝，帮助宣传产品活动），有些企业则止步不前。自媒体营销成功的关键是通过消费者影响其他消费者（Liu and Ying，2010），如何有效地激发消费者对企业信息的分享与传播决定着信息传播的广度与深度。既有研究已证实，消费者分享和传播的信息对其他消费者的产品态度及决策影响重大（Liu，2006），却少有研究探究影响消费者信息分享的前置变量，即什么因素会左右消费者的信息分享行为。本节将从社交网络中自媒体传播信息内容入手，通过引入消费者与企业的关系范式对如何促进消费者转发企业信息进行理论探讨。

（一）营销刺激内容——经济与情感

企业为达到营销目的，面向消费者采取的营销方式多种多样。实践中企业多通过价格促销等经济刺激或强化情感连接等情感刺激来影响消费者（Ryals，2005）。以往对经济刺激的研究，涵盖品牌价值、产品评价、购买意愿、购买行为和口碑推荐。张琴等（2013）指出，特定条件下价格因素可以弱化原产地效应给企业产品带来的不利影响。经济刺激（如价格折扣、代金券等）不仅能强化消费者的购买意愿，还能增加其购买行为（Dholakia，2000），强烈的经济刺激还能正向作用于口碑传播（于春玲等，2011）。也有学者指出，并非企业的经济刺激越强，消费者对产品的评价就越高（Koschate-Fischer et al.，2012）。

学者在研究情感刺激时发现，信息展现方式会触动消费者的情感反应，从而影响消费者对企业品牌和产品的评价（Goossens，2000）。情感刺激通过激发消费者的情感反应，提高其购买意愿（Adelaar et al.，2003）。Kumar 等（2015）在涉及产品设计和价值的信息表达中指出，情感因素价值更能激发消费者的品牌依赖。

经济刺激和情感刺激都能帮助企业达到营销目的，但是效果上又有所差异，到底哪一类刺激更有效呢？大量文献研究告诉我们，除了品牌价值和消费者个性，消费者与企业所处的关系范式也会影响到企业营销刺激的效果（Johnson and Grimm，2010）。因此，我们需要引入关系范式，探究关系范式如何影响消费者对不同信息刺激的分享意愿。

（二）关系范式与粉丝

企业与消费者之间关系的建立主要基于以下两大因素：经济因素和社会因素（Shen et al.，2011）。首先，Clark 和 Mills（1979）从是否期待获得利益的角度，将交易关系与共有关系区别开来。其次，两种关系范式下人们的心理模式和行为差异显著。交易关系范式下，人们认为付出需有所回报，其行为出于价值交换的感知与期待。共有关系范式下，很多行为是出于你好我也好的期待，类似于家人、朋友间的交往（Algoe et al.，2010）。最后，关系范式是群体性成员的关系定位，若能用营销刺激加以触发，相关群体的行为便能为固定的范式所主导（Aggarwal and Law，2005）。Aggarwal（2004）对这种现象提供了解释：消费过程具有社会性，消费者会与企业在经济关系之外建立社会关系。范式是消费者对自己与企业关系的定位，不同范式下的消费者面对营销刺激时表现不同（Doney and Cannon，1997）。

关系范式能为企业或者品牌带来什么？不同的关系范式导致不同的互动模式，左右着消费者对品牌的态度与购买行为（Blackston，2000）。Aggarwal（2004）证实了用小费等经济利益刺激共有关系范式下的消费者，会降低其品牌态度、品牌评价和相应行为。拓展到消费者评价中，Jarvenpaa 和 Leidner（1998）在研究中提到，消费者与企业品牌之间良好的关系模式，不仅能削弱消费者的感知风险，增加消费者的购买可能性，还能提升消费者的正面评价。

随着移动互联网时代的到来，社交网站成为人们必不可少的交流工具，人们形成了自己的社交网络。不少企业在这波浪潮中，开启自媒体模式，大力培养粉丝，利用粉丝的力量扩大传播的范围。例如，小米手机的粉丝宣传铺天盖地。粉丝用于描述个体对某一事物或者某一品牌、名人的关注与偏爱。粉丝与企业或者品牌之间的情感连接更为深厚，在企业营销活动中更活跃（Kozinets，1999）；他们在传递企业价值时，投入了更多精力，但是对于经济上的回报却要求较少（Lipsman et al.，2012）。将粉丝与企业的关系，类比到关系范式中，俨然是共有关系范式的表现。广泛查阅现有文献，少有研究能为不同关系范式下用户行为差异，尤其是用户利用自己的社交网络帮助企业品牌进行宣传提供解释机制。与顾客处于何种关系范式更利于企业自媒体营销传播？哪种营销刺激对交易关系范式更有效？哪种营销刺激对共有关系范式更有效？不同营销刺激下，消费者帮助企业进行自媒体信息分享的动机又是什么？我们需要对关系范式的激发和作用机制进行深入探讨，以回答上述问题。

（三）互惠原理、经济刺激与交易关系范式

Wu 等（2013）在关于互惠原理（reciprocity theory）的研究中指出，互惠规范是当一方给予另一方一些资源的时候，给后者建立了一种义务，后者需要对前者回报价值相当的资源。在现实生活中，我们经常能看到企业给予消费者一定利益以达到营销目的的行为。美团外卖首单减免、饿了么的优惠券、滴滴打车的红包券，刷爆了网民的社交网络，企业在自媒体营销活动中通过互惠原理，使用经济刺激给消费者建立回报企业的义务，能大大激发消费者的转发量。

Cropanzano 和 Mitchell（2005）的研究进一步指出，双方的相互交换决定了

互惠是否会发生。交易关系范式下，出于价值互换的期待和感知主导着人们的行为（Clark and Mills，1993）。该群体对价值互换较为敏感，一旦一方给予利益，另一方则会遵从范式的作用做出回报。现有研究中关于关系范式的影响也证实了这一点：处于交易范式下的群体，不仅会因为不用支付给餐馆员工小费而对餐馆的好感增加（Aggarwal，2004），还会因为可以获得物质奖励而产生更多的内容创造，有助于线上 App 的运营（Liu et al.，2012），更会为了获得企业奖励，主动宣传餐馆优势，进而提升企业线下口碑传播。由此可见，交易关系范式下的群体对小费、物质奖励和货币奖励这类经济因素上的刺激较为敏感。

综上，我们认为，当企业为消费者提供经济刺激（折扣、代金券或者现金）时，交易关系范式下的消费者会在互惠心理的驱动下（因为价值互换的期待和感知主导着交易关系范式下的消费者行为）出于帮助企业的动机而为企业宣传，从而提升企业营销推广内容的转发量，即企业自媒体谈钱（经济刺激）时，更有利于信息被交易关系范式下的消费者所分享；利于企业动机是经济刺激下消费者帮助企业（信息发出者）分享信息的中介变量。

（四）社交网络媒体、情感刺激与共有关系范式

社交网络媒体（social network media）的出现改变了企业和消费者的沟通模式，企业可以在媒体上与消费者直接互动，消费者群体内部也能相互交流（Jansen et al.，2009）。Bakshy 等（2011）在研究中提到，推荐与互动是社交网络媒体商务的内在核心，也是企业经营自媒体营销的目标。如何在社交网络平台上提升受众的传播率呢？前人研究显示，共有关系范式下经济刺激的作用有限。Luarn 等（2013）在提升社交网络资讯传播意愿的研究中推荐一条路径——叙事情、讲故事、激情感。情感会让故事和叙事型文字更具感染力和影响力（Delgadillo and Escalas，2004），在故事营销中至关重要（West et al.，2004）。那么社交网络中，情感类信息如何触动消费者的信息分享行为呢？

Israel（2009）指出，粉丝关注并转发评论微博，在没有经济报酬的情况下，为企业说好话做好事，恰如共有关系范式的定义。共有关系范式下，人们给予利益不仅考虑到自己的需求也兼顾他人的需求与利益（Clark and Mills，1993）。首先，共有关系的消费者对企业的行为有较少的经济利益期待，这导致他们对经济类信息较不敏感；其次，共有关系的消费者本身与企业建立了较强的情感联系，他们对企业情感类信息更为敏感；最后，情感类信息所蕴含的情感价值也更契合消费者对企业的价值期待。由此，本节提出企业情感类信息更容易激发共有关系范式下的消费者的分享意愿与行为。

那么，共有关系范式消费者分享情感类信息的动机是什么呢？启动效应

（priming effect）理论指出，顾客与企业之间的关系范式作为一种关系处理规范，一旦启动，其会影响消费者处理与企业其他消费者之间的关系（Cesario et al.，2006）。因此，如果消费者与企业建立共有关系范式，在处理与企业其他消费者的关系时很可能受到这一范式启动的影响，因而也采用共有关系范式，即会考虑到信息接收者的利益而分享信息。此外，用户在社交网络上进行信息分享，一个不可忽视的原因是便于自己与其他用户互动。Lee 等（2011）在研究社交网络品牌社区中粉丝的分享传播动机时指出，利于他人的社交动机与粉丝的分享和互动正相关，即互动分享一是出于对其他人有价值，二是便于自己构建社交关系。粉丝参与品牌社区交流，为品牌或者企业传递信息时，利于他人且便于自己与他人社交的动机起着不可忽视的作用（Ligon and Schechter，2012）。

综上，我们认为，在社交网络媒体上，企业情感类信息更容易激发粉丝（共有关系范式顾客）的分享意愿。从动机的视角来看，这种社交媒体上粉丝的传播行为多出于利他（信息接收者的利益和需求）动机和利己（信息转发者的社交互动）动机。企业自媒体谈情（情感刺激），更利于信息被共有关系范式下消费者所分享；利己（信息转发者）动机是共有关系范式下的消费者帮助企业进行信息分享的中介变量；利他（信息接收者）动机是共有关系范式下的消费者帮助企业进行信息分享的中介变量。综上，营销刺激对信息传播影响的研究框架如图 4-10 所示。

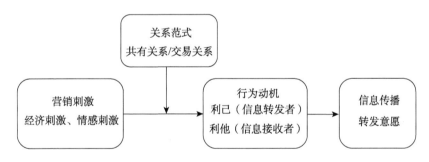

图 4-10　营销刺激对信息传播影响的研究框架

（五）实证分析

为了探究营销刺激对不同关系范式消费者在社交网络上反应的影响，本节在网络社交媒体上抓取数据，初步探索企业自媒体信息对信息转发和评论的交互影响。然后选取 25 名某高校样本进行访谈，以厘清关系范式与粉丝之间的对应关系。

1. 社交网络媒体数据收集

我们在微博上随机抓取了 20 家企业官方微博的微博内容、转发量、转发用户是否关注博主、评论量及评论用户是否关注博主。在抓取的微博内容中，根据文本分析与编码的方式将情感类信息和经济类信息区别开来。情感类信息如肯德基的"绵绵情话不好意思讲出口？那就在寒冷的冬天，用一个甜蜜温暖的红豆派来表达你对 TA 的浓浓爱意，这个新技能你 get 到了吗？"，经济类信息如皇冠蛋糕的"2014 年最后一个月啦，跟小编一起嗨起来吧！从现在开始使用支付宝购买产品可以打 9 折优惠，双十二当天全场五折（支付宝优惠金额可达到 20 元），有会员卡的亲还可以享受折上折哦。就是这样任性，你们觉得呢？"。

本书搜集的 20 家企业微博，样本数据包含企业微博名称、信息类别、粉丝（非粉丝）总数、评论粉丝（非粉丝）数、转发粉丝（非粉丝）数。

2. 数据分析

我们对比分析了粉丝与非粉丝对企业信息的转发和评论行为的差异。粉丝的绝对值分析：分析对企业情感类信息与经济类信息评论和转发量中粉丝数与非粉丝数的差异。图 4-11 的分析结果显示，无论是评论粉丝数（$M_{情感} = 29$，$M_{经济} = 26$，$F(1,39)= 0.78$，$p = 0.78$，n.s.）、转发粉丝数（$M_{情感} = 30$，$M_{经济}=26$，$F(1,39)= 0.173$，$p = 0.68$，n.s.）还是粉丝总数（$M_{情感} = 58$，$M_{经济} = 53$，$F(1,39)= 0.156$，$p = 0.7$，n.s.），在情感类信息和经济类信息上都无显著差异。非粉丝对情感类与经济类信息的转发量没有显著差异（$M_{情感}=12$，$M_{经济}=28$，$F(1,39)= 3.27$，$p=0.08$，n.s.）；但是他们对两类信息的评论人数呈现显著差异（$M_{情感}=7$，$M_{经济}=19$，$F(1,39)=5.04$，$p=0.03$，Cohen's $d=-0.71$），进而导致对经济类信息转发和评论的非粉丝数远高于对情感类信息转发和评论的非粉丝数（$M_{情感}=19$，$M_{经济}=47$，$F(1,39)= 6.51$，$p = 0.01$，Cohen's $d = -0.80$）。

粉丝的相对值分析：粉丝的相对值分析是指粉丝与非粉丝对情感类和经济类信息评论和转发的比率。图 4-11 的分析结果显示，针对情感类和经济类信息评论中的评论粉丝率（$M_{情感}=78\%$，$M_{经济}=53\%$，$F(1,39)= 8.32$，$p=0.006$，Cohen's $d = 0.91$）和总人数中的粉丝率（$M_{情感} = 76\%$，$M_{经济} = 53\%$，$F(1,39)= 86.44$，$p = 0.015$，Cohen's $d = 0.81$）差异显著；粉丝对情感类信息的评论率显著高于经济类信息。不同刺激下的评论非粉丝率（$M_{情感}=22\%$，$M_{经济}=47\%$，$F(1,39)= 8.32$，$p=0.006$，Cohen's $d = -0.91$）和总人数中的非粉丝率（$M_{情感}=25\%$，$M_{经济} = 47\%$，$F(1,39)= 86.44$，$p = 0.015$，Cohen's $d = -0.77$）差异显著，经济类信息下的微博评论中，非粉丝率要显著高于情感类信息。

3. 关系范式与粉丝访谈分析

研究者随机抽取 25 名被访者进行深度访谈，以明确粉丝与关系范式的对应关系。为保证研究结果的信度，研究者询问了被访者对粉丝的理解，确保访谈内容与研究主题相匹配。被访者需列举 1~2 个生活中最贴近于粉丝的对象和 1~2 个贴

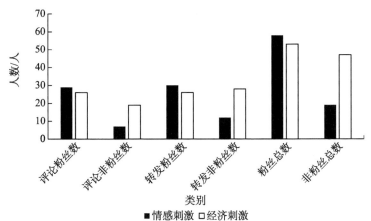

(a) 粉丝与非粉丝对不同刺激的评论和转发人数

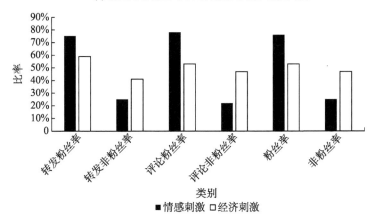

(b) 粉丝与非粉丝对不同刺激的评论和转发比

图 4-11 粉丝与非粉丝对不同刺激的评论与转发情况

近非粉丝的对象（研究者要求被试者列举的非粉丝对象中不要包含厌恶等因素以排除负面情绪、评价对结果的影响）。随后，研究者要求被试者从"家人、朋友和商人"中选择词语来刻画自己与谈论对象的关系状态。最后研究者采用 Aggarwal（2004）测量关系范式的维度，进行了深入挖掘。

大部分的受访者（$n = 22$）对于贴近粉丝的对象，选择了家人或朋友来描述其关系状态；非粉丝的对象，则（$n=21$）多选择商人关系。对于贴近粉丝的对象，大多被试者对于自己与对象之间的互动、关注谈论较多，如粉丝对象对自己的关怀（$n=20$）、认为贴近粉丝的对象更特别（$n=18$）、经常关注贴近粉丝的对象并进行互动（$n=23$）；只有部分（$n=10$）被试者认为产品、服务和专业技术是其认可贴近粉丝对象的首要原因。对于非粉丝的对象，谈论到非粉丝对象对自己的关怀（$n=5$）、认为贴近粉丝的对象更特别（$n=4$）、经常关注贴近粉丝的对象并进行互动（n=3）的被试者较少；大部分（n=24）被试者认为产品、服务和专业技术是其认可非粉丝对象的首要原因。

访谈中发现，共有关系范式维度在粉丝关系刻画上表现更好，交易关系范式维度在非粉丝关系刻画上表现更好，这一发现强化了关系范式与粉丝之间的对应关系。

4. 内在动机检验

实验中作者采用的是 3（营销刺激：新品宣传刺激，低折扣刺激，高折扣刺激）×2（关系范式：共有关系，交易关系）的因子矩阵设计。169 名来自某高校的大学生参加了实验，其中男性 81 人占 47.9%，女性 88 人占 52.1%，样本被随机分配到 6 个小组中。被试者均为大学生，样本年龄在 18~25 岁。

通过经典的情境刺激实验，操控被试者的关系范式和营销刺激（一家餐馆的口碑文章），最终作者发现关系范式对经济型刺激的调节效应：本节以转发意愿作为因变量，经济类信息刺激和关系范式作为固定因子，用单因素 F 检验来验证调节效应，详见图 4-12。关系范式×经济类信息刺激变量调节效应显著（R^2=0.11；$F(1,168)$=4.36，$p<0.05$）；相对于菜品信息的转发意愿，折扣刺激信息的转发意愿在共有关系范式中，差异并不显著（$M_{6.5折}$=3.71，$M_{8.5折}$=4.02，$M_{菜品}$=3.5；$F(1,74)$=0.856，p=0.43，ns）。折扣较高的信息更能激发处于交易关系范式中被试的转发意愿（$M_{6.5折}$=4.36，$M_{8.5折}$=3.42，$M_{菜品}$=3.56；$F(2,94)$=4.87，$p<0.05$，Cohen's d = 1.31）；被试者对 6.5 折营销信息的转发意愿要显著高于菜品信息，即在经济刺激足够强大的情况下，交易关系范式的消费者信息转发意愿更为强烈，支持了前文的分析假设。

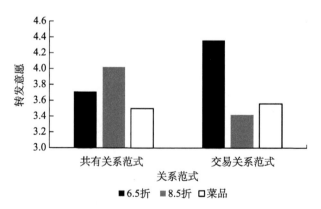

图 4-12   关系范式下被试对不同信息刺激的转发意愿

利于企业（信息发出者）动机的中介效应（表 4-11）：首先，研究者用经济类信息刺激、关系范式、经济类信息刺激×关系范式对转发意愿进行了回归，得出经济信息刺激×关系范式系数（β=0.55，$p<0.05$）显著。其次，用经济类信息刺激、关系范式、经济类信息刺激×关系范式分别对利于企业动机、利己动机和利他动机进行回归，发现在对利于企业动机的回归中，经济类信息刺激×关系范式系数（β=0.52，$p<0.05$）显著。最后用经济类信息刺激、关系范式、经济类信息刺激×关系范式和利于企业动机对转发意愿进行逐步回归，得出：利于企业动机（β=0.34，$p<0.001$）与转发意愿正相关；经济类信息刺激×关系范式（β=0.37，$p>0.05$）对转发意愿的系数及显著性降低。这说明，对消费者进行经济类信息刺激时，利于企业动机是转发意愿的完全中介变量。类似地，研究者也对情感类信息刺激的内在动机进行了实验分析，结果支持了前文的分析假设。

表 4-11　利于企业动机中介效应检验

变量	模型 1	模型 2	模型 3	模型 4	模型 5
	转发意愿	利于企业动机	利他动机	利己动机	转发意愿
经济类信息刺激	0.45	0.57	0.15	0.16	0.25
关系范式	0.99	0.95	0.47	0.08	0.67
经济类信息刺激×关系范式	0.55*	0.52*	0.17	0.08	0.37
利于企业动机					0.34***
R^2	0.08	0.04	0.04	0.02	0.19

*表示 $p < 0.05$；***表示 $p < 0.001$

5. 结果讨论

以上数据结果告诉我们：在绝对人数上，不同刺激下的评论者和总人数中的非粉丝数差异显著，经济类信息更容易激发交易关系范式群体的转发评论行为。社交网络上的绝对数易受不同博主自身特质影响，研究者对相对数进行了分析。从粉丝的比率上来看，不同类型信息的评论粉丝率和转发粉丝率差异显著，情感类信息更容易激发共有关系范式群体的转发评论行为；不同刺激下的评论非粉丝率和转发非粉丝率差异显著，经济类信息更容易激发交易关系范式群体的转发评论行为；情感类信息更容易激发共有范式群体的转发评论行为，并且利他动机和利己动机分别在两种刺激中起到中介作用。

本节以企业信息刺激中的经济因素和情感因素作为切入点，丰富了企业信息传播机制的内容研究维度。在社会化营销背景下，本节扩大了关系范式对消费者行为的影响范围：消费者的社会化营销行为，不仅取决于营销刺激，还取决于与企业的关系范式。消费者社交网络上的社会化营销行为，是当前情景刺激与长期关系因素共同作用的结果。本节不仅为社会化营销提供了理论支持，还有助于将消费者在社交网络中的信息传播行为纳入长期关系的框架中进行考量。本节对不同关系范式下群体的分享动机进行了探究。共有关系范式群体关注自己与信息接收者社交互动，而交易关系范式群体则关注对企业进行回报。

企业在移动互联网氛围中进行营销活动时可以利用社交网络数据的可记录性和可追踪性，识别出顾客与企业所处的关系范式，来提高信息的传播率和到达率。企业对待交易范式顾客，从经济刺激入手，才能让企业信息走得更远；对于共有关系范式顾客，用情感类信息刺激，表达关怀，爱屋及乌，留住顾客的心。注重三维社交网络——企业、顾客、顾客的亲友。社交网络的有形性使得顾客做出任何外显行为都会考虑自身、亲友及与企业的关系三方面的因素。企业在营销策略上，"爱屋及乌"式的推广文案和顾客关怀，一方面利于强化现有顾客的黏性，另一方面也助于扩大企业信息的传播力和影响力。

二、名人代言语言风格

社会化媒体中，企业除了进行自媒体营销，也可借力于名人在社交媒体上的影响力，扩大企业知名度。以往关于名人广告的研究大多以传统媒体作为载体，传统媒体准入门槛高，并且制作过程需要得到相关部门的许可，因此传统的名人广告大多通过彰显自身的高社会影响力和权威性（自强型代言）进行营销传播（Dwivedi et al.，2016）。有些企业借此建立了良好的品牌形象（如香奈儿五号香水：瞬间的华彩，永恒的余韵，与我一起定义优雅！），但也有企业未达到宣传预期。为此，很多名人反其道而行之，利用社会化媒体低门槛、分散化、扁平化的特点，通过自我嘲讽来拉近和消费者的心理距离（自嘲型代言），利用自身的粉丝网络提升传播效果（Gong and Li，2017）。有些企业受益于这种代言方式（如广汽本田：从微博招贴小广告我一路走来，用浮夸的广告文案和做作的表演方式骗来了一叠又一叠的点击量。记得要去锋范快闪店，体验我的亲自上阵！），但有些企业采用此种代言方式却是弄巧成拙。那么，相对于自强型代言，自嘲型代言这种看似与正面口碑传播相矛盾的代言方式，到底是"弄巧成拙"，还是"妙笔生花"呢？

本节以社会化媒体中的名人代言为切入点，引入产品类型作为调节变量，验证名人代言和产品类型匹配对消费者口碑传播的影响，并深度挖掘自嘲型代言和自强型代言对消费者口碑传播的内在作用机制，试图探究名人代言风格的社会影响机制及其作用边界条件。

（一）名人代言风格与产品类型的匹配

名人代言指名人在履行和企业的商业契约过程中，借助广告向公众传播产品或服务的价值（Eisend and Langner，2010）。名人代言能为企业带来差异化竞争优势，是因为消费者认为名人代言的产品具有更高的功能价值和社会价值（Newman et al.，2011）。同时，当名人属性和品牌属性的匹配程度较高时，更能显著提升名人广告的传播效果（Mittelstaedt et al.，2000）。根据自我展示和表达风格，名人代言可分为自强型和自嘲型（Martin et al.，2003）。自强型表达风格是通过夸张自身的吸引力、专业水准等方式，提升自身的被信任感和社会影响力，自嘲型表达风格是通过开自己玩笑的方式，创造一种平等的人际关系（Gong and Li，2017；朱华伟等，2017）。有研究表明自强型代言能为企业创造巨大的经济价值和社会价值（Chung et al.，2013；Mishra et al.，2015）。也有学者认为名人采用自我嘲讽的表达方式，能带来有利的口碑传播价值（Chen et al.，2017；Chung and Cho，2017）。社会影响理论指出，意见领袖对消费者的影响，根据权威属性和亲社会关系的差异，会呈现出规范性影响和信息性影响（Iyengar et al.，2015）。受传统媒体的限制，以往的研究仅论证了自强型代言能带来更高的商业价值（Sääksjärvi et al.，2016），却很少关注自嘲型的亲社会表达行为产生的社会影响。对这两种表达风格的传播效果，缺乏一致性的研究结论。

有研究指出，名人广告能有效影响消费者对不同产品的品牌态度（Luo et al.，2010）。消费者对不同消费行为的可辩解性和属性认定存在差异，可辩解性指消费者会为自己的行为进行辩护，寻找合适的消费理由（Chen et al.，2017）。消费理由的建立基于对产品的属性认定，实用型消费由产品的信息属性驱动，享乐型消费由产品的体验属性和自身的一致性需要驱动（Crowley et al.，1992）。社会影响理论指出，规范性影响能驱动消费者的一致性需要，信息性影响能驱动消费者的准确性需要（van den Bulte and Stefan，2007），因此我们认为，实用型产品更多地通过信息性影响传播价值，享乐型产品更多地通过规范性影响传播价值。同时，自强型名人代言能够激发一致性的影响模式，驱动消费者的情感判别思维（Newman et al.，2011），自嘲型代言能够激发信息性的影响模式，驱动消费者的信息判别思维（Gong and Li，2017）。基于以上讨论，我们认为名人代言和产品的匹配存在交互效应。相对于实用型产品，名人采取自强型的广告代言，能让消费者对享乐型产品的口碑传播意愿更高；相对于享乐型产品，名人采取自嘲型的广告代言，能让消费者对实用型产品的口碑传播意愿更高。

（二）名人代言风格的社会影响机制

以往的研究验证了社会影响在名人代言、网络社区等领域存在的真实性（Iyengar et al.，2015）。Newman 等（2011）指出名人代言主要是通过夸大自身的专业素质和吸引力，利用名人本身的晕轮效应，让消费者产生想要和名人保持一致性的心理反应，这似乎更加契合享乐型消费的冲动购买、行为跟随的特点（Hazari et al.，2017）。我们认为自强型代言方式能够强化规范性影响，增强消费者对享乐型产品的口碑传播。另外，权威人士采用自嘲的表达方式能够增强沟通中的亲近感和公平感（Hoption et al.，2013），消费者会把名人当作一种信息性的来源，结合实用型消费的产品考量、价值需要的特点（Simona and Mcgill，2011），我们认为自嘲型代言能够强化信息性影响，增强消费者对实用型产品的口碑传播。基于以上讨论，我们认为：名人采用自强型代言，更能强化规范性影响，进而增强消费者对享乐型产品的口碑传播；名人采用自嘲型代言，更能强化信息性影响，进而增强消费者对实用型产品的口碑传播。

（三）名人社会化代言的实证分析

通过筛选，我们区分了 39 种产品的包含自强型代言和自嘲型代言的帖子，名人代言类型与产品类型交叉表见表 4-12，名人代言广告示例见表 4-13。两种类型帖子在点赞量、评论量和转发量上的差异，见图 4-13。

表 4-12　名人代言类型与产品类型交叉表

名人代言类型	产品类型	代言广告帖子数量/条
自强型	实用型	15
自强型	享乐型	14
自嘲型	实用型	31
自嘲型	享乐型	26

表 4-13　名人代言广告示例

品牌	产品类型	名人代言类型	名人代言广告内容
惠氏	实用型	自嘲型	其实我在微博的工种就相当于一个在天桥底下贴小广告的。从 2010 年蹲点贴到 2016 年，无论人流量大小，年复一年坚持不懈的作风终于让我迎来了大广告的青睐。在我婉约的表演里只是期望你能明白这个道理——其实，健康可以很简单
佳能	实用型	自强型	我选择的这款相机是 Canon M3，我做摄影的用心程度，和音乐不相上下，希望大家，能够喜欢这款相机
问道手游	享乐型	自嘲型	我那不和谐的古装造型和硬炒的求婚话题有没有恶心到你？反正我是被恶心到了，为何现在代言营销要这么拼？我的十年音乐梦，问道十年游戏梦，坚持信念，坚持梦
梦幻西游	享乐型	自强型	这则广告让我绞尽脑汁，重操旧业。我花了整整 8 个小时手绘一张海报帮其做广告之用心程度也是"史无前者、后继无人"了。这世界上应该是没有再比我用心打广告的人了，期望大家给点面子踊跃参与

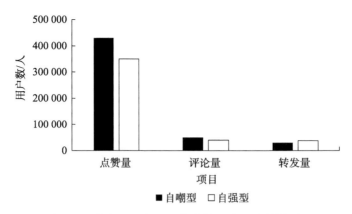

图 4-13 自嘲型和自强型广告的用户口碑传播对比

结果发现，无论是在点赞量（$M_{自嘲型}$=430 539.59，$M_{自强型}$=355 417.86，$F(1,86)$=1.18，p = 0.28）、评论量（$M_{自嘲型}$=53 163.16，$M_{自强型}$=46 067.55，$F(1,86)$=0.48，p=0.49）还是转发量（$M_{自嘲型}$=33 264.95，$M_{自强型}$=38 982.83，$F(1,86)$= 0.44，p=0.51）上，自嘲型和自强型代言的帖子均无显著性差异。可见，自嘲型和自强型代言均能引起消费者的互动和转发。因此，我们继续引入产品类型作为调节变量，探究在不同类型名人代言和不同类型产品的匹配关系下，消费者对口碑传播是否存在显著差异。

1. 名人代言类型和产品类型的交互作用

为了进一步探究自嘲型和自强型代言效果的差异，我们以"点赞量""评论量""转发量"为因变量，将"名人代言类型"和"产品类型"作为固定因子，用单因素 F 检验的方法来检验调节效应。多变量回归分析结果如表 4-14 所示，名人代言类型和产品类型的匹配关系在点赞量（调整后 R_1^2=0.17，$F(1,86)$=17.40，p<0.001，η^2=0.18）、评论量（调整后 R_2^2=0.106，$F(1,86)$=12.156，p<0.01，η^2=0.13）和转发量（调整后 R_3^2=0.118，$F(1,86)$ = 13.83，p<0.001，η^2=0.14）上交互作用均显著，说明产品类型对名人广告和消费者口碑传播之间存在显著调节作用。分组的均值效应分析显示（图 4-14），自嘲型代言无论是在点赞量（$M_{实用型}$=541 844.74>$M_{享乐型}$=297 829.61；$F(1,57)$ = 9.195，p = 0.004）、评论量（$M_{实用型}$=65 969.38>$M_{享乐型}$=37 894.19；$F(1,57)$=5.196，p = 0.027）还是转发量（$M_{实用型}$=41 998.80 > $M_{享乐型}$=22 851.50；$F(1,57)$=5.594，p = 0.022）上，消费者对实用型产品的口碑传播均显著高于享乐型产品。同时，自强型代言无论是在点赞量（$M_{实用型}$= 218 236<$M_{享乐型}$=502 398.42；$F(1,29)$=12.543，p=0.001）、评论量（$M_{实用型}$=27 151.4< $M_{享乐型}$= 65 334.86；$F(1,29)$ = 10.663，p=0.003）还是转发量（$M_{实用型}$=19 326.07<$M_{享乐型}$= 60 043.64；$F(1,29)$= 6.383，p=0.018）上，消费者对享乐型产品的口碑传播均显著高于实用型产品。

表 4-14　多变量回归分析结果

来源	因变量	III 类平方和	自由度	均方	*F*	*p*
名人代言类型	点赞量	$6.79×10^{10}$	1	$6.79×10^{10}$	0.88	0.350
	评论量	$5.16×10^{8}$	1	$5.16×10^{8}$	0.29	0.592
	转发量	$1.01×10^{9}$	1	$1.01×10^{9}$	0.10	0.370
产品类型	点赞量	$7.72×10^{9}$	1	$7.72×10^{9}$	0.10	0.752
	评论量	$5.91×10^{8}$	1	$5.91×10^{8}$	0.33	0.566
	转发量	$2.23×10^{9}$	1	$2.23×10^{9}$	1.80	0.184
名人代言类型 ×产品类型	点赞量	$1.34×10^{12}$	1	$1.34×10^{12}$	17.40	< 0.001
	评论量	$2.17×10^{10}$	1	$2.17×10^{10}$	12.16	0.001
	转发量	$1.72×10^{10}$	1	$1.72×10^{10}$	13.83	< 0.001

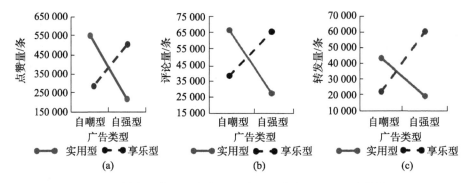

图 4-14　不同产品类型下自嘲型和自强型代言的用户口碑传播对比

2. 社会影响的机制作用

我们采用 2（名人代言：自嘲型，自强型）×2（产品类型：实用型，享乐型）的因子矩阵设计。143 名来自某大学的大学生参与了本轮实验，其中男性占比 47.6%，女性占比 52.4%，所有被试者被随机分配到四组情景实验中。实验材料中的名人广告文案改编自二手数据材料，实用型产品刺激物为洗发水，享乐型产品刺激物为巧克力（Chen et al.，2017）。

结果得到：首先，在信息性影响的中介效应检验中，主要包括四个模型。研究者先用自嘲型代言、产品类型、自嘲型代言×产品类型进行回归，得出产品类型（$\beta = -2.53$，$p < 0.001$）和自嘲型代言×产品类型（$\beta = 1.84$，$p < 0.01$）均显著。其次，用自嘲型代言、产品类型和自嘲型代言×产品类型分别对信息性影响和规范性影响进行回归，本节发现在对信息性影响的回归中，产品类型（$\beta = -2.51$，$p < 0.001$）和自嘲型代言×产品类型（$\beta = 1.88$，$p< 0.01$）的作用均显著；在对规范性影响的回归中，各项系数均不显著。这表明对于自嘲型代言，被试者产生了信息性感知，却并没有产生规范性感知。最后，研究者用自嘲型代言、产品类

型、自嘲型代言×产品类型、信息性影响和规范性影响进行回归，得出信息性影响对口碑传播的影响是显著的（$\beta = 0.36$，$p < 0.05$），规范性影响并没有显著性影响。加入信息性影响和规范性影响之后，自嘲型代言×产品类型对口碑传播的影响不再显著（$\beta = 1.08$，$p > 0.05$），由此可见，信息性影响在自嘲型代言与产品类型交互影响口碑传播的过程中起到完全中介作用。接着，我们使用 Bootstrap 方法进行中介效应检验，样本量选择 5000。在 95% 的置信水平下，对信息性影响中介效应检验中，有调节的中介效应检验的置信区间下限和上限之间没有包括 0（LLCL = 0.07，ULCL=0.37），表明有调节的中介效应存在，并且当中介存在时，自嘲型代言和产品类型的交互效应的区间包含 0（LLCL = -0.06，ULCL = 0.29），所以信息性影响的完全中介效应存在。

规范性影响中介效应分析：首先，对规范性影响的中介检验发现，在信息性影响回归中，主要包括四个模型（图 4-15、表 4-15）。研究者先用自强型代言、产品类型、自强型代言×产品类型进行回归（模型 1），得出产品类型（$\beta =-1.21$，$p < 0.05$）和自强型代言×产品类型（$\beta = 1.88$，$p<0.05$）均显著。之后用自强型代言、产品类型和自强型代言×产品类型分别对信息性影响和规范性影响进行回归（模型 2 和模型 3），发现仅在规范性影响回归中，自强型代言×产品类型（$\beta = 2.37$，$p < 0.05$）显著。这表明对于自强型代言，被试者仅产生了规范性感知。研究者用自强型代言、产品类型、自强型代言×产品类型、信息性影响和规范性影响进行回归（模型 4），得出规范性影响对口碑传播的影响是显著的（$\beta = 0.31$，$p < 0.01$），信息性影响并没有显著性影响。加入信息性影响和规范性影响之后，自强型代言×产品类型对口碑传播的影响不再显著（$\beta = 1.15$，$p > 0.05$），由此可见，规范性影响在自强型代言与产品类型交互影响口碑传播的过程中起到完全中介作用。

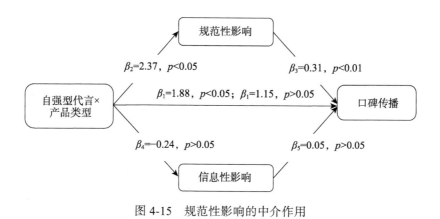

图 4-15 规范性影响的中介作用

表 4-15 规范性影响的中介作用

变量	模型 1 口碑传播		模型 2 规范性影响		模型 3 信息性影响		模型 4 口碑传播	
	β	t	β	t	β	t	β	t
自强型代言	0.16	1.46	0.18	1.31	0.44*	2.33	0.08	0.78
产品类型	−1.21*	−2.02	−1.90*	−2.54	−0.01	−0.01	−0.62	−1.07
自强型代言×产品类型	1.88*	2.91	2.37*	2.94	−0.24	−0.22	1.15	1.81
规范性影响							0.31**	3.47
信息性影响							0.05	0.76
调整后 R^2	0.69		0.49		0.08		0.72	

*表示 $p<0.05$，**表示 $p<0.01$

接着，我们使用 Bootstrap 方法进行中介效应检验，软件中选择模型 8，样本量选择 5000。在 95%的置信水平下，对规范性影响中介效应检验中，有调节的中介效应的区间没有包括 0 (LLCL=0.12，ULCL=0.30)，表明有调节的中介效应存在，并且当中介存在时，自强型代言和产品类型的交互效应的区间包含 0 (LLCL=−0.01，ULCL=0.43)，所以规范性影响存在完全中介效应。

本节以社会化媒体为切入点，通过二手数据验证了名人代言类型和产品类型之间的交互效应，然后通过设计对照实验的方法，在重复验证名人代言类型和产品类型交互效应的基础上，结合社会影响理论，验证了不同类型名人代言对消费者口碑传播影响内在机制的差异性。

社会化媒体的一个重要特征是，媒体内容是由用户自己创造的，以往探究用户创造内容对消费者的影响时，往往分析的是用户基于个人的使用体验对产品或者服务的评价而形成的口碑内容，即关注的是用户对他人/他物的相对客观的评价，却很少探究涉及自我评价的相对主观的内容会带来什么样的社会影响。本节探究了社会化媒体中，用户通过联系自己的社会形象来进行评价和展示时会产生的差异化社会影响，指出有社会影响力的名人采取夸大自我形象的社会化传播方式，相对于实用型产品会给享乐型产品带来更积极的社会影响效果。另外，相对于享乐型产品，有社会影响力的名人采取自我形象贬低式的社会化传播会给实用型产品带来更积极的社会影响效果。

受到传统媒体高准入门槛和监管严格的影响，以往研究的一个假设是，名人代言就是要利用其正面的社会形象进行营销传播来提升所代言产品的社会形象和扩大其社会影响力，即自强型代言。社会化媒体具有低门槛、分散化、扁平化的特点，名人可以根据自己的兴趣，利用社会化媒体自主创造内容和发布内容，有的名人反其道行之，采取自我形象贬低的模式来与粉丝交流沟通，即自嘲型代言，可以拉近与粉丝之间的距离，增加亲近感，反而有利于扩大其代言产品的社会影响效果。此外，以往研究指出，消费者的各种决策行为都会受到身边其他相关群体的影响，并把这种社会影响分为信息性影响和规范性影响，却很少探究两种不同类型的社会影响是如何产生具体作用的。本书将名人代言类型（自强型/自嘲型）与产品类型（实用型/享乐型）结合起来，指出两者的交互作用会带来不同类型的社会影响。结果发现对于享乐型产品，消费者更倾向于受到名人的规范性影响，而对于实用型产品，消费者更倾向于受到名人的信息性影响。这也很好地解释了，名人利用自己形象进行用户内容创造和传播时，为什么可以反其道而行之，即通过自嘲型的自贬式的形象展示来拉近与粉丝的关系，进而增强对实用型产品的信息传播的接受度。

在企业管理实践中，首先，在新产品推广过程中，企业可以根据产品属性（实用型/享乐型）的差异，精准识别消费决策的参考依据，提升用户对新产品的满意度。其次，为企业在社会化媒体中的名人代言广告提供了参考依据。企业为实用型产品设计名人广告时，选择自嘲型的名人广告文案，能让消费者对名人产生一种亲近感，增强消费者对实用型功能属性的关注，促进实用型产品的口碑传播。企业在为享乐型产品设计名人广告的时候，推荐选择自强型的名人广告文案，能让消费者对名人产生一种跟随效应，促进享乐型产品的口碑传播。

三、消费者评论不一致的双面性

社会化媒体的广泛应用，使得 UGC 急剧增长（Lovett et al., 2013），其中不一致性的评价越来越多，对于同一产品，有的消费者给出负面评价，打 2 分，有的给出正面评价，打 5 分（Sun，2012）。一些企业由于担心负面评论的破坏性，还试图操纵产品在线评论，如删除负面口碑，或伪装成消费者发表正面评论等（崔耕等，2014）。那既有正面也有负面的不一致性评论，一定会给企业带来负面影响吗？企业是否需要去掩盖较低分的评论，降低评论的不一致呢？以往研究没有给出统一的结论，有的研究指出产品评论的不一致性会存在负面影响（Tang et al., 2014；Ye et al., 2009），有的则发现评论的不一致性能够促进产品销售增长（Clemons et al., 2006），还有的发现没有显著的影响（Kim et al., 2015b）。以往涉及评论不一致性的研究主要是从总体评分的角度展开（Chang et al., 2014），忽略了从评论不一致的来源（如评论内容所涉及的产品属性）去做研究（de Maeyer，2012）。事实上，产品是由一系列的属性组成的（Kim and Chhajed，2002），而消费者对产品属性的偏好是不一致的，这就会出现在同样的产品总体评分水平下，消费者得分不一致性的构成却相差很大，这是以往研究结论相矛盾的原因所在。为此，本节基于调节定向理论，通过引入评论中的产品属性内容来探究消费者评论不一致性所造成的双面影响，力图揭示产品属性评论不一致性会产生不同的影响机制，解决已有研究中关于评论不一致性看似冲突的结论。

（一）调节定向理论

消费者在面对相同的营销情境时常常会表现出截然相反的行为表现，有的更在意是否有收益，是否有价值，而有的更关注是否有损失与否，风险有多大。比如，同样计划购买一件打折商品，一些消费者会关注价格优惠带来的节省，而另一些消费者则更关注商品质量是否比原价销售时有所下降（尹非凡和王詠，2013）。Geers 等（2005）将个体为达到特定目标而努力地控制、改变自己的思想或反应的过程称为自我调节。个体在实现目标的自我调节过程中会表现出特定的方式或倾向，即调节定向，包括防御定向（prevention focus）和促进定向（promotion focus）。处于防御定向主导下的个体受安全需要的驱动，将责任和义务作为目标，而处于促进定向主导下的个体受提高需要的驱动，倾向于努力达到理想的目标（Higgins，1997）。不同调节定向占主导的个体在思维与认知、信息处理和行为上都存在显著的不同。

1. 思维与认知层面

①思维方式：相对于防御定向的个体，促进定向的个体思维比较发散，对信息的开放性和包容性更高（Crowe and Higgins，1997；Liberman et al.，2001）。防御定向的个体会倾向于将负面信息描述成损失；个体若处于促进定向则会倾向于将正效价的信息描述成获得（尹非凡和王詠，2013）。②认知能力：防御定向的个体拥有较低的认知能力，善于处理具体信息，更关注于外界事物的具体信息点；促进定向的个体拥有更高的认知能力，善于提取出事物与事物之间的深层关系（Zhu and Meyers-Levy，2007）。③结果关注：防御定向的个体对消极结果更敏感，更在意行为结果是否有损失；促进定向的个体对积极结果更敏感，会更在乎行为结果是否有收益（尹非凡和王詠，2013）。

2. 信息处理和行为层面

①行为策略：防御定向的个体有明显的保守倾向（为避免损失确保安全，不惜以放弃重大收益为代价），偏好采用警惕策略（保证"正确拒绝"，避免"错报"）；促进定向的个体有明显的冒险倾向（为获得收益最大化，不惜以重大损失为代价），偏好采用渴望策略（保证"击中"，避免"漏报"）（Crowe and Higgins，1997；Molden and Finkel，2010；尹非凡和王詠，2013）。②信息搜索：调节定向类似于信息的"过滤器"，防御定向的个体不仅会主动搜寻与亏损相关的信息，而且其搜索形成的考虑集较小且同质化；促进定向的个体则是会主动搜寻

与得益相关的信息，形成更大、更多样化的考虑集（Wang and Lee，2006；尹非凡和王詠，2013）。③信息处理：防御定向的个体更倾向于使用谨慎的信息加工方式，并且更强调准确；促进定向的个体更倾向于使用探索性的信息加工方式，并且更强调速度（Förster et al.，2003）。

不管是防御定向还是促进定向，都既可以表现为个体在成长过程中逐渐形成的一种长期的人格特质，也可以受情境启动诱发而呈现为临时性的人格特质（Higgins，1997）。启动消费者调节定向的具体范式和方法有很多。①任务框架式：告知被试者可以避免（或不能避免）某一消极结果（启动防御定向）或可以获得（或无法获得）某一积极结果（启动促进定向）；②自我指导类型：让被试者写出他们的义务、责任以启动防御定向，或写出他们的希望或目标来启动促进定向；③自传记忆任务：让被试者回忆过去避免（或未避免）某一消极结果的经历，或者获得（或未获得）某一积极结果的经历；④更为直接的方式：如通过与防御型目标（回避、预防、错误等）及促进型目标（追求、成功、收获等）相关的词汇来启动相应的调节定向（杜晓梦等，2015；Lockwood et al.，2002）。

（二）产品属性评论的不一致性

在线评论是网络口碑的一种重要形式，一般指潜在或实际消费者在电子商务或第三方评论网站上发表关于产品或服务的正面或负面观点（Chen and Xie，2008）。2015年中国互联网络信息中心调查发现，在线评论成为用户网购决策时最为关注的因素（77.5%）。一般来说，在线评论包含三个维度：量（评论数）；极性（评论是正面还是负面）和不一致性（评论之间的差异性），前两个维度（量和极性）已经得到了非常广泛的关注（Chevalier and Mayzlin，2006），取得了丰富的研究成果（Liu，2006；Zhu and Zhang，2010），有关第三个维度（不一致性）的研究却相对较少。

Chang等（2013）将在线评论一致性定义为"评论者对于产品评价达成共识的程度"，也就是说共识程度越低，评论不一致性越高。现有研究多是采用消费者整体评分的差异（方差或标准差）来衡量在线评论的不一致性，进而从不同行业实证探讨其对产品销售的影响，但是并没有取得统一的结果。Tang等（2014）的研究认为不一致的评论实际上意味着产品在质量上的不稳定，有损产品销售；Sun（2012）通过对亚马逊网站上产品评分分布不一致的研究发现，评论越不一致，表明该产品是一种利基产品，因而产品销量越高；有的研究发现不一致不存在显著的影响（Kim et al.，2015a）。事实上，这种不一致的评论信息可能负向抑制也可能正向促进消费者对该产品的购买。

Bauer（1960）从心理学角度提出感知风险的概念，他认为消费者可能都无法确知其购买行为的预期结果是否正确，并且某些结果可能令消费者不愉快。感知风险主要表现在两个方面，一是对购买决策结果（是否能够满足购买目的）的不确定，二是对由错误决策导致的后果严重程度的不确定。人们总是偏好一致性信息，认知失调理论也认为个体发现不一致信息时，会感受到心理冲突和紧张不安，希望通过态度或行为改变减少这种不一致（Festinger，1962；李信和陈毅文，2016）。因此，当面对不一致的在线评论时，消费者会陷入不知如何判断产品好坏的两难境地，对该产品的预期使用结果产生不确定感。有人评价好，有人评价不好，说明该产品没有得到一致的认同，消费者会认为它必定存在某些不好的地方，若购买则会带来一定的风险，即提高了感知风险。也就是说，评论越不一致，越容易激发消费者对产品的感知风险。感知风险会对消费者的评价、选择和行为产生重要影响。感知风险高，意味着较高水平的不确定性以及更大可能造成负面的结果（江红艳等，2016）。感知风险越强，消费者对产品的购买意向便会越低（Petersen and Kumar，2015）。

不一致的产品评论也使消费者对产品产生了独特性感知。消费者购买产品时往往偏好独特性来与其他消费者区分开。如果其他人变得与他们相似了，他们会觉得自己的个性受到了冲击（Cheema and Kaikati，2010）。独特性需求理论认为，尽管个体需要遵守大众化的社会规范以避免冲突，并赢得他人的认可、赞同或奖赏，但每个人也都有体现个性和追求差异的愿望（Snyder and Fromkin，1977）。产品是定义消费者自身感觉的一个非常重要的因素，是消费者自身的延伸。个体可以通过获取、使用和处置产品来实现塑造自我形象以及社会形象的目的，从而和其他个体区别开来（李东进等，2015）。产品越独特，越能满足某些消费者心中对特定属性的渴望和诉求，一旦消费者的特定需求被满足后，该产品便会引起他们的共鸣。根据市场共鸣理论，在超差异化市场条件下，异质性越高就越能引起消费者对产品的吻合，而吻合度越高，支付意向越高（黄敏学等，2015）。

可见，产品属性评论的不一致性可以启动消费者不同的调节定向，给消费者带来两种截然不同的影响，作者认为，产品属性评论的不一致性会影响消费者购买意向，且有两种可能的影响途径：产品属性评论不一致性越高，越可能激发消费者对产品的风险感知，进而降低购买意向（防御定向）；产品属性评论不一致性越高，越可能激发消费者对产品的独特性感知，进而提高购买意向（促进定向）。

（三）产品属性的调节作用

正因为消费者对评论不一致性有两种不同认知定向，给消费者带来不同的感知（风险感知或独特性感知），才会出现其对实际销量有正面影响也有负面影响的矛盾结论。消费者面对评论不一致性，为什么会有两种不同的感知呢？

对于评论不一致性的现有研究主要从总体评分的角度展开（Chang et al.，2014），鲜有对评论内容，特别是涉及企业产品自身方面的信息做更为具体的研究的。实际上，消费者更加注重阅读内容本身（de Maeyer，2012），通过内容含义来认知解析评论的不一致性，并思考理解不一致产生的原因（Tang et al.，2014）。产品都是由一系列的多项属性组成（Kim and Chhajed，2002）的，并且现今产品的在线评论中也往往呈现了用户对产品属性的评价（Lee and Bradlow，2011）。例如，中关村在线上的电脑评论涉及性价比、外观设计、屏幕效果和运行速度等属性；携程上的酒店评论涉及位置、设施、服务和卫生等属性；淘宝上的衣服评价涉及面料、色差、版型和做工等属性。虽然评论中涉及的产品属性信息很少被研究者注意到（Lee and Bradlow，2011），但是与现有研究所关注的评论数、极性、不一致性等一样，它们也会很容易被消费者所接收和关注，消费者在购买决策过程中也会参考产品的各项属性（Bertini et al.，2009）。

产品垂直属性的评论不一致可能带来产品风险的感知，但是水平属性的评论不一致却能带来产品独特性的感知。这是因为，消费者对垂直属性有着统一的偏好标准，且垂直属性通常属于产品功能层面的，有质量上的高低、好坏评判标准。若垂直属性方面的评价存在不一致，便容易激发消费者防御型认知处理模式，使其意识到产品在某些功能、质量上存在问题，产生并提高风险感知，而启动防御定向的消费者会抗拒风险（汪涛等，2014），最终会降低其购买意向。这也符合 Ye 等（2009）将产品评论不一致视为风险的观点。对水平属性而言，消费者就没有统一的偏好，其本质就存在不一致性的问题，并且水平属性通常不影响产品的基本功能。当消费者阅读到对产品水平属性不一致的评论时，消费者反倒容易采取促进型认知处理模式，思考"为何大家评价不一致"，进而产生对该产品的独特性认知，启动促进定向的消费者会更多追求机会而非考虑风险（汪涛等，2014），因此为获得这种潜在的收益，他们更加愿意选择购买。

这就像 Clemons 等（2006）的研究中那样，人们对啤酒的口味（水平属性）好坏的评价反而会增加产品销售。因此，我们认为：产品属性会调节评论的不一致性对消费者产品风险和独特性感知的影响，进而影响消费者购买意向；垂直属性评论不一致性越高，越能激发消费者对产品的风险感知，进而降低购买意向；水平属性评论不一致性越高，越能激发消费者对产品的独特性感知，进而提高购买意向。

（四）消费者特质的调节作用

前面我们从产品评论客观视角（评论内容：产品属性），解释了为什么消费者会对评论不一致性有不同的感知，进而影响其购买行为。对于不同个性特质的消费者，其认知乃至行为都是有所不同的。Pham 和 Higgins（2004）的一系列研究表明调节定向对消费者购买决策不同阶段（需求识别、信息搜索、形成考虑集合、选项评估、购买决策及购买后过程）都有影响；特别是当信息负荷较大时，消费者更易依赖调节定向来选择性地加工信息（尹非凡和王詠，2013）。①对于防御定向的个体而言，一方面，他们的思维比较封闭，对信息的开放性和包容性较低，倾向于使用谨慎的信息加工方式（Crowe and Higgins，1997；Förster et al.，2003；Liberman et al.，2001），而对于产品的垂直属性人们本身偏好一致，按理说评价也应该一致，但却出现有人叫好、有人说差的情况，所以对于不一致的垂直属性评论，他们会更直截了当地将这种信息理解为购买产品存在风险隐患；另一方面，他们受安全需要驱动，对于亏损相关的信息更为敏感且会主动搜寻，在意行为后果是否有损失（Higgins，1997；Wang and Lee，2006；尹非凡和王詠，2013），因此当面对不一致的产品垂直属性评论时，他们也更容易感知到产品的潜在风险。②对于促进定向的个体而言，一方面，他们的思维比较发散，对信息的开放性和包容性较高，倾向于使用探索式的信息加工方式（Crowe and Higgins，1997；Förster et al.，2003；Liberman et al.，2001），因此面对偏好不一致的水平属性评论，越不一致的信息可能越容易引起他们的思考，从而意识到产品本身具有一定的独特性才会导致大家评价不一；另一方面，他们受提高需要的驱动，对于得益的信息更敏感且会主动搜寻，在意行为后果是否有收益（Higgins，1997；Wang and Lee，2006；尹非凡和王詠，2013），因此当面对不一致的产品水平属性评论，他们也就更容易将这类信息视为产品具有独特性。③即便对于两种定向的个体来说，不一致的垂直属性评论会激发他们对产品的风险感知，不一致的水平属性评论会激发他们对产品的独特性感知，但是由于防御定向的个体更关注风险，更在意结果是否有损失，促进定向的个体更关注收益，更在意结果是否积极，并且风险更多地意味着有损失，独特意味着有收益，所以我们认为对于防御定向的消费者，垂直属性评论的不一致更能激发其对产品的风险感知，对于促进定向的消费者，水平属性评论的不一致更能激发其对产品的独特性感知。④由于防御定向的个体有明显的保守倾向，为避免损失确保安全，不惜以放弃重大收益为代价，偏好采用警惕策略（Crowe and Higgins，1997；Molden and Finkel，2010；尹非凡和王詠，2013），所以对防御定向的消费者而言，垂直属性评论的不一致更能激发其对产品的风险感知，并且消费者为了避免损失还会降低购买意向；促进定向的个体有明显的冒险倾向，为获得收益最大化，不惜以重大损失为代价，偏好采用渴望策略（Crowe and Higgins，1997；Molden and Finkel，2010；尹非凡和王詠，2013），所以对促进定向的消费者而言，水平属性评论的不一致更能激发其对产品的独特性感知，且为获得收益而提高购买意向。由此我们认为：

消费者的个人调节定向特质会进一步调节产品属性对产品评论不一致性与消费者感知关系的调节作用；消费者防御定向越显著，越会强化垂直属性评论不一致性对消费者风险感知的影响，弱化水平属性评论不一致性对消费者独特性感知的影响；消费者促进定向越显著，越会弱化垂直属性评论不一致性对消费者风险感知的影响，强化水平属性评论不一致性对消费者产品独特性感知的影响。

综上，评论不一致性对消费者购买意向的影响研究框架如图 4-16 所示。

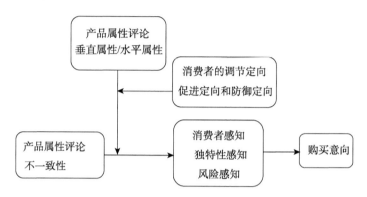

图 4-16　评论不一致性对消费者购买意向的影响研究框架

（五）实证检验

为了检验产品属性评论是否调节评论不一致性对销量的影响，在正式实验之前我们先从团购网站上抓取了餐馆美食团购的评论和销量进行初步的分析。之所以选取餐饮作为研究对象：一是因为餐饮作为体验型产品，其在线评论是影响消费者是否购买的重要因素；二是因为餐饮含有明显的垂直属性和水平属性，有利于验证产品属性评论的调节作用。

1. 数据收集

我们在 2016 年 4 月 20 日从大众点评团购网站上随机抓取了当期 138 家涉及火锅、自助餐、江浙菜、粤港菜等不同类别的餐馆美食团购数据，数据包括团购的评分分布（1~5 分的评分数）、团购已售数量、总体评分等。由于同样一款团购产品可能会多家餐馆（分店）通用，而团购涉及的属性评论会受不同的餐馆的影响，并且多数餐馆的团购产品不止一项，而同家餐馆的不同团购产品属性评价大多是相似的，所以我们只抓取了每家餐馆最受欢迎（团购已售数量最大）的团购产品的评论数据，并且需要满足该团购不能多店通用。另外，由于该团购网站上的单条评论，均有涉及"口味""环境""服务"三种属性的评分，并且餐馆环境质量有明显的高低、好坏之别，而人们普遍对于口味的偏好是不一样的，即"环境"属于垂直属性，"口味"属于水平属性，因此我们抓取了每款团购产品在"环

境"与"口味"上的评分分布。也就是说，每条数据包含了 4 项信息："环境"与
"口味"属性评分分布方差（He and Bond，2015）衡量的"垂直"与"水平"评
论不一致性（方差越大表示不一致性越高）；团购已售数量代表的产品销量，作为
操控变量的总体评分。

2. 数据分析

如表 4-16 所示，通过描述性统计分析，我们可以初步发现评分方差的分布较
广，数据有一定的代表性。接着，通过一般线性回归分析以检验属性评论不一致
性对产品销量的影响，即产品属性评论是否会调节评论不一致性对销量的影响。
由于评论不一致性值（方差）和总体评分值均为个位数，而产品销量极大值近 50
万，所以在回归分析之前我们先对所有数据进行了取对数处理，以增强回归结果
的稳健性，结果如表 4-17 所示，产品属性评论不一致性对销量的调节作用是显著
的，垂直属性评论越不一致则销量越低（$\beta = -0.29$，$p < 0.001$）；水平属性评论越
不一致则销量越高（$\beta = 0.25$，$p = 0.001$），而总体评分的作用并不显著。

表 4-16　变量的描述性统计分析结果

变量	样本数	均值	极小值	极大值	标准差
垂直属性评论不一致性	138	1.06	0.44	2.11	0.24
水平属性评论不一致性	138	1.06	0.35	1.94	0.26
产品销量	138	26 305.30	60	497 539	60 572.46
总体评分	138	3.8	2.7	4.5	0.29

表 4-17　产品属性评论不一致对产品销量的影响

自变量	产品销量（log）
垂直属性评论不一致性	−0.29***
水平属性评论不一致性	0.25**
总体评分	0.08 n.s.
R^2	0.42

注：n.s.表示不显著

表示 $p<0.010$，*表示 $p<0.001$

以上实证结果表明，产品属性评论会调节评论不一致性对销量的影响。即当
评论内容是涉及产品垂直属性的，那么评论越不一致，销量会越低，但是当评论
内容是涉及产品水平属性的，评论越不一致，销量反倒会越高。由此可见在讨论
不一致的产品评论时，应关注评论内容，即其涉及产品属性的重要性。为了进一
步佐证产品属性及消费者个人特质本身的调节作用，并且探究评论不一致性对消
费者购买行为的内在影响机制，我们开展了实验室实验进行检验。

3. 实验程序

本节根据评论内容针对性的不同，将评论按产品属性的不同划分为针对垂直属性的评论以及针对水平属性的评论。这一前测实验是为了对正式实验中垂直属性和水平属性进行操控做好准备，包括两部分，一是筛选出网上购买智能手机时需要考虑的手机属性，二是将以上属性分为垂直和水平属性，并各取 3 种作为正式实验中的在线评论项。

本节以智能手机为实验刺激物，我们从京东、淘宝、苏宁易购和中关村在线四个网站中随机抽取不同品牌、价位的智能手机评论信息，每个网站各取 100 条；对 400 条评论进行分类与整合，确立了包括手机外观设计、屏幕尺寸、电池续航能力、像素等在内的 18 个产品属性。根据 Sun（2011）对垂直和水平属性的定义，由 4 位营销专业硕士研究生对这 18 个属性进行分类，并由 1 位专业博士研究生再次校正，确定了垂直属性 13 个和水平属性 5 个。通过随机编码形成手机属性（分垂直属性和水平属性两种）重要程度排序问卷，由 40 位随机被试者分别选出智能手机的垂直和水平属性的 3 个重要属性。按照被选属性的频次（P），我们确立了垂直属性和水平属性的 3 个代表属性，其中垂直属性包括：电池续航能力（$P=31$）、像素（$P=27$），音质（$P=25$）；水平属性包括：手感（$P=37$）、外观设计（$P=36$）、屏幕尺寸（$P=36$）。

这一实验采用 2（评论不一致性：不一致性低/不一致性高）×2（产品属性评论：垂直属性/水平属性）的组间设计，参与者被随机分到上述 4 种情境中。实验采用假想场景，假定被试需要网购一款智能手机，并通过阅读在线评论进行决策。被试者在阅读完实验材料之后，先被要求填写对该手机的购买意向量表，然后要回答对该手机产品的独特性感知和风险感知，最后填写对评论不一致性水平的感知，作为操控检验。

4. 主效应结果

本节使用逐步回归的方法检验评论不一致性对购买意向的影响以及对消费者风险感知和独特性感知的中介作用，结果如表 4-18 所示。首先，对购买意向进行回归发现，评论不一致性对购买意向有显著的影响（$\beta=-0.37$，$p<0.001$），即主效应显著。其次，分别对风险感知和独特性感知进行回归，结果表明了评论不一致性对风险感知（$\beta=0.36$，$p<0.001$）和独特性感知（$\beta=0.16$，$p<0.05$）均有显著作用，即评论越不一致的话，消费者对产品的风险感知越强，对产品的独特性感知也越强。最后，在主效应检验中加入产品风险感知进行回归，结果显示了评论不一致性（$\beta=-0.20$，$p<0.05$）和风险感知（$\beta=-0.50$，$p<0.001$）对购买意向的影响显著；同样加入独特性感知后分析发现，评论不一致性（$\beta=-0.43$，$p<0.001$）和独特

性感知（$\beta=0.39$，$p<0.001$）的影响也显著存在。具体而言，当评论越不一致，消费者感知到产品风险（$\beta=-0.46$，$p<0.001$）越强的时候，其购买意向越低；当评论越不一致，消费者感知到产品独特性（$\beta=0.34$，$p<0.001$）越强的时候，其购买意向会越高。

表 4-18 评论不一致性对购买意向的影响以及对消费者风险感知和独特性感知的中介作用

自变量	因变量					
	购买意向	风险感知	购买意向	独特性感知	购买意向	购买意向
评论不一致性	-0.37^{***}	0.36^{***}	-0.20^{*}	0.16^{*}	-0.43^{***}	-0.26^{***}
风险感知			-0.50^{***}			-0.46^{***}
独特性感知					0.39^{***}	0.34^{***}
R^2	0.14	0.13	0.35	0.02	0.29	0.47

*表示 $p<0.05$；***表示 $p<0.001$

5. 产品属性的调节作用

对实验数据进行了 2（评论不一致性：不一致性低/不一致性高）×2（产品属性评论：垂直属性/水平属性）的方差分析，结果如表 4-19 所示。结果显示：评论不一致性和产品属性评论对购买意向均存在显著影响（$M_{不一致性低}=4.22>M_{不一致性高}=3.30$，$F(1,126)=26.72$，$p<0.001$；$M_{垂直属性}=3.39<M_{水平属性}=4.15$，$F(1,126)=19.02$，$p<0.001$），并且评论不一致性与产品属性评论之间有显著的交互作用（$F(1,126)=43.11$，$p<0.001$）。如图 4-17 所示，对产品垂直属性的评论越不一致，消费者的购买意向越低（$M_{不一致性低}=4.40>M_{不一致性高}=2.44$）；对产品水平属性的评论越不一致，消费者的购买意向会越高（$M_{不一致性低}=4.03<M_{不一致性高}=4.27$）；并且不一致的垂直属性评论的购买意向明显低于不一致的水平属性评论（$M_{垂直属性}=2.44<M_{水平属性}=4.27$）。

表 4-19 评论不一致性和产品属性评论对购买意向的影响

变异来源	Ⅲ类平方和	自由度 df	均方	F 值
校正的模型	85.19	3	28.40	31.22^{***}
截距	1856.60	1	1856.60	2040.93^{***}
评论不一致性	24.31	1	24.31	26.72^{***}
产品属性评论	17.30	1	17.30	19.02^{***}
评论不一致性×产品属性评论	39.21	1	39.21	43.11^{***}
误差	114.62	126	0.91	
总计	2029.81	130		
校正的总计	199.81	129		

注：$R^2=0.43$（调整后 $R^2=0.41$）

***表示 $p<0.001$

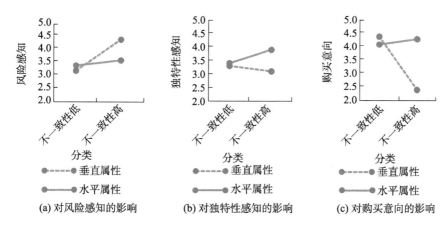

(a) 对风险感知的影响   (b) 对独特性感知的影响   (c) 对购买意向的影响

图4-17 产品评论不一致对消费者风险感知、独特性感知和购买意向的影响

最后，虽然评论不一致性和产品属性评论对购买意向的交互作用显著，但是它们的作用是否与消费者对产品的风险和独特性感知相关还未知，故进一步参照Preacher等（2007）与Hayes（2013）提出的调节中介方法进行中介分析。

6. 调节中介检验结果

对于产品风险感知而言，评论不一致性和产品属性评论对风险感知的交互作用是显著的[$\beta = -1.02$，SE（标准差）$= 0.28$，$t = -3.60$，$p < 0.001$]；产品风险感知也能显著影响消费者购买意向（$\beta = -0.45$，SE $= 0.10$，$t = -4.61$，$p < 0.001$）。控制了风险感知对购买意向的影响之后，在垂直属性组中，评论不一致性对购买意向有显著的作用（$\beta = -1.45$，SE $= 0.24$，$t = -5.99$，$p < 0.001$）；在水平属性组中，评论不一致性对购买意向没有显著的作用。有条件的间接效应分析显示，对于垂直属性评论来说，评论不一致性可以通过降低消费者对该产品的风险感知而提高购买意向（95%CI：LICI $= -0.88$，ULCI $= -0.23$），且中介效应值为-0.51；而对于水平属性评论来说，评论不一致性不能通过降低消费者的风险感知而提高购买意向（95%CI：LICI $= -0.24$，ULCI $= 0.10$）。另外，对于产品独特性感知而言，评论不一致性和产品属性评论对独特性感知的交互作用是显著的（$\beta = 0.74$，SE $= 0.26$，$t = 2.82$，$p = 0.006$）；独特性感知也能显著影响消费者购买意向（$\beta = 0.35$，SE $= 0.11$，$t = 3.18$，$p = 0.019$）。控制了独特性感知对购买意向的影响之后，在垂直属性组中，评论不一致性对购买意向没有显著的作用；在水平属性组中，评论不一致性对购买意向有显著的作用（$\beta = 1.93$，SE $= 0.22$，$t = -8.64$，$p < 0.001$）。有条件的间接效应分析显示，对于垂直属性评论来说，评论不一致性不能通过提高消费者对产品的独特性感知而提高购买意向（95%CI：LICI $= -0.21$，ULCI $= 0.10$）；对于水平属性评论来说，评论不一致性可以通过提高消费者对产品的独特

性感知而提高购买意向（95%CI：LICI = 0.07，ULCI = 0.47），且中介效应值为0.22。从图 4-17 中也能在一定程度上看出产品属性评论对评论不一致性与购买意向关系的调节作用。总之，不一致的垂直属性评论更能激发消费者对产品的风险感知，从而降低购买意向，而不一致的水平属性评论更能激发消费者对产品的独特性感知，进而提高购买意向。

7. 结果讨论

通过以上实验分析，研究发现评论不一致性会通过影响消费者对产品的风险感知和独特性感知进而对购买意向产生影响，具体来说，当评论不一致性激发了消费者对产品的风险感知，购买意向会随之降低，而当评论不一致性激发了消费者对产品的独特性感知，购买意向会随之提高。另外，产品属性评论在主效应中起着显著的调节作用，即对垂直属性评论而言，评论不一致性更能激发消费者对产品的风险感知，从而降低购买意向，而对于水平属性评论而言，评论不一致性更能激发消费者对产品的独特性感知，从而提高购买意向。

随着社会化媒体的应用与影响的深入，基于社会化媒体的用户评论成为企业社会化营销的关键。为此，现有研究将用户评论看作网络口碑最主要的形式之一，重点探究了评论数、极性和不一致性对用户购买行为的影响。但对不一致性的影响存在不统一的结论，一个关键的问题是没有区分不一致性产生的原因。本节认为评论不一致性的根本原因是用户对产品属性存在主观偏好差异，这种偏好的差异性容易引发用户对不同产品属性评价的不一致性。本节通过引入垂直属性（有统一的偏好标准）和水平属性（无统一偏好标准，受主观个人偏好影响）的区分概念，并基于消费者调节定向机制，解决已有研究中关于评论不一致性的矛盾性发现。总的来说，具有如下理论贡献：①深化了对评论不一致性影响机制的理解。本节通过关注消费者对产品属性偏好的不同，即引入两种不同的产品属性评论(垂直属性/水平属性)，破解了以往研究关于评论不一致性影响的矛盾结论，即当评论是涉及垂直属性的，那么评论不一致性越高，则越容易激发消费者的风险感知，进而降低购买意向；当评论是针对水平属性的，那么评论不一致性越高，反倒越容易激发消费者的独特性感知，进而提高购买意向。并且，以往关于评论不一致性的研究多只是从总体评分分布差异来探究，而忽略了不一致性的根源，即评论内容——产品属性的评论。实际上，消费者本身也是非常看重用户产生内容（Chevalier and Mayzlin，2006），消费者说什么（口碑内容）可能比说了多少（口碑数量特征）更加重要（Gopinath et al.，2014）。②丰富了对消费者调节定向理论的理解。本节通过引入消费者风险和独特性两种感知，探讨了不同的产品属性评论不一致性对购买行为的影响乃至内在的作用机制，发现不仅是产品属性对评论不一致性和购买行为的关系有调节作用，而且消费者本身的个人特质也会对该调节作用进一步调节，即不仅从产品本身角度还从消费者角度进一步深入探讨该调节效应的作用边界，而这也是已有研究所忽略的。

在管理实践中，本节有如下贡献：①有助于企业正确地认识负面口碑评价的作用。以往研究指出，负面口碑的影响是非常大的，然而并不是所有的负面口碑都会带来负面的作用。对于水平属性方面的负面口碑，消费者会有更多的容忍度，甚至将其看作有争议和表现个人独特性选择的依据，此时负面评价反倒会起促进作用，如电影恶评有时候引起更多人的关注和观看，而对于垂直属性的负面口碑，即便是不一致的评价也会带来负面作用。因此企业要高度重视有着统一评价标准的垂直属性的评价。②有助于企业利用用户评论来提升产品质量的管理。在社会化媒体的条件下，由于消费者之间的社会影响显著增强，消费者不再单纯依赖企业发布的产品信息，而更加倾向于采用其他消费者的意见，这就使企业十分注重消费者的网上意见和内容。但是在消费者对产品属性偏好异质性的条件下，用户产生内容呈现出混乱、对立和不一致的现象。通过识别消费者对于水平属性还是垂直属性评论不一致，企业可以针对性地管理在线产品评论。例如，针对垂直属性做出提升，但是引导消费者讨论和关注产品的水平属性，激发消费者的喜爱。

参考文献

常亚平, 肖万福, 覃伍, 等. 2012. 网络环境下第三方评论对冲动购买意愿的影响机制: 以产品类别和评论员级别为调节变量. 心理学报, 44(9): 1244-1264.

崔耕, 庄梦舟, 彭玲. 2014. 莫让网评变为"罔评": 故意操纵网络产品评论对消费者的影响. 营销科学学报, 10(1): 21-34.

杜晓梦, 赵占波, 崔晓. 2015. 评论效价、新产品类型与调节定向对在线评论有用性的影响. 心理学报, 47(4): 555-568.

范思, 鲁耀斌, 胡莹莹. 2018. 社交媒体环境下一致性与社交性对信息流广告规避的影响研究. 管理学报, 15(5): 759-766.

何超, 张建琦, 刘衡. 2018. 分享经济: 研究评述与未来展望. 经济管理, 40(1): 191-208.

黄敏学, 潘海利, 廖俊云. 2017. 社会化媒体时代的品牌沟通——品牌社区认同研究综述. 经济管理, 39(2): 195-208.

黄敏学, 王贝贝, 廖俊云. 2015. 消费者评论中偏好差异性对销量的影响机制研究. 营销科学学报, 11(3): 1-17.

iResearch. 2018. 2018 年中国网络广告市场年度监测报告. 上海: 艾瑞网.

江红艳, 王海忠, 何云, 等. 2016. 公司形象和产品属性超越的协同效应: 基于刻板印象内容模型. 心理学报, 48(1): 95-105.

李东进, 张亚佩, 郑军. 2015. 稀缺感知对购买意向的影响——基于预期后悔的视角. 系统工程, 33(11): 75-80.

李杰, 陈超美. 2016. CiteSpace: 科技文本挖掘及可视化. 北京: 首都经济贸易大学出版社.

李晓明, 傅小兰. 2006. 决策中的延迟选择行为. 心理科学, (1): 127-129.

李信, 陈毅文. 2016. 口碑追加形式对购买意向的影响: 口碑方向的调节作用. 心理学报, 48(6): 722-732.

刘红艳, 李爱梅, 王海忠, 等. 2012. 不同促销方式对产品购买决策的影响——基于解释水平理论视角的研究. 心理学报, 44(8): 1100-1113.

孙彦, 李纾, 殷晓莉. 2007. 决策与推理的双系统——启发式系统和分析系统. 心理科学进展, 15(5): 721-726.

汪涛, 谢志鹏, 崔楠. 2014. 和品牌聊聊天——拟人化沟通对消费者品牌态度影响. 心理学报, 46(7): 987-999.

温忠麟, 张雷, 侯杰泰, 等. 2004. 中介效应检验程序及其应用. 心理学报, (5): 614-620.

尹非凡, 王詠. 2013. 消费行为领域中的调节定向. 心理科学进展, 21(2): 347-357.

于春玲, 王霞, 包呼和. 2011. 奖励推荐计划口碑对接收者的影响. 南开管理评论, 14(4): 59-68.

张琴, 汪涛, 龚艳萍. 2013. 价格和品牌能否削弱来源国效应——产品属性赋权对来源国效应的影响. 心理学报, 45(12): 1381-1392.

朱华伟, 张艳艳, 龚璇. 2017. 企业幽默能否化解消费者抱怨: 幽默类型与关系范式的匹配. 心理学报, 49(4): 526-538.

Adelaar T, Chang S S, Lancendorfer K M, et al. 2003. Effects of media formats on emotions and impulse buying intent. Journal of Information Technology, 18(4): 247-266.

Aggarwal P. 2004. The effects of brand relationship norms on consumer attitudes and behavior. Journal of Consumer Research, 31(1): 87-101.

Aggarwal P, Law S. 2005. Role of relationship norms in processing brand information. Journal of Consumer Research, 32(3): 453-464.

Akpinar E, Berger J. 2017. Valuable virality. Journal of Marketing Research, 54(2): 318-330.

Alexandrov A, Lilly B, Babakus E. 2013. The effects of social-and self-motives on the intentions to share positive and negative word of mouth. Journal of the Academy of Marketing Science, 41(5): 531-546.

Algoe S B, Gable S L, Maisel N C. 2010. It's the little things: everyday gratitude as a booster shot for romantic relationships. Personal Relationships, 17(2): 217-233.

Anderson C J. 2003. The psychology of doing nothing: forms of decision avoidance result from reason and emotion. Psychological Bulletin, 129(1): 139-167.

Andrews M, Luo X, Fang Z. 2016. Mobile ad effectiveness: hyper-contextual targeting with crowdedness. Marketing Science, 35(2): 1-17.

Bakshy E, Hofman J M, Mason W A, et al. 2011. Everyone's an influencer: quantifying influence on twitter//Proceedings of the fourth ACM international conference on Web search and data mining. February 9 - 12, 2011, Hong Kong, China. New York: ACM: 65-74.

Bauer R A. 1960. Consumer behavior as risk taking//Hancock R S. Dynamic marketing for a changing world. Chicago: American Marketing Association: 389-398.

Belk R W, Sherry J F, Wallendorf M. 1988. A naturalistic inquiry into buyer and seller behavior at a swap meet. Journal of Consumer Research, 14(4): 449-470.

Bertini M, Ofek E, Ariely D. 2009. The impact of add-on features on consumer product evaluations. Journal of Consumer Research, 36(1): 17-28.

Bitner M J. 1992. Servicescapes: The impact of physical surroundings on customers and employees. Journal of Marketing, 56(2): 57-71.

Blackston M. 2000. Observations: building brand equity by managing the brand's relationships. Journal of Advertising Research, 40(6): 101-105.

Bodenhausen G V. 1993. Emotions, arousal, and stereotypic judgments: a heuristic model of affect and stereotyping//Affect, Cognition and Stereotyping. Amsterdam: Elsevier: 13-37.

Botti S, McGill A L. 2011. The locus of choice: personal causality and satisfaction with hedonic and utilitarian decisions. Journal of Consumer Research, 37(6): 1065-1078.

Bougie R, Pieters R, Zeelenberg M. 2003. Angry customers don't come back, they get back: the experience and behavioral implications of anger and dissatisfaction in services. Journal of the Academy of Marketing Science, 31(4): 377-393.

Brasel S A, Gips J. 2014. Tablets, touchscreens, and touchpads: how varying touch interfaces trigger psychological ownership and endowment. Journal of Consumer Psychology, 24(2): 226-233.

Bruce N I, Murthi B P S, Rao R C. 2017. A dynamic model for digital advertising: the effects of creative format, message content, and targeting on engagement. Journal of Marketing Research, 54(2): 202-218.

Butler E A, Randall A K. 2013. Emotional coregulation in close relationships. Emotion Review, 5(2): 202-210.

Campbell C, Evans N J. 2018. The role of a companion banner and sponsorship transparency in recognizing and evaluating article-style native advertising. Journal of Interactive Marketing, 43(2): 17-32.

Cesario J, Plaks J E, Higgins E T. 2006. Automatic social behavior as motivated preparation to interact. Journal of Personality and Social Psychology, 90(6): 893-910.

Chang C. 2006. Context-induced and ad-induced affect: individual differences as moderators. Psychology and Marketing, 23(9): 757-782.

Chang H H, Pham M T. 2013. Affect as a decision-making system of the present. Journal of Consumer Research, 40(1): 42-63.

Chang S T, Lin T M Y, Luarn P. 2014. The effects of word-of-mouth consistency on persuasiveness. Canadian Journal of Administrative Sciences, 31(2): 128-141.

Cheema A, Kaikati A M. 2010. The effect of need for uniqueness on word of mouth. Journal of Marketing Research, 47(3): 553-563.

Chen C Y, Lee L, Yap A J. 2017. Control deprivation motivates acquisition of utilitarian products. Journal of Consumer Research, 43(6): 1031-1047.

Chen Y B, Xie J H. 2008. Online consumer review: word-of-mouth as a new element of marketing communication mix. Management Science, 54(3): 477-491.

Chevalier J A, Mayzlin D. 2006. The effect of word of mouth on sales: online book reviews. Journal of Marketing Research, 43(3): 345-354.

Cho C H, Kang J, Cheon H J. 2006. Online shopping hesitation. Cyber Psychology and Behavior, 9(3): 261-274.

Choi D, Kim J. 2004. Why people continue to play online games: in search of critical design factors to increase customer loyalty to online contents. Cyberpsychology & Behavior, 7(1): 11-24.

Chung K Y, Derdenger T P, Srinivasan K. 2013. Economic value of celebrity endorsement: tiger woods' impact on sales of Nike golf balls. Marketing Science, 32(2): 271-293.

Chung S, Cho H. 2017. Fostering parasocial relationships with celebrities on social media: implications for celebrity endorsement. Psychology & Marketing, 34(4): 481-495.

Churchill E F, Bly S. 1999a. Virtual environments at work: ongoing use of MUDs in the workplace. ACM SIGSOFT Software Engineering Notes, 24(2): 99-108.

Churchill E F, Bly S. 1999b. It's all in the words: supporting work activites with lightweight tools//Proceedings of the 1999 ACM International Conference on Supporting Group Work. November 14 - 17, Phoenix, Arizona, USA. New York: ACM: 40-49.

Clark M S, Mills J. 1979. Interpersonal attraction in exchange and communal relationships. Journal of Personality and Social Psychology, 37(1): 12-24.

Clark M S, Mills J. 1993. The difference between communal and exchange relationships: what it is and is not. Personality and Social Psychology Bulletin, 19(6): 684-691.

Clemons E K, Gao G G, Hitt L M. 2006. When online reviews meet hyperdifferentiation: a study of the craft beer industry. Journal of Management Information Systems, 23(2): 149-171.

Cohen J B, Pham M T, Andrade E B. 2008. The nature and role of affect in consumer behavior. New York: Handbook of Consumer Psychology Erlbaum: 297-348.

Cooke A D J, Meyvis T, Schwartz A. 2001. Avoiding future regret in purchase-timing decisions. Journal of Consumer Research, 27(4): 447-459.

Crockett M J, Apergis-Schoute A, Herrmann B, et al. 2013. Serotonin modulates striatal responses to fairness and retaliation in humans. The Journal of Neuroscience: the Official Journal of the Society for Neuroscience, 33(8): 3505-3513.

Cropanzano R, Mitchell M S. 2005. Social exchange theory: an interdisciplinary review. Journal of Management, 31(6): 874-900.

Crowe E, Higgins E T. 1997. Regulatory focus and strategic inclinations: promotion and prevention in decision-making. Organizational Behavior and Human Decision Processes, 69(2): 117-132.

Crowley A E, Spangenberg E R, Hughes K R. 1992. Measuring the hedonic and utilitarian dimensions of attitudes toward product categories. Marketing Letters, 3(3): 239-249.

Cryder C, Botti S, Simonyan Y. 2017. The charity beauty premium: satisfying donors'"want"versus "should" desires. Journal of Marketing Research, 54(4): 605-618.

Csikszentmihalyi M. 1975. Play and intrinsic rewards. Journal of Humanistic Psychology, 15(3): 41-63.

Dailey L. 2004. Navigational web atmospherics: explaining the influence of restrictive navigation cues. Journal of Business Research, 57(7): 795-803.

Dai X C, Hsee C K. 2013. Wish versus worry: ownership effects on motivated judgment. Journal of Marketing Research, 50(2): 207-215.

Dao T H, Jeong S R, Ahn H. 2012. A novel recommendation model of location-based advertising: context-aware collaborative filtering using GA approach. Expert Systems with Applications, 39(3): 3731-3739.

David R J, Han S K. 2004. A systematic assessment of the empirical support for transaction cost economics. Strategic Management Journal, 25(1): 39-58.

Davies B J, Kooijman D, Ward P. 2003. The sweet smell of success: olfaction in retailing. Journal of Marketing Management, 19(5/6): 611-627.

Davis L, Wang S J, Lindridge A. 2008. Culture influences on emotional responses to on-line store atmospheric cues. Journal of Business Research, 61(8): 806-812.

de Angelis M, Bonezzi A, Peluso A M, et al. 2012. On braggarts and gossips: a self-enhancement account of word-of-mouth generation and transmission. Journal of Marketing Research, 49(4): 551-563.

de Maeyer P. 2012. Impact of online consumer reviews on sales and price strategies: a review and directions for future research. Journal of Product & Brand Management, 21(2): 132-139.

de Pessemier T, Dooms S, Martens L. 2014. Context-aware recommendations through context and activity recognition in a mobile environment. Multimedia Tools and Applications, 72(3): 2925-2948.

Delgadillo Y, Escalas J E. 2004. Narrative word-of-mouth communication: exploring memory and attitude effects of consumer storytelling. Advances in Consumer Research, 31(1): 186-192.

Derbaix C, Vanhamme J. 2003. Inducing word-of-mouth by eliciting surprise ——a pilot investigation. Journal of Economic Psychology, 24(1): 99-116.

Dhar R. 1996. The effect of decision strategy on deciding to defer choice. Journal of Behavioral Decision Making, 9(4): 265-281.

Dhar R. 1997a. Consumer preference for a no-choice option. Journal of Consumer Research, 24(2): 215-231.

Dhar R. 1997b. Context and task effects on choice deferral. Marketing Letters, 8(1): 119-130.

Dhar R, Nowlis S M. 1999. The effect of time pressure on consumer choice deferral. Journal of Consumer Research, 25(4): 369-384.

Dhar R, Wertenbroch K. 2000. Consumer choice between hedonic and utilitarian goods. Journal of Marketing Research, 37(1): 60-71.

Dholakia U M. 2000. Temptation and resistance: an integrated model of consumption impulse formation and enactment. Psychology & Marketing, 17(11): 955-982.

Dijksterhuis A. 2004. Think different: the merits of unconscious thought in preference development and decision making. Journal of Personality and Social Psychology, 87(5): 586-598.

Dijksterhuis A, Bos M W, Nordgren L F, et al. 2006. On making the right choice: the deliberation-without-attention effect. Science, 311(5763): 1005-1007.

Dijksterhuis A, van Olden Z. 2006. On the benefits of thinking unconsciously: unconscious thought can increase post-choice satisfaction. Journal of Experimental Social Psychology, 42(5): 627-631.

Dixon-Gordon K L, Bernecker S L, Christensen K. 2015. Recent innovations in the field of interpersonal emotion regulation. Current Opinion in Psychology, 3: 36-42.

Dodds W B, Monroe K B, Grewal D. 1991. Effects of price, brand, and store information on buyers' product evaluations. Journal of Marketing Research, 28(3): 307-319.

Doney P M, Cannon J P. 1997. An examination of the nature of trust in buyer-seller relationships. Journal of Marketing, 61(2): 35-51.

Dwivedi A, Johnson L W, McDonald R. 2016. Celebrity endorsements, self-brand connection and relationship quality. International Journal of Advertising, 35(3): 486-503.

Eisend M, Langner T. 2010. Immediate and delayed advertising effects of celebrity endorsers' attractiveness and expertise. International Journal of Advertising, 29(4): 527-546.

Epstein S. 1994. Integration of the cognitive and the psychodynamic unconscious. American Psychologist, 49(8): 709-724.

Eroglu S A, Machleit K A, Davis L M. 2001. Atmospheric qualities of online retailing: a conceptual model and implications. Journal of Business Research, 54(2): 177-184.

Eroglu S A, Machleit K A, Davis L M. 2003. Empirical testing of a model of online store atmospherics and shopper responses. Psychology & Marketing, 20(2): 139-150.

Evans J. 2002. Logic and human reasoning: an assessment of the deduction paradigm. Psychological Bulletin, 128(6): 978-996.

Evans J. 2003. In two minds: dual-process accounts of reasoning. Trends in Cognitive Sciences,

7(10): 454-459.

Ferreira C, Michaelidou N, Moraes C, et al. 2017. Social media advertising: factors influencing consumer ad avoidance. Journal of Customer Behaviour, 16(2): 183-201.

Festinger L. 1962. A theory of cognitive dissonance. Stanford: Stanford University Press.

Fiske S T, LinM, Neuberg S L. 1999. The continuum model: ten years later // Chaiken S , Trope Y. Dual-Process Theories in Social Psychology . New York: The Guilford Press: 231-254.

Förster J, Higgins E T, Bianco A T. 2003. Speed/accuracy decisions in task performance: built-in trade-off or separate strategic concerns?. Organizational Behavior and Human Decision Processes, 90(1): 148-164.

Forster S, Lavie N. 2008. Failures to ignore entirely irrelevant distractors: the role of load. Journal of Experimental Psychology Applied, 14(1): 73-83.

Franklyn D J, Hyman D A. 2013. Trademarks as search engine keywords: much ado about something?. Social Science Electronic Publishin, 26(2): 481-543.

Friestad M, Wright P. 1994. The persuasion knowledge model: how people cope with persuasion attempts. Journal of Consumer Research, 21(1): 1-31.

Frost R O, Shows D L. 1993. The nature and measurement of compulsive indecisiveness. Behaviour Research and Therapy, 31(7): 683-692.

Geers A L, Weiland P E, Kosbab K, et al. 2005. Goal activation, expectations, and the placebo effect. Journal of Personality and Social Psychology, 89(2): 143-159.

Gilovich T, Griffin D, Kahneman D. 2002. Heuristics and Biases: The Psychology of Intuitive Judgment. New York: Cambridge University Press.

Godes D, Mayzlin D. 2004. Using online conversations to study word-of-mouth communication. Marketing Science, 23(4): 545-560.

Goldfarb A, Tucker C. 2011. Online display advertising: targeting and obtrusiveness. Marketing Science, 30(3): 389-404.

Gong W Q, Li X G. 2017. Engaging fans on microblog: the synthetic influence of parasocial interaction and source characteristics on celebrity endorsement. Psychology & Marketing, 34(7): 720-732.

Goossens C. 2000. Visual persuasion: mental imagery processing and emotional experiences // Scott L M, Batra R. Persuasive Imagery: A Consumer Response Perspective. London: Lawrence Erlbaum: 129-138.

Gopinath S, Thomas J S, Krishnamurthi L. 2014. Investigating the relationship between the content of online word of mouth, advertising, and brand performance. Marketing Science, 33(2): 241-258.

Goulding C. 2000. The museum environment and the visitor experience. Europeran Journal of Marketing, 34(3/4): 261-278.

Graa A, Dani-Elkebir M, 2012. Application of stimulus & response model to impulse buying behavior of Algerian consumers. Serbian Journal of Management, 7(1): 53-64.

Greenleaf E A, Lehmann D R. 1995. Reasons for substantial delay in consumer decision making. Journal of Consumer Research, 22(2): 186-199.

Grewal D, Bart Y, Spann M, et al. 2016. Mobile advertising: a framework and research agenda. Journal of Interactive Marketing, 34(4): 3-14.

Grewal D, Monroe K B, Krishnan R. 1998. The effects of price-comparison advertising on buyers' perceptions of acquisition value, transaction value, and behavioral intentions. Journal of Marketing, 62(2): 46-59.

Gurău C. 2008. The influence of advergames on players' behaviour: an experimental study. Electronic Markets, 18(2): 106-116.

Guseva A, Kireev V, Filippov S A. 2016. Highly pertinent algorithm for the market of business intelligence, context and native advertising. International Journal of Economics and Financial Issues, 6: 225-233.

Hansen B E. 2000. Sample splitting and threshold estimation. Econometrica, 68(3): 575-603.

Han S, Lerner J S, Keltner D. 2007. Feelings and consumer decision making: the appraisal-tendency framework. Journal of Consumer Psychology, 17(3): 158-168.

Harms B, Bijmolt T H A, Hoekstra J C. 2017. Digital native advertising: practitioner perspectives and a research agenda. Journal of Interactive Advertising, 17(2): 80-91.

Haumann T, Quaiser B, Wieseke J, et al. 2014. Footprints in the sands of time: a comparative analysis of the effectiveness of customer satisfaction and customer-company identification over time. Journal of Marketing, 78(6): 78-102.

Hausman A V, Siekpe J S. 2009. The effect of web interface features on consumer online purchase intentions. Journal of Business Research, 62(1): 5-13.

Hayes A F. 2013. Introduction to Mediation, Moderation and Conditional Process Analysis: A Regression-based Approach. New York: Guilford Press.

Hazari S, Bergiel B J, Sethna B N. 2017. Hedonic and utilitarian use of user-generated content on online shopping websites. Journal of Marketing Communications, 23(6): 572-591.

Hedgcock W M, Rao R S, Chen H A. 2016. Choosing to choose: the effects of decoys and prior choice on deferral. Management Science, 62(10): 2952-2976.

He S X, Bond S D. 2015. Why is the crowd divided? Attribution for dispersion in online word of mouth. Journal of Consumer Research, 41(6): 1509-1527.

Higgins E T. 1997. Beyond pleasure and pain. American Psychologist, 52(12): 1280-1300.

Holbrook M B, Hirschman E C. 1982. The experiential aspects of consumption: consumer fantasies, feelings, and fun. Journal of Consumer Research, 9(2): 132-140.

Holt N A, Kleiber D A. 2009. The sirens' song of multiplayer online games. Children, Youth and Environments, 19(1): 223-244.

Hoption C, Barling J, Turner N. 2013. "It's not you, it's me": transformational leadership and self-deprecating humor. Leadership & Organization Development Journal, 34(1): 4-19.

Hsee C K, Rottenstreich Y. 2004. Music, pandas, and muggers: on the affective psychology of value. Journal of Experimental Psychology General, 133(1): 23-30.

Hsieh J K, Hsieh Y C, Chiu H C, et al. 2014. Customer response to website atmospherics: task-relevant cues, situational involvement and pad. Journal of Interactive Marketing, 28(3): 225-236.

Hsu S H, Wen M H, Wu M C. 2009. Exploring user experiences as predictors of MMORPG addiction. Computers & Education, 53(3): 990-999.

Israel S. 2009. Twitterville: How Businesses Can Thrive in the New Global Neighborhoods. New York: Penguin Press.

Iyengar R, van den Bulte C, Lee J Y. 2015. Social contagion in new product trial and repeat. Marketing Science, 34(3): 408-429.

Jansen B J, Zhang M M, Sobel K, et al. 2009. Twitter power: tweets as electronic word of mouth. Journal of the American Society for Information Science and Technology, 60(11): 2169-2188.

Jans L, Postmes T, van der Zee K I. 2012. Sharing differences: the inductive route to social identity formation. Journal of Experimental Social Psychology, 48(5): 1145-1149.

Jarvenpaa S L, Leidner D E. 1998. Communication and trust in global virtual teams. Journal of Computer Mediated Communication, 3(4): 346.

Johnson J W, Grimm P E. 2010. Communal and exchange relationship perceptions as separate constructs and their role in motivations to donate. Journal of Consumer Psychology, 20(3): 282-294.

Joshi A, Hanssens D M. 2010. The direct and indirect effects of advertising spending on firm value. Journal of Marketing, 74(1): 20-33.

Jung J M, Hui H C, Min K S, et al. 2014. Does telic/paratelic user mode matter on the effectiveness of interactive internet advertising? A reversal theory perspective. Journal of Business Research, 67(6): 1303-1309.

Kahneman D. 2011. Thinking Fast and Slow. London: Penguin Books.

Kanuri V K, Chen Y X, Sridhar S H. 2018. Scheduling content on social media: theory, evidence, and application. Journal of Marketing, 82(6): 89-108.

Kim D H, Sung Y H, Lee S Y, et al. 2016. Are you on timeline or news feed? The roles of facebook pages and construal level in increasing ad effectiveness. Computers in Human Behavior, 57(12): 312-320.

Kim K, Chhajed D. 2002. Product design with multiple quality-type attributes. Management Science, 48(11): 1502-1511.

Kim S J, Choi Y K, Kim K H , et al. 2015a. Country of origin and brand image influences on perceptions of online game quality. Journal of Consumer Behaviour, 14(6): 389-398.

Kim W G, Lim H, Brymer R A. 2015b. The effectiveness of managing social media on hotel performance. International Journal of Hospitality Management, 44: 165-171.

Koo D M, Ju S H. 2010. The interactional effects of atmospherics and perceptual curiosity on emotions and online shopping intention. Computers in Human Behavior, 26(3): 377-388.

Koschate-Fischer N, Diamantopoulos A, Oldenkotte K. 2012. Are consumers really willing to pay more for a favorable country image? A study of country-of-origin effects on willingness to pay. Journal of International Marketing, 20(1): 19-41.

Kozinets R V. 1999. E-tribalized marketing?: the strategic implications of virtual communities of consumption. European Management Journal, 17(3): 252-264.

Kozinets R V. 2016. Amazonian forests and trees: multiplicity and objectivity in studies of online consumer-generated ratings and reviews, a commentary on de langhe, fernbach, and Lichtenstein. Journal of Consumer Research, 42(6): 834-839.

Kridel D, Dolk D, Castillo D. 2017. Adaptive modeling and dynamic targeting for real time analytics in mobile advertising. International Journal of Systems and Service-Oriented Engineering, 7(2): 24-39.

Kumar M, Townsend J D, Vorhies D W. 2015. Enhancing consumers' affection for a brand using product design. Journal of Product Innovation Management, 32(5): 716-730.

Ladhari R. 2007. The effect of consumption emotions on satisfaction and word-of-mouth communications. Psychology and Marketing, 24(12): 1085-1108.

Lam S K, Ahearne M, Schillewaert N. 2012. A multinational examination of the symbolic-instrumental framework of consumer-brand identification. Journal of International Business Studies, 43(3): 306-331.

Lambrecht A, Tucker C, Wiertz C. 2018. Advertising to early trend propagators: evidence from twitter. Marketing Science, 37(2): 177-199.

Lee A Y, Labroo A A. 2004. The effect of conceptual and perceptual fluency on brand evaluation. Journal of Marketing Research, 41(2): 151-165.

Lee D, Kim H S, Kim J K. 2011. The impact of online brand community type on consumer's community engagement behaviors: consumer-created vs. marketer-created online brand community in online social-networking web sites. Cyberpsychology, Behavior, and Social Networking, 14(1/2): 59-63.

Lee J, Kim S, Ham C D . 2016. A double-edged sword? Predicting consumers' attitudes toward and sharing intention of native advertising on social media. American Behavioral Scientist, 60(12): 1425-1441.

Lee T Y, Bradlow E T. 2011. Automated marketing research using online customer reviews. Journal of Marketing Research, 48(5): 881-894.

Lerner J S, Keltner D. 2000. Beyond valence: toward a model of emotion-specific influences on judgement and choice. Cognition and Emotion, 14(4): 473-493.

Li X M, Ye Q L, Yang G Q. 2017. The lack of dominance and choice deferral: choosing to defer to cope with the feeling of being out of control. The Journal of Social Psychology, 157(6): 754-765.

Li Y, Wang K. 2014. What affects the advertising sharing behavior among mobile sns users? . Chengdu: The Relationships Between Social Capital, Outcome Expectations and Prevention Pride, PACIS.

Liberman N, Molden D C, Idson L C, et al. 2001. Promotion and prevention focus on alternative hypotheses: implications for attributional functions. Journal of Personality and Social Psychology, 80(1): 5-18.

Lichters M, Brunnlieb C, Nave G, et al. 2016. The influence of serotonin deficiency on choice deferral and the compromise effect. Journal of Marketing Research, 53(2): 183-198.

Ligon E, Schechter L. 2012. Motives for sharing in social networks. Journal of Development Economics, 99(1): 13-26.

Lipsman A, Mudd G, Rich M, et al. 2012. The power of "like": how brands reach (and influence) fans through social-media marketing. Journal of Advertising Research, 52(1): 40-52.

Liu S H, Liao H L, Sung Y H, et al. 2012. Communal and exchange relationships and the effects of norms on internet participation. Social Behavior and Personality: An International Journal, 40(6): 993-1004.

Liu Y L, Ying X X. 2010. A review of social network sites: definition, experience and applications. The Conference on Web Based Business Management. New York: Scientific Research Publishing: 749-752.

Liu Y. 2006. Word of mouth for movies: its dynamics and impact on box office revenue. Journal of Marketing, 70(3): 74-89.

Ljungberg J, Stenmark D, Zaffar F O. 2017. Like, share and follow: a conceptualisation of social buttons on the web//Scandinavian Conference on Information Systems. Cham: Springer: 54-66.

Lockwood P, Jordan C H, Kunda Z. 2002. Motivation by positive or negative role models: regulatory focus determines who will best inspire us. Journal of Personality and Social Psychology, 83(4): 854-864.

Loureiro S M C, Ribeiro L. 2014. Virtual atmosphere: the effect of pleasure, arousal, and delight on word-of-mouth. Journal of Promotion Management, 20(4): 452-469.

Lovett M J, Peres R, Shachar R. 2013. On brands and word of mouth. Journal of Marketing Research, 50(4): 427-444.

Luarn P, Chiu Y P, Chao K C. 2013. The influence of storytelling marketing on sharing intention on Facebook. Marketing Review, 10(4): 409-424.

Luo L, Chen X J, Han J, et al. 2010. Dilution and enhancement of celebrity brands through sequential movie releases. Journal of Marketing Research, 47(6): 1114-1128.

Mackie D M, Hamilton D L, 1993. Interactive Processes in Group Perception. San Diego: Academic Press.

Martin R A, Puhlik-Doris P, Larsen G, et al. 2003. Individual differences in uses of humor and their relation to psychological well-being: development of the humor styles questionnaire. Journal of Research in Personality, 37(1): 48-75.

Martins J, Costa C, Oliveira T , et al. 2019. How smartphone advertising influences consumers'purchase intention. Journal of Business Research, 94(2): 378-387.

Menon S, Kahn B. 2002. Cross-category effects of induced arousal and pleasure on the internet shopping experience. Journal of Retailing, 78(1): 31-40.

Metcalfe J, Mischel W. 1999. A hot/cool-system analysis of delay of gratification: dynamics of willpower. Psychological Review, 106(1): 3-19.

Miniero G, Rurale A, Addis M. 2014. Effects of arousal, dominance, and their interaction on pleasure in a cultural environment. Psychology & Marketing, 31(8): 628-634.

Mishra A S, Roy S, Bailey A A. 2015. Exploring brand personality-celebrity endorser personality congruence in celebrity endorsements in the Indian context. Psychology &Marketing, 32(12): 1158-1174.

Mittelstaedt J D, Riesz P C, Burns W J. 2000. Why are endorsements effective? Sorting among theories of product and endorser effects. Journal of Current Issues and Research in Advertising, 22(1): 55-65.

Mochon D. 2013. Single-option aversion. Journal of Consumer Research, 40(3): 555-566.

Molden D C, Finkel E J. 2010. Motivations for promotion and prevention and the role of trust and commitment in interpersonal forgiveness. Journal of Experimental Social Psychology, 46(2): 255-268.

Molitor D, Reichhart P, Spann D. 2012. Location-based advertising: measuring the impact of context-specific factors on consumers' choice behavior. Social Science Electronic Publishing, 29(3): 2523-2541.

Moore S G. 2015. Attitude predictability and helpfulness in online reviews: the role of explained actions and reactions. Journal of Consumer Research, 42(1): 30-44.

Mosteller J, Donthu N, Eroglu S. 2014. The fluent online shopping experience. Journal of Business Research, 67(11): 2486-2493.

Mourali M, Yang Z Y, Pons F, et al. 2018. Consumer power and choice deferral: the role of anticipated regret. International Journal of Research in Marketing, 35(1): 81-99.

Mummalaneni V. 2005. An empirical investigation of web site characteristics, consumer emotional states and on-line shopping behaviors. Journal of Business Research, 58(4): 526-532.

Nambisan P, Watt J H. 2011. Managing customer experiences in online product communities. Journal of Business Research, 64(8): 889-895.

Nawijn J, Fricke M C. 2015. Visitor emotions and behavioral intentions: the case of concentration camp memorial neuengamme. International Journal of Tourism Research, 17(3): 221-228.

Naylor R W, Lamberton C P, West P M. 2012. Beyond the"like"button: the impact of mere virtual presence on brand evaluations and purchase intentions in social media settings. Journal of Marketing, 76(6): 105-120.

Newman G E, Diesendruck G, Bloom P. 2011. Celebrity contagion and the value of objects. Journal of Consumer Research, 38(2): 215-228.

Nicolao L, Irwin J R, Goodman J K. 2009. Happiness for sale: Do experiential purchases make consumers happier than material purchases?. Journal of Consumer Research, 36(2), 188-198.

Norman D A.2003. Emotional Design: Why We Love (or Hate) Everyday Things. New York: Basic Books.

Novak T P, Hoffman D L. 2009. The fit of thinking style and situation: new measures of situation-specific experiential and rational cognition. Journal of Consumer Research, 36(1): 56-72.

Otto J E, Ritchie J RB. 1996. The service experience in tourism. Tourism Management, 17(3): 165-174.

Oviatt S, Cohen A, Miller A, et al. 2012. The impact of interface affordances on human ideation, problem solving and inferential reasoning. ACM Transactions on Computer Human Interaction, 19(3): 1-30.

Owen M. 2005. An Anatomy of Games. Bristol: Future Lab.

Park C W, Macinnis D J, Priester J R.2006a. Beyond attitudes: attachment and consumer behavior. Seoul National Journal, 12(2): 3-36.

Park C W, Macinnis D J, Priester J.2006b. Brand attachment: constructs, consequences, and causes. Foundations & Trends in Marketing, 1(1): 191-230.

Peck J, Johnson J W. 2011. Autotelic need for touch, haptics, and persuasion: the role of involvement. Psychology & Marketing, 28(3): 222-239.

Pejsachowicz L, Toussaert S. 2017. Choice deferral, indecisiveness and preference for flexibility. Journal of Economic Theory, 170: 417-425.

Petersen J A, Kumar V. 2015. Perceived risk, product returns, and optimal resource allocation: evidence from a field experiment. Journal of Marketing Research, 52(2): 268-285.

Pham M T, Higgins E T. 2004. Promotion and prevention in consumer decision making: state of the art and theoretical propositions. New York: Social Science Electronic Publishing.

Phillips C A, Rolls S, Rouse A, et al. 1995. Home video game playing in schoolchildren: a study of incidence and patterns of play. Journal of Adolescence, 18(6): 687-691.

Pieters R, Wedel M. 2004. Attention capture and transfer in advertising: brand, pictorial, and text-size effects. Journal of Marketing, 68(2): 36-50.

Poels K, Dewitte S. 2006. How to capture the heart? Reviewing 20 years of emotion measurement in advertising. Journal of Advertising Research, 46(1): 18-37.

Polatidis N , Georgiadis C K. 2015. A ubiquitous recommender system based on collaborative filtering and social networking data. International Journal of Intelligent Engineering Informatics, 3(2/3): 186-204.

Polites G L, Serrano C, Thatcher J B, et al. 2018. Understanding social networking site (SNS) identity from a dual systems perspective: an investigation of the dark side of SNS use. European Journal of Information Systems, 27(5): 600-621.

Preacher K J, Rucker D D, Hayes A F. 2007. Addressing moderated mediation hypotheses: theory, methods and prescriptions. Multivariate Behavioral Research, 42(1): 185-227.

Rassin E, Muris P. 2005. Indecisiveness and the interpretation of ambiguous situations. Personality and Individual Differences, 39(7): 1285-1291.

Rau P L P, Peng S Y, Yang C C. 2006. Time distortion for expert and novice online game players. Cyberpsychology & Behavior, 9(4): 396-403.

Rezaei S, Ghodsi S S. 2014. Does value matters in playing online game? An empirical study among massively multiplayer online role-playing games (MMORPGs). Computers in Human Behavior, 35: 252-266.

Richard M O, Chebat J C. 2016. Modeling online consumer behavior: preeminence of emotions and moderating influences of need for cognition and optimal stimulation level. Journal of Business Research, 69(2): 541-553.

Roselius T. 1971. Consumer rankings of risk reduction methods. Journal of Marketing, 35(1): 56-61.

Rusbult C E, Verette J, Whitney G A, et al. 1991. Accommodation processes in close relationships: theory and preliminary empirical evidence. Journal of Personality and Social Psychology, 60(1): 53-78.

Russell J A, Mehrabian A. 1977. Evidence for a three-factor theory of emotions. Journal of Research in Personality, 11(3): 273-294.

Ryals L. 2005. Making customer relationship management work: the measurement and profitable management of customer relationships. Journal of Marketing, 69(4): 252-261.

Sääksjärvi M, Hellén K, Balabanis G. 2016. Sometimes a celebrity holding a negative public image is the best product endorser. European Journal of Marketing, 50(3/4): 421-441.

Sánchez J L G, Vela F L G, Simarro F M, et al. 2012. Playability: analysing user experience in video games. Behaviour & Information Technology, 31(10): 1033-1054.

Schabsky T. 2010. Online Consumer Behavior : Theorien und Modelle zur Erklärung des Online- Konsumentenverhaltens. München: GRIN Verlag.

Schultz S E, Kleine R E, Kernan J B. 1989. These are a few of my favorite things: toward an explication of attachment as a consumer behavior construct. Advances in Consumer Research, 16(1): 359-366.

Shafir E, Simonson I, Tversky A. 1993. Reason-based choice. Cognition, 49(1/2): 11-36.

Shen C H, Monge P, Williams D. 2014. The evolution of social ties online: a longitudinal study in a massively multiplayer online game. Journal of the Association for Information Science and Technology, 65(10): 2127-2137.

Shen F Y, Chen Q M. 2007. Contextual priming and applicability: implications for ad attitude and brand evaluations. Journal of Advertising, 36(1): 69-80.

Shen H, Wan F, Wyer R S. 2011. Cross-cultural differences in the refusal to accept a small gift: the differential influence of reciprocity norms on Asians and North Americans. Journal of Personality and Social Psychology, 100(2): 271-281.

Shen H, Zhang M, Krishna A. 2016. Computer interfaces and the "direct-touch" effect: can iPads increase the choice of hedonic food?. Journal of Marketing Research, 53(5): 745-758.

Simona B, McGill A L. 2011. The locus of choice: personal causality and satisfaction with hedonic and utilitarian decisions. Journal of Consumer Research, 37(6): 1065-1078.

Skoric M M, Kwan G C E. 2011. Platforms for mediated sociability and online social capital: the role of facebook and massively multiplayer online games. Asian Journal of Communication, 21(5): 467-484.

Sloman S A. 1996. The empirical case for two systems of reasoning. Psychological Bulletin, 119(1): 3-22.

Smith E R, Semin G R. 2004. Socially situated cognition: cognition in its social context// Zanna M P. Experimental Social Psychology. Amsterdam Elsevier Academic Press: 53-117.

Snyder C R, Fromkin H L. 1977. Abnormality as a positive characteristic: the development and validation of a scale measuring need for uniqueness. Journal of Abnormal Psychology, 86(5): 518-527.

Sohn S, Seegebarth B, Moritz M. 2017. The impact of perceived visual complexity of mobile online shops on user's satisfaction. Psychology & Marketing, 34(2): 195-214.

Stanovich K E, West R F. 2000. Individual differences in reasoning: implications for the rationality debate?. Behavioral and Brain Sciences, 23(5): 645-665.

Steigrad A. 2013. Native Advertising: The Pros and Cons. WWD: Women's Wear Daily.

Sun M. 2011. Disclosing multiple product attributes. Journal of Economics & Management Strategy, 20(1): 195-224.

Sun M. 2012. How does the variance of product ratings matter?. Management Science, 58(4): 696-707.

Sun T, Youn S, Wu G H, et al. 2006. Online word-of-mouth (or mouse): an exploration of its antecedents and consequences. Journal of Computer-Mediated Communication, 11(4): 1104-1127.

Takatalo J, Kawai T, Kaistinen J, et al. 2011. User experience in 3D stereoscopic games. Media

Psychology, 14(4): 387-414.

Tang T Y, Fang E E, Wang F. 2014. Is neutral really neutral? The effects of neutral user-generated content on product sales. Journal of Marketing, 78(4): 41-58.

Trevino L K, Webster J. 1992. Flow in computer-mediated communication: electronic mail and voice mail evaluation and impacts. Communication Research, 19(5): 539-573.

Tucker C E. 2014. Social networks, personalized advertising, and privacy controls. Journal of Marketing Research, 51(5): 546-562.

Turel O, Qahri-Saremi H. 2016. Problematic use of social networking sites: antecedents and consequence from a dual-system theory perspective. Journal of Management Information Systems, 33(4): 1087-1116.

van den Bulte C, Stefan W. 2007. Social Networks and Marketing. Berkeley:Marketing Science Institute.

Vanwesenbeeck I, Ponnet K, Walrave M. 2016. Go with the flow: how children's persuasion knowledge is associated with their state of flow and emotions during advergame play. Journal of Consumer Behaviour, 15(1): 38-47.

Vinzi V E, Chin W W, Henseler J. 2010. Handbook of Partial Least Squares: Concepts, Methods and Applications. Berlin : Springer-Verlag.

Voida A, Greenberg S. 2012. Console gaming across generations: exploring intergenerational interactions in collocated console gaming. Universal Access in the Information Society, 11(1): 45-56.

Wallendorf M, Arnould E J. 1988. "My favorite things": a cross-cultural inquiry into object attachment, possessiveness, and social linkage. Journal of Consumer Research, 14(4): 531-547.

Wang R J H, Malthouse E C, Krishnamurthi L. 2015. On the go: how mobile shopping affects customer purchase behavior. Journal of Retailing, 91(2): 217-234.

Wang J, Lee A Y. 2006. The role of regulatory focus in preference construction. Journal of Marketing Research, 43(1): 28-38.

Wang Y, Genç E. 2019. Path to effective mobile advertising in asian markets: credibility, entertainment and peer influence. Asia Pacific Journal of Marketing and Logistics, 31(1): 55-80.

Wasko M M, Faraj S. 2005. Why should I share? Examining social capital and knowledge contribution in electronic networks of practice. MIS Quarterly, 29(1): 35-57.

Weibel D, Wissmath B, Habegger S, et al. 2008. Playing online games against computer- vs. human-controlled opponents: effects on presence, flow, and enjoyment. Computers in Human Behavior, 24(5): 2274-2291.

Wen J, Sar S, Anghelcev G. 2017. The interaction effects of mood and ad appeals on type of elaboration and advertising effectiveness. Journal of Current Issues and Research in Advertising, 38(1): 31-43.

West P M, Huber J, Min K S. 2004. Altering experienced utility: the impact of story writing and self-referencing on preferences. Journal of Consumer Research, 31(3): 623-630.

White C J. 2010. The impact of emotions on service quality, satisfaction, and positive word-of-mouth intentions over time. Journal of Marketing Management, 26(5/6): 381-394.

White C, Yu Y T. 2005. Satisfaction emotions and consumer behavioral intentions. Journal of Services Marketing, 19(6): 411-420.

Wojdynski B W, Bang H, Keib K. 2017. Building a better native advertising disclosure. Journal of Interactive Advertising, 17(2): 150-161.

Wojdynski B W, Evans N J. 2016. Going native: effects of disclosure position and language on the recognition and evaluation of online native advertising. Journal of Advertising, 45(2): 157-168.

Wollschlaeger M, Sauter T, Jasperneite J. 2017. The future of industrial communication: automation networks in the era of the internet of things and industry 4. 0. IEEE Industrial Electronics Magazine, 11(1): 17-27.

Wu T C, Scott D, Yang C C. 2013. Advanced or addicted? Exploring the relationship of recreation specialization to flow experiences and online game addiction. Leisure Sciences, 35(3): 203-217.

Yang C M. 2018. Effects of message strategy and need for cognition (NFC) on consumer attitudes: a case of corporate social responsibility(CSR) advertising. Open Journal of Business and Management, 6(3): 714-732.

Ye Q, Law R, Gu B. 2009. The impact of online user reviews on hotel room sales. International Journal of Hospitality Management, 28(1): 180-182.

Yee N. 2006. Motivations for play in online games. Cyber Psychology & Behavior, 9(6): 772-775.

Zajonc R B, Markus H. 1982. Affective and cognitive factors in preferences. Journal of Consumer Research, 9(2): 123-131.

Zarouali B, Ponnet K, Walrave M, et al. 2017. "Do you like cookies?" Adolescents' skeptical processing of retargeted facebook-ads and the moderating role of privacy concern and a textual debriefing. Computers in Human Behavior, 69(11): 157-165.

Zeelenberg M, Pieters R. 2004. Beyond valence in customer dissatisfaction: a review and new findings on behavioral responses to regret and disappointment in failed services. Journal of Business Research, 57(4): 445-455.

Zhao M, Hoeffler S, Zauberman G. 2011. Mental simulation and product evaluation: the affective and cognitive dimensions of process versus outcome simulation. Journal of Marketing Research, 48(5): 827-839.

Zhu R, Meyers-Levy J. 2007. Exploring the cognitive mechanism that underlies regulatory focus effects. Journal of Consumer Research, 34(1): 89-96.

Zhu F, Zhang X Q. 2010. Impact of online consumer reviews on sales: the moderating role of product and consumer characteristics. Journal of Marketing, 74(2): 133-148.

第五章

引出爆点：动态网络中的关键用户

　　大数据驱动的社群赋能营销的一个突破点是找到具有传播影响力的关键用户并与其进行交互，利用其病毒传播扩散性进行事半功倍的社会化传播，起到倍增营销效果的作用。本章以动态社会网络视角来分析社群中具有影响力的关键用户：一是通过网络结构特征和用户特征来识别意见领袖，二是从关系交互角度来动态分析用户的传播病毒性，三是从系统演化角度来看关键用户影响的差异性。

　　社群用户很多，影响的成本很高。80%的消费者并不喜欢直接听从企业的营销建议，而是采纳伙伴的口碑推荐。口碑推荐策略是企业通过种子用户（关键用户）间接影响目标用户群。因此社群营销并不是对所有人做营销，而是对关键用户做营销，这样更加节省企业精力和资源。因此，对社群种子用户及用户间的关系有更全面的认知是必要的。

　　如今企业之间存在着误区，企业在交易思维的影响下，根据经典的"8020"原则，即 80%的收入是由 20%顾客创造的，将顾客分类。在移动互联网时期，由于用户的交互和社群化，小的长尾用户聚集起来也会形成庞大的力量，那"大用户"和"小用户"之间如何进行影响呢？企业通常采取广告信息影响，用户之间则是社会影响。社会影响有两种：一是规范性社会影响，即在参考他人信息时，为了与他人保持一致而受到的他人信息的影响；二是信息性社会影响，指为了获取正确的信息而参考他人的信息，换句话来说，用户获取专家信息则是信息性影响。正如前文所说，社群内部的用户交互是社群营销的核心思想，这样才能激发群体智能，那企业应该如何激发社群的效应呢？

　　企业营销策略传播过程中的首轮效应来自意见领袖，其持久力来自模仿性。在社群营销里，二次传播也叫病毒传播，病毒传播是非常关键的。

　　在社会关系网络中存在三度影响力理论。具体而言，个人的行为能影响到个体朋友的朋友的朋友；相距三度之内是强连接，强连接可以引发行为。其余的是六度空间，称为弱关系，有很强的社会传递性。在识别关键点时，需要从两个方面考虑，一方面是传染性，强关系会带来行为上的影响，连接强弱关系会带来信息上的影响；另一方面为感染性，弱关系连接杂，接触范围更广。考虑强弱关系及传播途径对识别关键的节点尤为重要，这就是社群营销中意见领袖的识别。

具体而言，在社群营销中，种子用户策略的目的：其一让口碑产生病毒式传播效果，利用意见领袖影响力提升口碑传播广度；其二通过优化传播内容，吸引更多追随者再传播，延长口碑链长度。这一过程的实现可分为三个阶段来进行探讨。首先是意见领袖的识别，意见领袖的形成需要两个必备条件，一是预期线索中发布内容数量的多寡以及观点的鲜明程度，二是在网络结构中通过偏好连接、结构等价、相似性、互惠性建立起相应的网络关系，在具备以上两个条件的基础上最终发展为意见领袖。其次是要求意见领袖发布高效的网络"爆点"。在网络关系中关系的时间距离和关系影响源的强度是形成网络爆点的判断条件，只有在这两者的基础上取优才能达成最终实现提高口碑效价及数量的目的。最后探索社群营销口碑链条的发展途径，为企业实行社群营销寻找关键用户、扩散影响力提供切实可行的方法。

第一节　关键用户的识别与演化①

意见领袖是社会网络中具有重要影响力的节点，比其他人拥有更多的网络关系，因此很多企业对虚拟社交网络上的意见领袖非常关注。然而，对于意见领袖本身是如何形成的，也就是它的前因却少有关注。问题是，在社会网络中意见领袖并不是从来就有的，而是存在一个从有到无、从小到大的动态演化过程，如果不能深入理解意见领袖的形成机理，企业就很难利用意见领袖开展社会化营销。本节探索了意见领袖的形成机制，旨在为企业识别社会网络中的意见领袖找到可执行的区分因素。

为了进一步理解意见领袖的形成这一问题，本节对不同的网络形态进行了划分，提出了消费咨询网络这一概念，突出了消费咨询网络中生人关系和信息导向的特点。在消费咨询网络的背景下，本节提出了两类影响意见领袖形成的因素，分别是基于预期的网络节点的信息创造和网络结构，信息创造突出的是意见领袖作为网络中信息的提供者，其提供信息的量和质能推动关系的建立，吸引"粉丝"；网络结构的影响突显的则是两个节点现有结构关系对新关系建立的影响。本节利用真实网络演化数据对意见领袖的形成进行了实证分析。

---

① 黄敏学, 王琦缘, 肖邦明, 等.2015. 消费咨询网络中意见领袖的演化机制研究——预期线索与网络结构.管理世界, （7）：109-121,187-188.

一、意见领袖的概念

"意见领袖"最早由 Katz 和 Lazarsfeld（1955）提出，用以解释媒体传播与大众观念形成的关系，而社会学、营销学等学科早在 20 世纪七八十年代就对其进行了研究（King and Summers，1970；Levy，1978）。随着互联网的发展，对这一概念的研究也越来越深入，相关研究主要集中在识别社会网络中的意见领袖以及意见领袖会带来什么样的影响上。在识别意见领袖方面，以往研究主要关注了在社会网络中哪些用户是具有影响力的，以及影响者与被影响者之间的互动关系，而在意见领袖产生影响方面的研究非常多，如意见领袖对新产品扩散的作用（Iyengar et al.，2011）、对新技术采纳的影响、对社会观点形成的作用（Watts and Dodds，2007）等。

二、意见领袖的识别及其影响

意见领袖作为社会网络中有影响力的节点，对网络其他成员的行为和网络整体变化具有重要作用，所以以往对于意见领袖的研究关注较多的是意见领袖的识别和意见领袖的影响。对于意见领袖的识别而言，主要是依靠某些指标来判断网络节点的影响力，影响力较大的则被认为是意见领袖；对于意见领袖的影响，以往学者主要研究的是意见领袖的行为对其他人的示范和带动作用。意见领袖文献综述，见表 5-1。

表 5-1 意见领袖文献综述

对比内容	作者	年份	网络类型	主要发现
意见领袖的识别	Trusov 等	2010	社交网络	社交网络用户 20% 的好友对其存在影响
	Aral 和 Walker	2012	社交网络	男性比女性更有影响力，意见领袖与非意见领袖相比不易受到影响
意见领袖的影响	Watts 和 Dodds	2007	仿真网络	社会舆论的涌现主要是受易受影响群体的驱动，而不是意见领袖
	Goldenberg 等	2009	社交网络	意见领袖分为创新型和跟随型两种，创新型提高扩散速度，跟随型扩大总体市场
	Iyengar 等	2011	社交网络	意见领袖的新产品用量和其他人对意见领袖的感知推动了新产品的扩散

（一）意见领袖的识别

一般而言，意见领袖包含三个层次：首先，意见领袖具有一些人格上的特质，如让人信服的，甚至是充满魅力的；其次，意见领袖必须在某一或某些方面具有丰富的专业知识，成为这方面的专家；最后，与其他网络节点相比，意见领袖拥有更多的网络关系（Goldenberg et al.，2009）。显然，在识别意见领袖的时候，前两种属性是很难被观测到的，他们是意见领袖所具有的内在特质。第三种属性，也就是网络关系的数量很容易观测、计量和划分，因此也被很多研究作为划分意见领袖的标准（Goldenberg et al.，2009；Iyengar et al.，2011）。用这种方法确定识别意见领袖的合理性在于，虽然网络关系的数量只反映了意见领袖的一个方面，但是在大部分情况下，其他两个方面与其的相关性是非常高的，那些在社会网络中占据大量网络关系的节点也是网络中最有声望和能力的节点。除此之外，一些研究中还用到了自我报告（self-reported）的方法来识别意见领袖，即被研究对象对自己在群体中多大程度上是意见领袖做出评价，还有一些学者则是从网络节点的实际影响力出发，计算出所有节点的影响力，选取一定比例的拥有高影响力的节点作为意见领袖（Aral and Walker，2012）。

（二）意见领袖的影响

在社会网络中，意见领袖最为显著的作用是推动创新的扩散和采用。这主要是因为如果意见领袖采用了某项新产品或新技术，就会起到重要的示范带动作用，进而刺激其他网络成员也采用这项创新（Iyengar et al.，2011；Watts and Dodds，2007；van den Bulte and Joshi，2007；Goldenberg et al.，2009）。需要指出的是，意见领袖给社会网络中其他人带来的影响主要是通过网络关系实现的，即只有与意见领袖建立了关系才会受其影响。扩散模型中的门槛模型（threshold model）的基本假设也是基于中心节点与其他节点的网络关系。由此可以看出，网络关系不仅仅是识别意见领袖的重要标准，也是意见领袖影响力的基础和本质体现（Ho and Dempsey，2010）。除此之外，还有其他学者研究了意见领袖对于公众舆论涌现的作用，这类研究认为，社会舆论的传播存在两阶段特征，意见领袖会首先接受某些舆论观点，进而传播给更广泛的社会大众，因此意见领袖具有引导社会舆论的重要作用（Watts and Dodds，2007）。

综上可以看出，网络关系既是区别意见领袖和非意见领袖的重要依据，也是意见领袖对其他网络节点产生影响的重要途径。在社会网络中，尤其是在虚拟社会网络中，意见领袖网络关系的累积和影响力的递增不是一蹴而就的，其是一个不断演化的过程（Kossinets and Watts，2006；Palla et al.，2007）。哪些因素在这个过程中发挥了重要作用，影响了意见领袖关系的构建，以往研究并没有给予明确回答。对于网络关系的形成，以往的研究多从连接预测（link prediction）的角度来考虑，但是用于计算的指标多为结构性指标，如结构相似性、网络闭包等（Lü and Zhou，2011），没有从以网络节点为主体的视角考虑这一问题。然而对于企业而言，尤其是企业在进行社会化媒体营销时，需要知道企业自身能够通过哪些努力来吸引粉丝关注，增强自身影响力。因此，我们需要从意见领袖本身的视角出发以解答上述问题。

三、意见领袖形成：以消费咨询网络为例

为什么之前的研究较少涉及意见领袖的形成机制呢？以往针对意见领袖的大部分研究都是以社交网络为基础，网络关系反映了现实的社会关系，关系双方在现实生活中相互认识，网络关系的建立是为了满足社会交互和情感支持的需要（Myers and Robertson，1972；Borgatti et al.，2009）。在这样的环境下，意见领袖的形成往往依赖于其原有的社会资源和社会地位，如在一个组织中的意见领袖一般是职位较高的领导，而在一个社区中的意见领袖则是社区中资历较高的成员，因此这种内生的因素决定了社会网络中的意见领袖的形成。社会结构变化比较缓慢，进而也造成了嵌入式的意见领袖比较稳定（Childers，1986）。但是在互联网虚拟环境下，还存在着与社交网络有着巨大差异的网络。咨询网络这一网络概念最初来源于组织行为学，其描述的是组织成员之间的信息交流关系，因而被叫作咨询网络（Stokman and Doreian，1997）。在消费场景下，消费者间的信息交流关系即为消费咨询网络。与传统社交网络相比，消费咨询网络最大的特点在于其网络关系是与现实生活相分离的，网络成员具有匿名性，互不认识，网络成员之间是一种生人关系。更为重要的是，在消费咨询网络中，关系的构建不是为了满足社会交互的需要，而更多的是通过网络关系获取有价值的信息，因此关系本质上是一种流关系，代表了信息的流动（Borgatti et al.，2009）。目前已经存在很多这样的网络，有线下企业自主打造的在线社区，如小米论坛，有在线消费平台自创的交互平台，如淘宝帮派，还有独立的第三方购物分享网站，如美丽说、蘑菇街等。在这些网络中，网络成员通常具有匿名性，网络成员在现实生活中的角色和社会资源无法带入到在线社区中，并且网络成员也热衷于在这种匿名的方式下分享自己的购物和生活经验，与其他成员进行交流，积极参与到整个网络社区中。同时，消费者也会主动加入这样的消费咨询网络，搜索关于产品和服务的信息（Chevalier and Mayzlin，2006；Ludwig et al.，2013）。社交网络和消费咨询网络比较，如表 5-2 所示。

表 5-2 两种网络比较

比较内容	社交网络	消费咨询网络
连接类型	社会关系，如朋友、血缘等	流关系，关系代表了信息的流动
关系双方	相互认识，熟人关系	互不认识，生人关系
关系稳定性	关系较为稳定，变化较小	关系变动较大
网络活动	社会交互，信息分享	信息分享
成员需求	满足社交需要，获得情感支持	满足信息需求

比较内容	社交网络	消费咨询网络
产生的影响	规范性影响、信息性影响	信息性影响
例子	微信、QQ、Facebook 等	美丽说、蘑菇街、微博等

所以，在消费咨询网络中，意见领袖实际上承担了信息提供者的角色。这充分体现了意见领袖的第二个维度，也就是在某些方面，意见领袖应该具有更多的专业知识。例如，当消费者在面对新产品时，会寻找与新产品相关的意见领袖，寻求专业意见。在传统的社交网络中，这种咨询关系表现为面对面的交谈或者通过其他方式的实际沟通（Iyengar et al.，2011）。在消费咨询网络中，消费者则会直接搜索相关产品的评论，以及网络中的意见领袖。所以不难看出，在消费咨询网络中，信息的创造和供给是意见领袖的价值所在，也是其形成的核心要素，只有当意见领袖能够提供大量有用的信息时，其他节点才会对其关注，成为意见领袖的"粉丝"。从理论上来看，这体现的是网络节点生成内容和网络关系建立的互动，网络节点贡献的内容越多，就越能够吸引他人与自己建立关系，而关注粉丝越多，越能够激发网络节点贡献内容（Lu et al.，2013；Shriver et al.，2013；Goes et al.，2014）。所以在消费咨询网络中，信息是网络的核心，网络成员参与网络社区的目的是获取有用的信息，而那些能够提供丰富有用信息的用户更能够吸引别人的关注，成为网络中的意见领袖，由此而产生了意见领袖和信息之间的循环（图 5-1）。

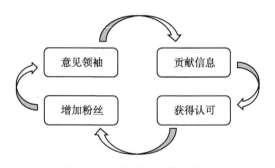

图 5-1　意见领袖与信息分享

四、消费咨询网络意见领袖形成机制

（一）预期线索

如前所述，在消费咨询网络中意见领袖的形成就是关系的构建和累积，那么从理论上来说网络节点为什么会与他人构建关系呢？在以往关于社会网络的研究中，网络节点被认为是资源或利益的来源，而这种资源又可以被其他节点通过关系的构建利用（Bala and Goyal，2000；Goyal and Vega-Redondo，2005）。例如，某人在一个组织中是很有地位的，那么这个组织中的其他成员通过与之建立关系，从而有可能利用这个人所掌握的资源。在我们所研究的消费咨询网络中，网络关系构建带来的好处是可以从他人那里获得关于产品和服务的信息，帮助网络节点消除购买过程中的信息不对称。所以在网络节点考虑要不要建立关系时，它会基于对关系所带来资源的预期来做出决策（Schmidt，1973）。在消费咨询网络中，这种预期主要是针对信息，如果网络节点认为这条网络关系能够给其带来丰富而有价值的信息，那么其构建关系的可能性就比较大。

因此，在消费咨询网络中，从关注节点的角度看，其之所以选择关注其他节点，是因为可以从自己所关注的节点那里获得所需要的有价值的信息。从被关注节点的角度看，其之所以获得关注，是因为自身是一个有价值的信息源，足够有质量的信息吸引了这些"粉丝"。这种信息贡献和网络关系构建的互动已经得到了一些实证研究的验证，一般而言用户所发布的内容越多，与之建立关系的其他节点也越多；反过来说，更多的关系也会激励网络内容的创造（Shriver et al.，2013；Goes et al.，2014）。更进一步来说，一些网络用户之所以会主动地无偿地向网络社区中贡献信息，一方面是因为有些人可以从这种信息分享行为本身获得乐趣；另一方面，信息分享也是网络用户在社区中进行自我形象构建的重要手段，这些信息往往会增加他们在社区中的声誉和影响力（Wasko and Faraj，2005）。例如，某些微博用户在成为"大V"之前，并不具有知名度，但是通过提供大量的有价值的原创性内容，他们也成功地积累了属于自己的粉丝，成为这个群体的意见领袖。可见网络节点发布的信息是吸引其他人关注的重要原因，因此我们认为：网络节点发布的内容越多，与之建立关系的其他节点就越多，就越有可能成为意见领袖。

除了信息的数量对关系的构建产生影响外，信息的质量会不会也存在一定的作用呢？以往对网络节点创造内容的研究表明内容的数量很重要，内容的具体特征也同样具有很大的影响力，如网上评论的文本特征会对消费者的购买决策产生显著影响，这些文本特征包括效价、语言风格、情绪等（Ludwig et al.，2013）。其中研究较多的是网络评论的效价带来的影响，Chevalier 和 Mayzlin（2006）对亚马逊的研究表明负面的网络评论会显著地减少消费者对商品的购买，并且负面的评论影响力往往比正面的评论更大。从心理学方面的机制来看，批评性的、负面的言论往往会被感知为更聪明、更有知识以及更有用（Moe and Trusov，2011）。以往的研究情境主要是针对网络购物，因此负面的内容可能对消费者评价商品更为重要。在这里我们考虑的是网络关系的建立，所以正面或负面的内容可能都会产生一定的影响，因为其代表了观点的鲜明程度。因此我们假设：网络节点发布内容的观点越鲜明，与之建立关系的其他节点就越多，就越有可能成为意见领袖。

（二）网络结构

以往文献中对于网络关系的构建多从网络结构角度来考虑，即利用当前网络结构变量来预测未来潜在关系的可能性，从而寻找出那些在未来最有可能建立的网络关系。这种研究视角对于我们理解网络关系的演化非常重要，但是对于企业而言，尤其是当企业要主动地来吸引"粉丝"，提高自身影响力时，这些网络结构变量显然很难回答企业的问题，因为企业无法人为地去改变网络结构。但是作为嵌入网络结构的节点在构建关系时必然会受到周围网络结构特点的影响，这种影响是客观存在的，所以我们在分析网络关系构建时也将以往文献中提出的网络结构变量纳入分析范畴，这些变量主要包括偏好连接、相似性、结构等价和互惠性（黄敏学等，2015；姚铮等，2013；杨震宁等，2013）。

偏好连接描述的是在社会网络中那些具有更多关系的网络节点更能吸引其他节点并与之建立关系，类似于"强者愈强、弱者愈弱"。这种现象已经在很多不同的网络中得到证实，如学者合作网络、互联网网站等（Barabási，2012；Barabási and Albert，1999）。出现偏好连接这种现象的主要原因是网络节点在构建关系时会搜寻网络中的明星节点，与这样的明星节点构建关系所带来的价值要高于与普通节点构建关系所带来的价值，而网络关系数量的多寡则成为判断明星节点的重要标志。在意见领袖形成过程中，这种偏好连接的现象似乎更为普遍，如我们在加入到某个网络中时（如微博），都会先搜寻那些最知名的最有影响力的（Wasko and Faraj，2005）。因此我们假设：网络节点的已有关系越多，与之建立关系的其他节点就越多，就越有可能成为意见领袖。

除此之外，网络节点之间的相似性也会成为预期形成的重要因素。网络成员会由于处于相似的网络位置而产生在不同维度的相似性，如行为、观念等（McPherson et al.，2001）；同时这种相似性也会带来成员之间的信任，往往相似的网络成员之间更容易发生交互和建立关系。在消费咨询网络中，网络用户越相似，说明用户之间在网络行为上共同点越多，如他们有着相似的兴趣点，网络用户更有可能从相似的其他用户中获得其感兴趣的信息。因此我们认为：网络节点之间的相似性越高，建立关系的可能性也越大。

结构等价这一概念描述的是两个网络节点在网络结构上的相似性，具体地说就是两个节点与哪些共同的其他网络节点相连接（Burt，1987）。结构上的等价反映了网络结构的闭包特征，也就是网络节点之间紧密相连，这样的网络结构不仅有利于信息的传播，同时也能够推动网络中信任的形成，促进关系的建立（Yang et al.，2011；Burt，1992）。因此我们假设：网络节点之间的结构等价越强，建立关系的可能性也越大。

互惠性是社会关系的基本原则之一。互惠性意味着在对友好行为进行回应时，人们会更加友好；相反地，在回应敌对行为时，会态度更加恶劣，前者叫作积极的互惠性（positive reciprocity），后者叫作消极的互惠性（negative reciprocity）（Garlaschelli and Loffredo，2004）。在社会网络中，尤其是在有向网络（directed network）中，如微博、Twitter 等，会存在一种连接互惠性（Wasserman and Faust，1994），这是互惠性在社会网络中最直接的表现之一。具体来说对于节点 v_i 和节点 v_j，如果节点 v_i 与节点 v_j 建立了连接，那么这会增大节点 v_j 与节点 v_i 建立关系的可能性（Garlaschelli and Loffredo，2004）。据此我们得出以下假设：网络节点间的互惠性越强，建立关系的可能性也越大。

基于消费咨询网络的意见领袖形成机制如图 5-2 所示。

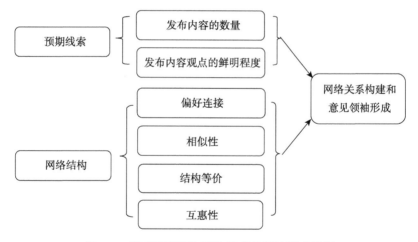

图 5-2　基于消费咨询网络的意见领袖形成机制

（三）实证分析

1. 研究对象

为了验证本节所提出的假设，我们选取 Epinion（https://epinionglobal. com）作为我们的研究对象抽取平台，该网站由美国 eBay 公司创办，网站注册会员可以在其上面匿名发表关于各种商品和服务的评论，网站的性质类似于中国的蘑菇街、美丽说等购物分享网站，其特征符合我们对消费咨询网络的定义。这个网站的用户可以关注其他用户，也可以被其他用户关注，关注后就可以优先看到其所关注用户发表的评论，所以对于这个网站的用户而言，参与其中的主要目的是获取关于产品和服务的相关信息。

2. 数据收集

为了研究网络关系建立和意见领袖的形成过程，我们需要选取一定的网络用户，然后观察他们之间网络关系的建立。在这样的思路下，我们首先利用滚雪球的方法从 Epinion 中抽取一定数量的节点，形成有 7000 个用户的用户样本库，然后从中随机抽取 200 个用户，形成我们的研究对象，最后抓取这 200 个用户的关系建立、网上活动和其他信息。

我们的数据收集时间是 2014 年 3 月，数据可以追溯到 2001 年 1 月，因此数据的时间跨度约为 13 年。时间跨度较长的时间序列数据为我们分析关系建立模式提供了丰富的数据点，同时也保证了研究结论的稳健性，这对于研究社会网络关系的形成变化至关重要。数据抓取完成后，剔除 1 个无效用户剩下 199 个有效用户。每个网络用户理论上都可以与其他用户建立 198 条关系。所以总体来说，我们的研究对象是 199×198=39 402 条潜在关系，研究问题是这些潜在关系是否建立，以及哪些因素会影响关系的建立。

3. 模型

我们要研究的是潜在的关系是否建立，并且自变量又是随时间不断变化的，所以很难应用传统的线性模型或 logit 模型，因此我们主要使用了生存模型（survival model）。生存模型最初主要用于生物医学和可靠性分析，关注的是某一特定事件发生时间的长短，在本节中事件则是指网络关系的建立。这一模型由于在处理时间变量时的优越性，后来被广泛运用到其他领域，如犯罪学、经济学、社会学等。生存模型在营销领域也有广泛的应用，多用来分析消费者决策和产品扩散（Sinha and Chandrashekaran，1992；Seetharaman and Chintagunta，2003）。

生存模型中应用比较广泛的是 Cox 回归模型，本节也主要用这种模型形式，其主要形式如下：

$$h(t,X_i) = h_0(t) \times \exp(\beta X_{it}) \tag{5-1}$$

其中，$h(t,X_i)$ 为研究对象 i 在时间 $t-1$ 事件未发生，而在时间 t 发生的条件概率；$h_0(t)$ 为事件在时间 t 发生的基准概率，类似于线性模型中的常数项；X_{it} 为影响事件发生概率大小的协变量向量，在本节中主要是指预期线索、网络结构和控制变量（表 5-3）；β 为协变量向量对应的待估参数；$\exp(\beta X_{it})$ 为变量对事件发生概率的影响，如果取值大于 1，表示变量会提高事件发生的可能性，如果取值小于 1，表示变量会降低事件发生的可能性。

表 5-3　变量定义

协变量 向量	变量名称	变量计算方法
预期 线索	关系建立$_t$	如果该潜在关系没有在 t 时刻建立，取值为 0；反之，取值为 1
	评论数量$_t$	对被关注节点在时刻的评论数进行加总
	打分平均$_t$	对被关注节点在 t 时刻的评论打分求平均数
	打分≤2$_t$	将被关注节点在 t 时刻的评论打分小于 2 的数量加总
	打分=5$_t$	将被关注节点在 t 时刻的评论打分等于 5 的数量加总
网络 结构	入度$_t$	将被关注节点截至 t 时刻的关注数加总
	相似性$_t$	关注节点和被关注节点评论数量在不同类别上的欧氏距离
	结构等价$_t$	与关注节点和被关注节点共同建立关系的节点数量
	互惠性$_t$	如果被关注节点已关注节点，取值为 1；反之，取值为 0
控制 变量	关注节点关注总数$_t$	将关注节点截至 t 时刻的关注数加总
	关注节点 t 时刻关注数	将关注节点在 t 时刻的关注数加总
	关注节点 t 时刻评论数	将关注节点在 t 时刻发布的评论数加总

4. 一般关系建立

我们对意见领袖形成过程中关系建立的一般模式进行了分析。为了更加直观地展示网络中关系的形成过程，我们将整个网络演进过程通过网络图形式呈现出来。我们将网络的演进分成了 4 个阶段，即网络建立初期（2001 年），然后每 4 年呈现一次。虽然这只是一个粗略的展示，但是从图 5-3 中还是可以得出一些简单的观察结论：随着新的节点不断加入网络以及新的关系的形成，网络呈现出动态变化的过程。此外可以看出图 5-3 中网络关系的形成是不均匀的，有的节点建立的关系多，有的节点建立的关系少。我们又将网络用户的网络关系入度进行了简单的频率统计（为了展示方便，图 5-3 中截取了少量入度小于 250 的用户）。从图中可

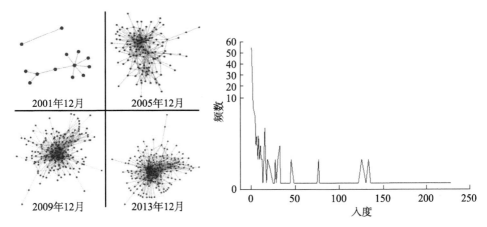

图 5-3　2001～2013 年网络演化及入度分布图
为突出 10 以下数量波动，图中纵轴作了调整，故存在刻度不均匀的情况

以看出，样本中的 199 个用户，大部分建立的关系数量都小于 10，只有少部分用户建立了大量的关系，成为这个网络社区中的意见领袖。我们的研究问题就是为什么是这些用户成为意见领袖。

为了进一步量化地分析数据，我们基于生存模型对数据集进行了回归。本节使用了 R 软件（版本 3.1.0）对各变量的系数进行估计，使用的软件包为"KMSurv"和"survival"。我们先估计的是 KM 生存曲线，该生存曲线反映的是研究对象累计"生存"概率，生存表示事件未发生。截至数据收集时，在 39 402 条潜在关系中，建立了 847 条，建立的比率为 2.15%。从图 5-3 中可以看出，随着时间的推移，累计生存率呈现不断下降的趋势，也就是潜在关系建立的累计可能性越来越大。但是这种下降的趋势是不断减小的，这意味着 Epinion 中的用户关系大部分是在用户注册后的短时间内建立的。根据这样一个关系建立过程，在整个研究的时间段末尾估计累计生存概率为 97.5%，即关系累计建立的概率为 1 − 97.5%=2.5%。

接着我们对影响关系建立的自变量的系数进行了估计，表 5-4 是估计结果。

表 5-4 主要参数估计

内容	变量	模型 1		模型 2		模型 3	
		估计系数	风险率	估计系数	风险率	估计系数	风险率
预期线索	评论数量 $_t$	$0.004\,8^*$	1.006	0.001 7	1.002	−0.002 9	0.997
	打分平均 $_t$			−0.030 3	0.970	−0.027 6	0.973
	打分≤2 $_t$			$0.047\,9^{**}$	1.049	−0.019 5	0.981
	打分=5 $_t$			$0.009\,9^{***}$	1.010	0.0197^{**}	1.020
	入度 $_t$	$0.009\,1^{***}$	1.010	$0.008\,9^{***}$	1.009	$0.009\,9^{***}$	1.010
	入度 $_{t2}$	$-0.000\,0^{***}$	1.000	$0.000\,0^{***}$	1.000	$-0.000\,0^{***}$	1.000
网络结构	相似性 $_t$	$0.001\,0^{***}$	1.001	$0.000\,9^{***}$	1.001	$0.001\,7^{***}$	1.002
	结构等价 $_t$	$0.006\,2^{***}$	1.017	$0.005\,9^{***}$	1.006	$0.018\,6^{***}$	1.019
	互惠性 $_t$	$4.200\,0^{***}$	66.490	$4.250\,0^{***}$	70.072		
控制变量	关注节点关注总数 $_t$			−0.000 7	0.999	0.000 2	1.000
	关注节点 t 时刻关注数			$0.006\,9^{***}$	1.007	$0.004\,6^{***}$	1.005
	关注节点 t 时刻评论数			$0.006\,4^{**}$	1.006	$0.010\,1^{***}$	1.010
p 值		0		0		0	
观测量		1 027 861		1 027 861		1 027 861	
事件量		847		847		440	

表示 $p < 0.01$，*表示 $p < 0.001$

在模型 1 中我们首先考虑了评论带来的影响，从回归结果可以看出评论数量对于关系的建立有显著的正向影响（风险率=1.006），这说明那些发布更多评论的节点会吸引更多的人与之建立关系。从网络结构来看，已经建立的关系会带来新的关系的建立（风险率=1.010，$p<0.001$），即网络关系的建立存在偏好连接的特点。但是在将关系数量取平方项后，系数变为了负数，这说明这种影响并不是线性的，而是呈现边际递减的效果。除此之外，用户之间的相似性也对关系的建立产生了正向的影响（风险率=1.001，$p<0.001$），这说明两个相似的节点之间更有可能建立网络关系，因此意见领袖的"粉丝"一般都会与其拥有相似的兴趣。从关系规范的角度来看，结构等价之间的节点之间更有可能建立关系（风险率=1.017，$p<0.001$），这体现了网络结构上的重合对于网络关系建立的促进作用。并且网络关系的互惠性对网络关系的建立具有很大的影响（风险率=66.490，$p<0.001$），其影响力远远大于其他因素的作用，这说明如果节点 v_i 关注了节点 v_j，那么节点 v_j 则非常有可能关注节点 v_i。为了检验这种互惠性影响力过高是否会对研究结果带来偏差，我们在后面对初次关系建立进行了稳健性检验。

在模型 2 中，我们进一步分析了网络节点评论的具体特征，并且将控制变量纳入回归。在对评论的特征分析方面，我们主要考虑了内容中所表达观点的鲜明程度，这主要反映在网络用户所发表的每个评论中的评分，这里我们把打分小于等于 2 分的评论视为表达的是负面的观点，打分等于 5 分的评论视为表达的是正面的观点。从分析结果来看，无论是负面还是正面内容对于关系建立的都有显著的影响，并且负面内容所带来的影响要大于正面的内容（风险率$_{打分\leq2_t}$=1.049>风险率$_{打分=5_t}$=1.010），这与以往的研究是一致的。并且将这两个变量纳入分析后，评论总量这一变量变为不显著，这说明评论的影响完全可以分为正面和负面两个方面，那些观点偏中性的评论影响非常小。将控制变量纳入回归后，以上这些系数的大小和显著性都没有较大变化。

在模型 3 中，我们对以上的分析结果进行了稳健性检验。因为通过分析发现，关系的互惠性会对关系的形成造成很大的影响，为了检验这一因素是否会对分析结果带来偏差，我们在模型 3 中只分析了初次关系的建立，也就是说关系双方之前未建立任何关系，这样就不存在互惠性的作用。从分析结果来看，在模型1、模型 2 中得出的结论在模型 3 中大部分成立。

5. 意见领袖与非意见领袖的对比分析

从一般的关系建立的分析可以看出，除了以往文献中提到的一些网络结构变量会对关系构建产生影响，网络节点的发布内容和信息贡献也会吸引其他节点来关注自己，这充分说明了在消费咨询网络中，意见领袖可以通过提供丰富有用的信息来吸引关注、增加粉丝。为了进一步证明节点的发布内容和意见领袖形成的关系，我们对意见领袖和非意见领袖进行了对比分析。

我们根据以往文献所提出的标准，对网络节点进行了划分，分为意见领袖和非意见领袖两类。关于社会网络中意见领袖或中心人物的确定，不同的文献提出了不同的标准，Trusov 等（2010）指出，网络中影响力排在前 20% 的网络节点是有影响力的人物，Goldenberg 等（2009）则设定度在标准值的 3 个标准差之上的节点为中心节点。在这里，我们依照 Trusov 等（2010）的方法，设定度排在前 20% 的节点为意见领袖，这样共有 39 个节点属于意见领袖，160 个节点属于非意见领袖。

接着，我们对意见领袖和非意见领袖评论的差异以及评论与网络关系累积的关系进行了分析。为了直观展示评论数量和关系构建之间的关系，我们分别挑选了一个意见领袖节点和一个非意见领袖节点，将节点从注册开始后每个季度增加的关系数量（关系增量）和评论数量进行了统计。其中意见领袖节点 ID 为"Majenta"，非意见领袖节点 ID 为"Steven9988"，两个用户均于 2001 年 2 月注册，截至数据收集时"Majenta"粉丝数量为 472 个，"Steven9988"粉丝数量为 76 个。从图 5-4 可以看出，在时间维度上，网络节点单位时间内的关系增量与其评论数量存在非常明显的相关关系，评论数量的增加伴随着关系数量的增加，并且评论还会存在一定的滞后效应，即当期的评论会带来下一期的关系。将所有节点的数据纳入分析后，我们发现评论数量和关系增量的相关系数为 0.49（$p<0.001$），评论数量和滞后一期的关系增量的相关系数也达到 0.41（$p<0.001$）。从图 5-5 可以看出对于意见领袖而言，其评论数量要明显多于非意见领袖。为了检验意见领袖和非意见领袖的评论行为之间是否有显著差异，我们对这两类节点每个季度的评论数量进行了方差分析，从方差分析结果可以看出意见领袖每个季度的评论数量要显著地多于非意见领袖的发帖数量（$M_{意见领袖}=2.98>M_{非意见领袖}=0.78$，$p<0.001$）。

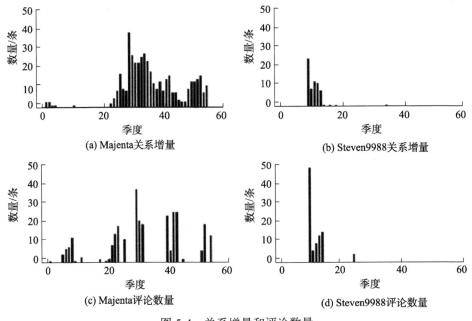

(a) Majenta关系增量

(b) Steven9988关系增量

(c) Majenta评论数量

(d) Steven9988评论数量

图 5-4 关系增量和评论数量

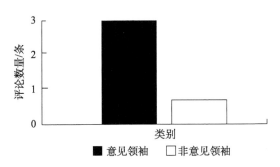

图 5-5 意见领袖与非意见领袖评论数量对比

然后我们对意见领袖和非意见领袖两类节点的关系构建模式差异进行了分析，这里我们是将所有潜在关系按照被关注节点是意见领袖还是非意见领袖分为两类，分别进行生存分析，以此来检验影响关系建立的因素在这两类节点中的差异，以下是分析结果。

从生存模型的回归分析来看，发表评论对关系构建的影响（预期线索），意见领袖要强于非意见领袖，而网络结构对关系构建的影响则是非意见领袖强于意见领袖。

对于预期线索而言（表 5-5），小于等于 2 分评论和 5 分评论数量对于意见领袖的关系建立均有积极影响（风险率$^{意见领袖}_{打分≤2_t}$=1.054，风险率$^{意见领袖}_{打分=5_t}$=1.008，$p<0.01$），但是对于非意见领袖而言，只有 5 分评论数量对于意见领袖的关系建立有积极影响（风险率$^{非意见领袖}_{打分=5_t}$=1.022，$p<0.001$）。并且从评论类型来看，对于意见领袖而言，负面评论对关系构建具有更大的影响力（风险率$^{意见领袖}_{打分≤2_t}$=

表 5-5 意见领袖与非意见领袖关系构建对比

内容	变量	意见领袖		非意见领袖	
		估计系数	风险率	估计系数	风险率
预期线索	评论数量$_t$	−0.002 6	0.997	0.003 6	1.004
	打分平均$_t$	−0.009 4	0.991	−0.030 5	0.970
	打分≤2$_t$	0.052 4**	1.054	−0.016 2	0.984
	打分=5$_t$	0.007 8**	1.008	0.022 0***	1.022
	入度$_t$	0.007 7**	1.008	0.008 5***	1.009
	入度$_{t^2}$	−0.000 0***	1.000	−0.000 0***	1.000
网络结构	相似性$_t$	0.000 5	1.001	0.001 4***	1.001
	结构等价$_t$	0.004 2***	1.004	0.015 5***	1.016
	互惠性$_t$	3.740 0***	42.166	—	—

注：由于在非意见领袖中存在互惠性影响的潜在关系较少，所以无法估计

、*分别表示在 0.01、0.001 的置信水平上显著

1.054，风险率$^{意见领袖}_{打分=5_t}$=1.008）；而对于非意见领袖而言，正面评论对关系构建影响力更大（风险率$^{非意见领袖}_{打分≤2_t}$=0.984，风险率$^{非意见领袖}_{打分=5_t}$=1.022）。

对于网络结构而言，相似性对于意见领袖关系构建没有显著影响，但是对于非意见领袖有显著影响（风险率$^{非意见领袖}_{相似性_t}$=1.001，$p<0.001$）；结构等价对于意见领袖和非意见领袖关系构建均有积极显著影响，但是非意见领袖影响系数大于意见领袖（风险率$^{非意见领袖}_{结构等价_t}$=1.016，风险率$^{意见领袖}_{结构等价_t}$=1.004）。

从上面的分析结果可以看出，负面评论对意见领袖的关系构建发挥了主要作用，但是对非意见领袖的关系构建却没有显著影响，那么这两个节点发布的负面评论是不是本身存在差异呢？因此，我们对意见领袖和非意见领袖负面评论的文本质量进行了分析。参照以往文献，我们主要考虑了文本的全面性和文本的可读性（Lu et al.，2013）。文本的全面性用每个文本中句子的个数表示，因此可以假设文本全面性取值越高，那么文本中所包含的信息也就越多。文本的可读性则表示为：可读性=0.4×（句子平均长度+每百词难词数）。这里的难词为包含 3 个及以上音节的词汇。从分析的结果看（图 5-6），意见领袖节点所发表帖子的文本质量要显著地高于非意见领袖的帖子，这主要表现在帖子的全面性更高（$M_{意见领袖}$ = 18.5> $M_{非意见领袖}$=15.5，$p<0.001$），可读性更强（$M_{意见领袖}$=17.1>$M_{非意见领袖}$=14.4，$p<0.01$）。

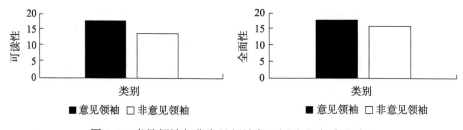

图 5-6　意见领袖与非意见领袖负面评论文本质量对比

6. 结果小结

基于以上数据分析，我们可以看出在消费咨询网络中网络节点发布内容、贡献信息对吸引关系构建和意见领袖的形成起到了至关重要的作用。这种作用首先表现在，那些发布评论多的网络节点更能吸引其他节点对其进行关注，提升其影响力，并且从时间维度看，网络节点发布内容的数量和其关系的累计存在明显的相关关系，而且意见领袖比非意见领袖发布了更多的内容，这充分说明了在消费咨询网络中，网络节点的内容创造是意见领袖形成的重要前因变量。除此之外，相比于中立或正面的内容，高质量的负面内容对关系的构建影响力更大，这种影响机制在意见领袖上表现得更为显著。通过进一步分析可以看出，之所以负面内容对意见领袖关系累计作用更大，是因为意见领袖所发内容本身质量较高，信息更全面，可读性更高。

与以往的研究一致，我们发现网络结构对潜在网络关系的构建也发挥了一定的作用，如网络结构的重合、节点特征的相似性以及节点之间的互惠性能够显著地提升两个节点之间关系构建的概率，并且互惠性的影响要显著地大于其他影响因素。在我们的网络中，偏好连接这样一种关系产生模式也同样存在，也就是已有的关系越多，那么建立新的关系的可能性也就越大。

7. 讨论

本节将社会网络划分为传统的社交网络和消费咨询网络两类，二者最本质的区别在于社交网络的网络关系是一种社会嵌入关系，反映了人们在真实生活中的联系，是一种强关系，但是消费咨询网络中的关系是一种虚拟关系，独立于现实生活而存在，因而是弱关系。在社交网络中，网络节点建立关系主要是为了进行社会交互，进而获得情感支持，而在消费咨询网络中，网络关系的建立主要是为了获取信息，网络关系承载的是信息的流动。

本节通过深入刻画社会网络中的关系构建，展现了网络的形成机制。网络关系是社会网络存在的基础，并且网络关系在不断演化，而在不同的网络中，关系的形成有其内在的逻辑。对于消费咨询网络而言，网络的关系承担了信息获取的作用，因此网络用户最有可能和那些能提供丰富信息的人建立关系，进而实现关系的价值。

本节还加深了我们对意见领袖的认知。基于已有的研究，我们探究了在消费咨询网络中意见领袖本身是如何形成的。我们发现那些最能提供丰富而有价值信息的网络节点最有可能成为意见领袖。这是因为越有可能提供充足信息的网络节点，越有可能被关注，影响力也就越大。除此之外，网络结构也会对意见领袖的形成产生影响。

我们还丰富了对 UGC 的研究，以往对 UGC 的研究更多的是关注其对消费者的购买决策的影响。而我们的研究显示，UGC 对于网络关系的建立和意见领袖的形成同样会产生作用。这进一步证明了在社会网络中，UGC 和网络关系之间的互动关系，从网络节点的角度看两个因素是相互影响，相互促进的。

第二节　用户关系的传播影响性[①]

社会网络理论认为，网络结构会对网络节点所获得的信息、资源、机会产生

---

① 黄敏学, 郑仕勇, 王琦缘. 2019. 网络关系与口碑"爆点"识别——基于社会影响理论的实证研究. 南开管理评论, 22(2): 45-60.

影响，进而影响网络节点行为。那么，当一个用户成为意见领袖后，其口碑发起的动机是不是他的社会关系增加所带来的社会影响，即用户朋友圈的存在和变化是否对其口碑发起造成影响？社交媒体上的"新晋网红"与粉丝数量相对稳定的"网络大 V"相比，在短时间内得到了更多的关注，而这些新增的关注会被个体感知为新的社会存在，进而影响"新晋网红"的行为。相比之下，这些"新晋网红"就更可能散播一些非主流言论。另外，这些"新晋网红"的粉丝数量相对稳定、不再有太多新增的关注以后，他们口碑贡献的数量和负面口碑的比例会下降。

这是否意味着用户在社会网络中的关系会影响其口碑发起呢？以往有关意见领袖对口碑贡献的研究，更多关注正面口碑传播（转发）过程，对负面口碑发起的研究较少。企业在舆情监控过程中，口碑预测和"爆点"识别非常关键。那么，什么样的网络结构特征更可能使用户成为"爆点"，获得数量更多、更负面的在线口碑呢？本节探究了网络结构是否会影响消费者口碑发起，以及如何影响消费者的口碑发起行为（图 5-7）。

图 5-7 企业与口碑的关系

一、在线口碑

与传统的信息渠道（广告、新闻报道等）相比，直接来自消费者自身经验的口碑，被认为更加真实可信。

与线下口碑相比，在线口碑具有保存时间长、受众广、传播速度快、影响大的特点。de Angelis 等（2012）对亚马逊上的评论进行了对比分析，发现口碑对书籍的销售存在显著影响，并且负面口碑的影响更大。在线口碑的研究也开始扩展到其他行业，如电影、股票、游戏、汽车等。此外，有学者从口碑影响模式、语言表达、消费者特征、产品属性、品牌特质等不同角度对在线口碑进行了深入的研究。

从表 5-6 可以看出，目前对口碑的研究更偏向基于二手数据的实证研究，维度上也更加丰富，从以往单纯研究口碑的数量到研究口碑的效价，对效价的关注从以往的正面、负面口碑到目前的中性口碑，对口碑的影响以及影响产生的机制认知也越来越深入。然而当前的研究主要聚焦于口碑对产品及口碑接受者的影响，对口碑贡献行为（口碑数量、口碑效价）与口碑贡献者自身网络结构之间关系的研究则主要集中在意见领袖的形成机制上，即口碑对网络关系形成的影响。针对现有的网络关系对未来口碑贡献的影响研究较少。

表 5-6　在线口碑影响研究

相关文献	口碑变量	结果变量	研究对象	研究结论
Berger 等（2010）	口碑离散程度	收视率	电视节目	口碑的离散程度能够解释电视节目收视率
Chevalier 和 Mayzlin（2006）	口碑数量和效价	销量	图书	口碑数量和效价对图书销售均存在显著影响，并且负面口碑影响更大
Wilcox 和 Stephen（2013）	口碑数量和效价	票房收益	电影	口碑数量对票房有显著影响，而口碑效价没有，并且口碑和票房之间存在相互影响
Wang 等（2015）	负面口碑数量	股票超常收益	银行业	负面口碑对股价存在长期影响，完全发挥作用及作用消失需要数月
Zhu 和 Zhang（2010）	口碑数量和效价	销量	游戏	产品的流行度和消费者的经验对口碑的影响起到调节作用
郝媛媛等（2010）	口碑数量和效价	票房	电影	主要是口碑效价对票房收益产生显著影响
Ma 等（2015）	口碑效价和不一致	销量	图书	当口碑效价较低时，高不一致性能够提高产品的销量
Ludwig 等（2013）	口碑文本特征	点击转化率	图书	积极文本特征的增加能提高转化率，并且语言风格的一致性能够强化这一影响
Tang 等（2014）	口碑数量、效价和文本特征	销量	汽车、电影电子产品	中立评论对产品销量存在显著影响，并且不同类型的中立评论影响不同
He 和 Bond（2015）	口碑数量、效价和文本特征	销量	餐饮业	消费者从不同的评论中学习不同内容，评论能够为消费者带来 7 元的经济价值

二、在线口碑的形成及动机

企业通过在线口碑实施营销策略时，需要充分了解口碑传播的动机。研究发现，消费者贡献口碑主要有两个内在动机（表 5-7）：印象管理和自我展示。例如，消费者会分享特定的内容（产品）而得到更多的口碑传播；某些产品如汽车、服装等，具有很强的象征性，消费者可以通过分享与自我相关的产品来展示自我定义和身份认同。消费者的独特性需求会降低口碑传播动机，因为口碑会鼓励其他消费者购买相同的产品，削弱由产品带来的独特性。消费者的满意度和口碑传播意愿存在"U"形关系，即非常不满意和非常满意都会导致口碑传播，并且不满意更可能导致口碑传播。消费者会出于构建和提升自身形象的目的主动在社交平台上传播口碑。

表 5-7　口碑动机研究

文献	自变量	因变量	类型
de Angelis 等（2012）	印象管理	口碑产生 口碑传播	内部因素
Anderson（1998）	满意	口碑传播	
Cheema 和 Kaikati（2010）	独特性需求	口碑效价	
Toubia 和 Stephen（2013）	形象	口碑数量	
Zhu 和 Zhang（2010）	产品流行度	口碑数量	外部因素
Liu（2006）	企业干预	口碑数量	
Moe 和 Schweidel（2011）	过去的评论	口碑数量	
本书	关系数量 关系强度 关系距离	口碑数量 口碑效价	外部→内部

除了消费者本身的内部因素，一些外部因素也会影响其口碑贡献行为。Zhu 等（2010）发现产品流行程度会影响口碑扩散，如电影。Liu（2006）发现企业在社交媒体上的参与也会影响口碑传播，当社交媒体上出现负面口碑时，企业的服务补救能够减少类似的抱怨。

从以上文献可以看出，口碑贡献的动机有两方面：一是消费者的心理动机，如自我展示、印象管理、满意、独特性需求等；二是消费者所处的环境，包括市场环境、社会环境等。现有研究多关注某一类因素对口碑贡献的作用，缺少内外部因素之间的交互研究。在社会影响的作用下，在线口碑会充当自我展示和印象管理的工具，口碑数量和口碑效价将反映出这两种心理机制的作用。此外，在口碑贡献研究中，涉及的因变量大都是口碑的传播意愿，而不是口碑的发起。研究主要关注易感人群的识别，而对负面口碑易爆人群识别的研究较少。de Angelis 等（2012）指出，口碑发起和口碑传播是口碑扩散的两个不同阶段。随着社会化媒体的发展，一旦负面口碑产生，其扩散过程是难以掌控的，口碑"爆点"的识别对企业的口碑预测、舆情监控更有意义。因此本节聚焦于消费者所处的网络结构（外部因素）通过消费者自身的心理动机（内部因素）影响消费者的口碑发起行为（数量/效价）。

三、在线口碑与网络关系

（一）网络关系的概念

社会网络研究指出，在社交导向网络中，网络关系往往是现实人际关系的反映，是用户基于社交需求而建立的一种高交互频率的强关系无向网络，如 QQ、微信等。在信息导向的网络中，网络关系反映了信息的流动，用户基于信息性需求而建立的一种低交互频率的弱关系有向网络，如微博、淘宝等。一些社交网络既有社交功能，又有信息传播功能，如百度贴吧、小米社区等。这些不同的社交网络在网络关系中有很大的差异（图 5-8）。首先，从关系构建看，社交导向网络中建立关系需要双方的认可，因此这种关系是无向的，而在信息导向网络中，关系的建立并不需要双方同意，这意味着信息导向网络中的关系是有向的。其次，从关系的内涵上看，社交导向网络承载的是关系双方的交流和沟通，关系可以与现实生活中个人关系、资源产生联系，具有更多的现实意义；对于信息导向网络而言，关系主要是信息的流动渠道，其主要意义就是促进信息的扩散和流动。最后，从关系的维护看，社交导向网络中的关系需要关系双方的投入，只有双方积极主动沟通互惠才能够保持关系的热度和强度，单方面的主动得不到对方回应，并不会提升关系的价值，最终关系只能是形同虚设；对信息导向网络而言，关系的维护主要在被关注方，因为关注者建立关系的主要目的是从被关注者那里获得感兴趣的信息，一旦被关注者无法满足这一点，二者之间的关系也就很容易消失。

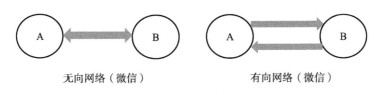

无向网络（微信）　　　　　　有向网络（微信）

图 5-8　无向网络与有向网络

在社会网络中，用户贡献内容和网络关系相互影响，网络平台的价值往往是通过这两个维度来衡量的。对于企业而言，社交平台中产生的内容很多与企业直接相关。在本节中，我们从消费者所占有的网络关系角度解释消费者的口碑发起行为，即拥有不同数量、类型、强度的网络关系会如何影响消费者的口碑发起。

（二）网络关系与社会影响

社会网络理论认为，网络结构会对网络节点所获得的信息、资源、机会产生影响，进而影响网络节点的行为。网络结构本身是基于网络关系来测量的，不同网络结构指标反映不同类型关系的数量和组合，所以从本质上看社会网络对节点的影响是来自网络关系。网络关系表现为节点之间的连接，是节点间重要的传播渠道。基于网络关系中不同的传播内容，衍生出了对社会网络不同的研究维度。自然科学领域的研究显示了网络关系对于人际扩散的重要性，这种扩散包括病毒、心理状态甚至生理状态。在社会科学领域，网络关系更多被视作信息和资源的来源。例如，在社会学研究中，网络关系是社会资本的重要测量指标，网络关系越多，社会资本就越高。这些基于自然和社会科学的研究说明网络关系是信息、资源等的流动渠道，对中心节点的行为、选择及相关结果变量有着重要的影响。

网络关系一方面是资源和信息的流通渠道，同时也是重要的社会影响的来源。社会影响指个人的行为、态度和感情会受他人行为、态度和感情的影响。以往研究已经证实个人决策对周围群体决策具有一定的依赖性，并且周围群体决策的一致性越高，这种依赖性越强。基于社交网络的实证研究发现，这种社会影响存在于人们决策的各方面，包括政治表达/投票、新产品采用、个人健康行为等。社会影响可以划分为信息性影响和规范性影响两类：信息性影响指他人的决策为自己的决策提供了信息，如买家的好评说明产品质量很好，于是自己就购买了该产品。规范性影响则强调他人的决策形成了一种社会规范，如老乡会的成员都购买印有家乡标识的文化衫，似乎这种购买行为成为某个群体的行为准则或"标配"，为了融入这样一个群体，必须得买。信息性影响和规范性影响模式实际上就解释了为什么个人决策会受到他人决策的影响。

但社会影响有一个前提条件，就是只有与中心节点建立关系的人才会对中心节点产生社会影响，这种社会影响在人际范围上的局限性充分说明了网络关系的重要性。对于在线口碑传播这一特定的行为，社会影响理论发挥着更为重要的作用。首先，互联网环境下他人的存在对消费者来说具有很高的可见性，这种对他人行为的高可见性促使我们在决策时会更多地注意他人的存在。Ludwig 等（2013）的研究证实，个体会考虑到自己周围人的决策，并与周围的人趋同。其次，在线口碑行为对他人也是可见的，具有很高的可见性，如我们在微博或者微信上发表了关于某个产品的评论，在我们好友列表中的用户都可以看到评论。用户拥有的粉丝越多，感知到的受关注度越高，社会存在越强。消费者会在意他人对其口碑行为的评价，从而激发其社会认同等社会性需求。此外，有研究表明，消费者在社会网络中发布的内容、贡献的口碑对维持现有的网络关系和吸引新关系构建有很强的作用，主要表现在发布越多信息的节点越容易引起其他节点的注意，从而提升影响力。

本节关注的是网络关系如何影响网络节点的口碑行为，我们考虑的是他人的存在对于中心节点口碑行为的影响，而并不考虑他人的口碑行为对中心节点口碑行为的影响。

（三）社会存在与社会影响

随着互联网的发展，非面对面的网上交流变成一种常态，这种人际的存在感是虚拟的。社会影响理论认为，当个体感知到有他人存在时，不管这种社会存在是真实还是虚拟的，他人对个体的影响都是客观存在的，个体的心理状态或者行为会发生一定改变。社会存在的感知会使个体意识到自身行为可能会带来的社会影响。需要注意的是，这里讨论的社会影响与前面讨论的社会影响存在一定的差异。Latane（1981）所提出的社会影响理论强调，当人们感知到有他人存在时，自己的心理状态或者行为会发生一定的改变。在前面文献中提到的社会影响描述的则是人们会采取与周围人相似的行为，反映到社会网络中就会呈现出某种行为的扩散，如新产品扩散等。可以认为，Latane（1981）所提出的社会影响理论包含后者，因为基于他人行为而采取的相似行为实际上也是他人的存在对自己行为的改变。Latane（1981）认为有三个因素会决定社会影响的大小，分别是影响源的数量、影响源与被影响对象的距离、影响源的强度。

首先看影响源的数量。在本节中，对一个口碑"爆点"而言，与之相关联的其他用户都会被感知为社会存在，从而带来社会影响。关联的用户数量越多，"爆点"感知的社会影响越大。有研究指出，社会存在关注带来的社会影响会使个体产生紧张等负面情绪，如当在场的他人更多时，用户会有更低的自信心。同时社会存在能够促使人们更加关注自己的形象，而网络关系作为一种社会存在能够强化个体自我展示的动机。自我展示是口碑贡献的动机之一，口碑频次提供了自我展示的机会。

此外，社会存在还会触发个体的印象管理动机。Bond 等（2012）研究发现，当用户购买一些私人物品时，社会存在让用户感到尴尬，这也是因为用户认识到自我形象受到了负面影响。有研究指出，正面口碑归因为用户个人体验，负面口碑归因为产品质量，与正面口碑相比，负面口碑更能影响用户决策，因为负面口碑让人感知更真实，而那些传播负面口碑的用户也被感知为更有能力。

在线口碑是用户自我展示的重要渠道，充当了印象管理的工具。一方面，当用户有更强的自我展示动机时，会发起更多的口碑。另一方面，当用户印象管理动机更强时，会产生更加负面的口碑，也就是口碑的效价更低。如果一个用户发表更多、更负面的口碑，则很可能成为潜在的口碑"爆点"。基于此，我们假设：网络关系数量越多，消费者产生的口碑数量也越多；网络关系数量越多，消费者产生的口碑效价也越低。

其次，社会影响还受到影响源与被影响对象的距离的影响，距离越近，影响力越大。网络环境下，用户间地理位置差异的作用被弱化，用户间交互频率（时间距离）的影响更为突出。因此，本节以关系在时间上的距离或者紧密程度来表示距离。我们假设时间距离越近，外部的社会存在对口碑"爆点"的影响力也就越大。例如，A 和 B 是在一年前建立了关系，而 A 和 C 是在一个月前建立了关系，那么 C 对 A 的影响大于 B 对 A 的影响。在时间上最近建立的关系显然更能有社会存在的提示作用，能够给"爆点"用户传达社会关注的信息。这种基于时间维度对网络关系的划分也是时空网络（temporal network）的核心命题之一，它们最基本的假设是随着网络的演化，网络关系的存在、价值及重要性会随时间变化。基于此，我们假设：时间距离越近，关系对口碑数量影响越大；时间距离越近，关系对口碑效价影响越大。

最后，"爆点"用户感知到的社会影响还受到影响源的强度的影响，强度越高，外部的社会存在对口碑"爆点"的影响力也就越大。在社会网络研究中，一般用关系强度来表达类似的概念，强度更高的关系会带来更多的资源，同时也会给"爆点"用户传达更强的影响力。强度差异可以通过很多方式表现出来，如社会地位、权力、掌握的资源和信息等。在我们研究的情景——社交网络中，最明显的强度差异是社交网络用户本身所具有的关系数量，那些具有大量关系的用户则被称为意见领袖。对于消费者本身及网络中的其他人来说，意见领袖是拥有更多关系的网络节点，是更重要的社会存在，具有更大的影响力。基于此，我们假设：关系强度越高，关系对口碑数量影响越大；关系强度越高，关系对口碑效价影响越大。综上，本节研究框架如图 5-9 所示。

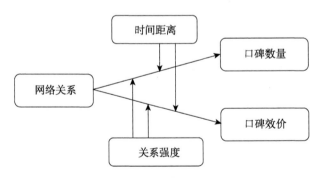

图 5-9　在线口碑与网络关系研究框架

（四）实证检验

1. 数据样本

我们利用滚雪球方法抓取了 Epinion 2001 年至 2014 年 1000 个用户的关系网络及互动行为数据。Epinion 对用户活动和相互关注均有时间记录，这意味着可以准确地回溯网络关系建立和在线口碑发表的精确时间，构建网络结构和用户口碑行为之间的前后关系，从而准确研究变量之间的因果关系，有效解决变量间内生性问题，更好地观测"爆点"用户形成后的口碑发起行为。

2. 初步分析

在正式统计模型分析前，我们将主要的变量以统计图形方式展示出来。入度关系更能代表我们所研究的社会存在和社会影响，所以统计图形分析都是基于入度关系。图 5-10 是这两个变量的频数分布直方图。

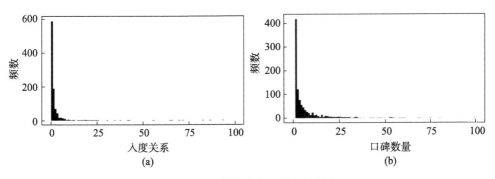

(a)   (b)

图 5-10   入度关系和口碑数量分布

从图 5-10 可以看出关系和评论呈现典型的无标度分布（scale-free distribution），少数用户占据大部分的网络关系，发起了大分布的评论或在线口碑。本节更关心的是入度关系和口碑数量之间存在怎样的关系，是不是更多的入度关系会促使网络用户发起更多在线口碑。图 5-11 是基于每个用户的入度关系总量和口碑数量的散点图。

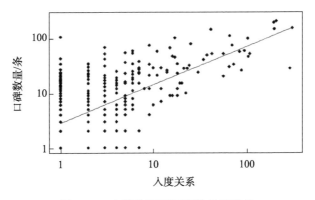

图 5-11   入度关系和口碑数量相关性

从图 5-11 可以看出，不考虑时间维度上的变化，入度关系和口碑数量之间的线性关系非常明显，斜率也将近 1，即网络用户的入度关系越多，其产生的口碑也就越高，并且这种线性关系在入度关系大于 10 时表现得最为明显。这说明当入度关系数量超过一定界限（如 10）时，入度关系和口碑数量之间的线性关系就表现得比较稳定。但是基于这一结果并不能直接认为更多的入度关系会带来更多的口碑发起。因为这里没有加入时间维度，所以无法确定这两个变量之间的因果关系，需要加入时间维度来进一步细化二者之间的关系。基于前面得出的面板数据，我们做出了网络用户在某一季度的入度关系和口碑发起之间的散点图，这里不仅考虑了口碑数量，还将口碑效价纳入分析范畴。

如图 5-12 所示，当考虑不同季度入度关系和口碑发起之间的关系时，可以看出对于大部分用户在大部分季度，入度关系的增量和口碑数量都在 10 以内。虽然量级下降，但是入度关系和口碑数量之间的线性关系依然十分明显。从入度关系和口碑效价的散点图看，二者之间似乎不存在明显的线性关系，这主要表现为拟合的趋势线比较平坦，对于不同关系数量的消费者，其口碑的效价均值集中在 4 左右，无论关系数量大小，这一趋势没有显著变化。

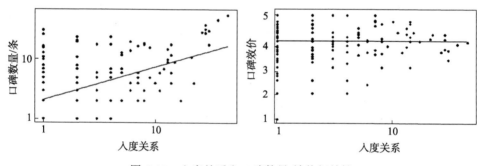

图 5-12　入度关系和口碑数量/效价相关性

从统计图形可以看出，不同用户在入度关系和口碑发起上存在较大的差异，有的用户活跃度较低，建立的关系数量和发起的口碑较少，有的用户非常活跃，这些活跃用户数量上虽然是少数，但是却占据网络社区中的大部分关系，发起了大部分口碑。更为重要的是，入度关系和口碑发起存在显著的线性关系，这种线性关系无论是从截面数据看还是从面板数据看都非常稳定，关系的斜率均接近 1。

3. 模型

从统计图形中虽然得出了大致结论，但是分析过程中未加入控制变量，鉴于现有研究的做法，我们通过计量模型计算入度关系对口碑行为的影响：

$$y_{it} = \beta x'_{it} + \mu_{it} \tag{5-2}$$

其中，y_{it} 为网络用户 i 在时刻 t 的口碑行为，包括口碑数量和口碑效价；x'_{it} 为关于用户 i 在时刻 t 的一系列影响口碑行为的协变量矩阵，在研究中主要是入度关系，此外还有控制变量等；μ_{it} 为误差项，服从期望为 0 的正态分布。我们感兴趣的是

待估系数 β，这里的 β 为自变量关系数量对口碑行为影响的方向和大小。但是对于面板数据而言，μ_{it} 的期望并不为 0，因为简单的线性模型未将不同个体的固定效应（fixed effect）纳入分析范围，固定效应之所以重要是因为不同的个体（即网络用户 i）本身就有某些固定的特质，如生活习惯、性格特点，这些因素会影响到其口碑的发起。个体的固定效应的特点是只随 i 变化，而不随 t 变化。所以在这里随机误差项 μ_{it} 就可以分解为两部分，分别是个体 i 的固定效应以及服从期望为 0 的正态分布的随机误差项 ε_{it}，即

$$\mu_{it}=c_i+\varepsilon_{it} \tag{5-3}$$

所以模型设定变为以下形式：

$$y_{it}=\beta\, x'_{it}+c_i+\varepsilon_{it} \tag{5-4}$$

4. 口碑数量

基于面板数据模型，我们首先对口碑数量进行分析，使用的软件是 R 软件（版本 3.2.1），回归分析主要使用了 PLM 包中的 PLM 函数。回归模型采用分层回归（hierarchal regression）方法，这种方法的特点是将自变量逐步加入回归方程中，可以判断某些自变量对因变量影响大小在不同情况下的变化。例如，一种比较常用的做法是先将控制变量纳入回归，然后再将主要研究的自变量纳入回归，从而判断自变量对因变量的影响是不是非常稳定。表 5-8 是分析结果。

表 5-8　口碑数量回归结果

变量		模型 1		模型 2		模型 3（控制变量）	
		估计系数	估计方差	估计系数	估计方差	估计系数	估计方差
网络结构	总关系 $_{it}$			0.245^{***}	0.007		
	入度关系 $_{it}$					0.613^{***}	0.020
	出度关系 $_{it}$					0.074^{***}	0.011
控制变量	被关注量 $_{it}$	0.116^{***}	0.004	0.122^{***}	0.004	0.072^{***}	0.005
	关注量 $_{it}$	0.048^{***}	0.004	0.019^{***}	0.001	0.013^{*}	0.005
	网络经验 $_{it}$	-0.022^{***}	0.001	-0.021^{***}	0.001	-0.022^{***}	0.001
调整后的 R^2		0.08		0.12		0.15	

*表示 $p<0.05$，*** 表示 $p<0.001$

在模型 1 中，我们先将控制变量纳入回归模型，随后在模型 2 中将网络用户总关系纳入回归模型，不做区分地考察网络关系对用户口碑行为的影响。从回归结果可以看出，网络关系对用户发起口碑的数量有显著的正向影响，影响系数达到 0.245，这意味着网络用户每增加 10 条关系，就会促使其平均在单个季度内多发起口碑 2.45 条。这说明网络关系作为一种社会存在能够激发消费者进行自我表

达和展示，其中的表现之一就是他们会发起更多的口碑。

在模型 3 中，我们将关系细化成了出度关系和入度关系两种类型，取代了模型 2 中的总关系。回归结果显示，入度关系和出度关系对网络用户发起的口碑数量均存在显著的正向影响，回归系数分别是 0.613 和 0.074，说明总关系的效应主要来自入度关系。在将总关系拆分成两类关系后，模型调整后的 R^2 也从 0.12 提升到 0.15，说明模型的拟合优度也进一步提高。为什么会出现这一结果？如何从理论上理解这一数据结果？正如前面所讨论的那样，出度关系是指网络用户关注的人，而入度关系则是网络用户被哪些人关注。通过比较可以明显地看出：入度关系代表了他人对"我"的兴趣，反映了"我"的行为会被哪些人了解，哪些人会基于我的行为对我做出评价；出度关系则反映了"我"自身的兴趣，反映了"我"关心哪些人和内容。从这一角度看，那些关注用户的人会显著影响用户的口碑数量，关注的人越多，用户发起的口碑数量也就越多；用户对哪些人感兴趣，虽然对其发起的口碑数量也存在显著的正向影响，但是效应的大小与入度关系相比近乎可以忽略不计。虽然都是网络关系，但是入度关系和出度关系在内涵和意义上的差异导致了用户口碑行为影响模式上的不同。这种差异化的影响进一步证明，用户发起口碑的主要动力之一是进行自我展示和印象管理。当他人对自身的兴趣比较集中时，这种自我展示的动机得以激发，从而促使用户发起口碑。

从关系数量对网络用户的口碑数量回归结果看，网络关系数量越多，消费者发起的口碑数量越多，并且入度关系和出度关系的差异化影响进一步佐证了用户发起口碑的主要动机是自我展示和印象管理。前面的理论分析还提出了两个调节变量，分别是时间距离和关系强度。我们根据关系建立距离当季的时间将关系划分为近距离关系、中等距离关系和远距离关系，关系建立时间分别是当季度、当季度前一年以及更久之前，从时间上看这些关系与网络用户的相关性越来越小，核心假设是时间距离越远的关系对用户的口碑行为影响越小。

如表 5-9 所示，近距离关系对口碑数量的影响最大，达到 0.657；中等距离关系其次，为 0.067；有趣的是远距离关系的回归系数为–0.032，对口碑数量存在负的影响。从回归系数的量级来看，近距离关系拥有最大的影响力，中等距离关系和远距离关系虽然对口碑数量也存在显著影响，但影响系数的绝对值要小得多。出度关系对口碑数量存在显著的正向影响，回归系数为 0.086，依然远远小于近距离关系的影响系数。数据分析结果表明，时间距离对网络关系和口碑数量之间的关系起到调节作用，与时间距离更远的关系相比，时间距离更近的关系对网络用户发起的口碑数量影响更大。这与我们的理论预测一致。因为建立时间更短的关系反映了网络用户最近的活动和交互，更能够代表网络用户最近与哪些人存在交集，而这些人更有可能在网络用户心中留下印象，对其行为产生影响。具体来看我们的研究问题，最近建立的关系体现了哪些人在当下对网络用户感兴趣，因而对网络用户的相关性更大，所以对其口碑数量的影响也更强。

表 5-9　时间距离的调节作用

变量		模型 1		模型 2	
		估计系数	估计方差	估计系数	估计方差
网络结构	近距离关系 $_{it}$			0.657***	0.019
	中等距离关系 $_{it}$			0.067***	0.006
	远距离关系 $_{it}$			−0.032***	0.005
	出度关系 $_{it}$			0.086***	0.011
控制变量	被关注量 $_{it}$	0.116***	0.004		
	关注量 $_{it}$	0.048***	0.004	−0.011**	0.005
	网络经验 $_{it}$	−0.022***	0.001	−0.019***	0.001
调整后的 R^2		0.08		0.22	

表示 $p<0.01$，*表示 $p<0.001$

　　基于时间维度对网络关系的划分还存在另外一个价值，就是更进一步证明了自变量和因变量之间的因果关系。由于网络关系和口碑行为发生在同一时间，即同一季度，很有可能是口碑行为导致了网络关系，而不是反过来网络关系导致了口碑行为。在这一回归模型中，可以看到季度前一年内建立的关系同样对口碑行为存在显著的正向影响，前一年内建立的关系和季度发起的口碑存在时间上先后顺序，因此在一定程度上确定了两个变量之间的因果关系。从模型的拟合优度来看，基于建立时间对网络关系进行了划分，回归的调整 R^2 达到了 0.22，显著优于前面的回归模型，说明基于时间维度区分网络关系后更能解释网络用户的口碑行为。

　　除上述外，还可将近距离关系所占比例作为调节变量，检验时间距离对关系的调节作用（表 5-10）。从模型结果来看，近距离关系所占比例与被关注量的交互项系数显著，系数为 0.498，这说明当近距离关系在总入度关系中的比例增加时（远距离关系在总入度关系中的比例随之减少），对口碑数量有正向调节作用。这里的时间距离是我们的调节变量之一，另一个调节变量是关系强度。在网络关系中，关系的一端是网络用户，其口碑行为是结果变量，另一端是其他网络用户，这些用户构成影响结果变量的自变量，也就是社会存在。我们认为，这些其他用户影响力或重要性的大小会决定其对中心用户影响的大小，重要性更大的用户对中心用户影响更大。

表 5-10　时间距离的调节作用

变量		模型 1		模型 2		模型 3	
		估计系数	估计方差	估计系数	估计方差	估计系数	估计方差
网络结构	近距离关系所占比例 $_{it}$			1.076***	0.156	0.041***	0.149
	出度关系 $_{it}$			0.216***	0.011	0.123***	0.011
	被关注量 $_{it}$			0.143***	0.004	0.096***	0.005
控制变量	近距离关系所占比例 $_{it}$× 被关注量 $_{it}$					0.498***	0.018
	关注量 $_{it}$	0.102***	0.003	0.014**	0.005	0.002	0.005
	网络经验 $_{it}$	−0.022***	0.001	−0.021***	0.001	−0.011***	0.001
调整后的 R^2		0.07		0.10		0.14	

***表示 $p<0.001$

　　本节用网络用户本身所具有的总关系数量来划分用户重要性的大小，关系数量居于前 25%的用户属于具有很大影响力的用户，因而与其形成的关系就是强关系，而关系数量居于前 26%～50%的用户属于较强关系、关系数量居于前 51%～75%的用户属于较弱关系，关系数量居于后 25%的用户属于弱关系。这些基于强度划分的关系对网络用户发起的口碑数量的回归结果如表 5-11 所示。

表 5-11　影响源强度的调节作用

变量		模型 1		模型 2	
		估计系数	估计方差	估计系数	估计方差
网络结构	近强关系 $_{it}$			0.705***	0.042
	较强关系 $_{it}$			0.667***	0.048
	较弱关系 $_{it}$			0.518***	0.055
	弱关系 $_{it}$			−0.014***	0.095
	出度关系 $_{it}$			0.078***	0.011
控制变量	被关注量 $_{it}$	0.116***	0.004	−0.073***	0.005
	关注量 $_{it}$	0.048***	0.004	−0.012***	0.005
	网络经验 $_{it}$	−0.022***	0.001	−0.022***	0.001
调整后的 R^2		0.08		0.15	

***表示 $p<0.001$

5. 研究结论与讨论

　　本节基于美国购物点评网站 Epinion 的数据，发现网络关系作为一种虚拟的语境，会被用户感知为一种社会存在，对用户在线口碑发起行为产生社会影响，是口碑"爆点"形成的一个前因变量。①当用户拥有更多的网络关系时会感知到更强的社会存在，从而触发更强的自我展示动机，发起更多的在线口碑。②负面的口碑会被感知为更客观、更有见地，因此当有更多社会存在感知时，消费者会触发更强的印象管理动机，发起效价更低的口碑。③关系的时间距离（朋友圈的动态性）以及关系的强度（朋友圈的影响力）可以调节这种社会感知所带来的社会影响，从而影响消费者的口碑发起行为。④入度关系对口碑的影响效应远远大于出度关系。

　　本节对现有研究有以下五点补充。第一，以往研究认为，口碑动机包括情感分享、获得奖励、社区兴盛、改进服务、信息回报、支持/惩罚商家、提升形象等。本节发现，网络关系会给消费者带来一种虚拟的社会存在感知，这种社会存在会带来社会影响，其实也是一种社会压力，进而影响用户的口碑发起行为，因此本节用社会影响理论解释了用户发起口碑的动机，扩充了口碑动机的相关研究。第二，以往有关口碑贡献的研究并没有严格区分口碑传播行为和口碑发起行为在动机上的差异。本节数据源中涉及的用户评论不具备评论转发功能，所有的评论都是由消费者自己发起的。因此，本节扩充了口碑扩散的初期——口碑发起阶段的动机研究。此外，以往对口碑发起阶段的研究多关注正面口碑研究，如种子策略（seed strategy）优化等；在口碑传播过程的研究中，也多关注"易感"人群的识别。文本着眼于负面口碑的发起，即"易爆"人群的识别研究，发现网络结构是口碑"爆点"形成的一个前因变量，扩充了口碑预测、舆情监控方面的研究。第三，不同类型的关系对口碑贡献的作用差异很大。本节发现，入度关系更能触发消费者对口碑贡献的意愿，入度关系会使消费者感知到周围的社会存在形成的社会影响，激发消费者自我展示和印象管理的动机，进而发起口碑。因此我们指出，信息扩散网络应是一种有向（单向关注）网络，即网络关系并不是对等的。许多新产品扩散/口碑传播相关研究将扩散环境视为无向（双向好友）网络，这种做法不够严谨。第四，不同阶段形成的关系对口碑发起的作用差异很大。研究发现，并非个体关系越多其发起的口碑就越多。随着网络的动态演化，历史关系对口碑发起的作用会减弱，说明即便个体度中心性很大，但是如果缺乏关系持续性，其口碑发起的动力也会衰减。这在以往的网络口碑研究中是没有探究的。第五，不同环境下的关系对口碑发起的作用差异很大。不同于以往的研究只关注消费者个体度中心性，而忽略了其邻节点的特征向量中心性，本节发现消费者口碑发起的意愿与局部关系的密度（特征向量中心性）有关，即朋友的影响力越大，消费者的口碑发起意愿越强。一个消费者的朋友的影响力越大，那么其越可能发起口碑。

　　有关网络关系对口碑作用机制的探究也对企业的社会化营销具有一定的实践意义。第一，本节发现，若用户在短期内爆发式涨粉，他们更可能发布更多、更负面的口碑，因此更可能成为潜在的口碑"爆点"。那么，企业在舆情监控时，应多留意近期新成长的意见领袖如社交媒体中的"新晋网红",尽早识别这些潜在的负面口碑"爆点",建立信任关系,树立良好的企业形象。因为这些"爆点"基于自我展示和印象管理的动机,会有很强的口碑发起意愿,经常会质疑企业信息表达和发起负面评论,这些负面口碑一旦形成,企业再进行干预,就要付出更高的成本。相关企业可以根据用户的网络结构特征进行口碑预测,尽可能在口碑发起阶段进行介入,干预潜在"爆点"的口碑行为。第二,企业选择明星代言时,应慎重选择那些潜在的口碑"爆点",即便这些潜在的"爆点"不会散布雇主企业的负面口碑,但是由于他们有很强的自我展示和印象管理的动机,很可能会散布一些非雇主企业的负面口碑或与主流价值观不一致的言论,一旦他们的言行触及法律或道德底线,就可能被公众抵制、封杀,从而给雇主企业带来损失。第三,研究发现,粉丝数量多、短时间内爆发式涨粉、朋友圈影响力比较大的用户有更强的口碑发起动机,但同时也可能发起负面口碑。企业在自营社会化媒体进行品牌与产品宣传时应该如何选择意见领袖呢?首先,粉丝数量多是意见领袖的基本要求。其次,如果需要持续的口碑贡献,则应该选择长期以来热度高、涨粉稳定的意见领袖。再次,口碑发起以后,为了获得更好的扩散效应,应选择朋友圈影响力大的意见领袖。最后,为了避免意见领袖发布负面口碑,企业应多与这类用户进行互动,在满足用户自我展示和印象管理心理需求的同时,尽量做到无违和感地融入品牌、产品元素,必要时构建一些场景或引导,将一些看似负面的抱怨转换为企业或产品正面的宣传。

第三节　关键用户的动态影响性:以新产品扩散为例[①]

中心人物是指拥有较多社会连接的消费者,以往的研究证明中心人物对于新产品扩散有着重要作用(van den Bulte and Joshi,2007;Iyengar et al.,2011;Angst et al.,2010;Nitzan and Libai,2011)。同时,研究表明社会网络是动态演进的(Granovetter,1985),网络中的关系、网络节点的社会结构也是动态变化的(McEvily et al.,2012)。以往的研究多讨论某一时间点上中心人物对于新产品扩散的影响,很少从动态的视角考察中心人物对新产品扩散的影响。因此,为了更好地理解中心人物对新产品扩散的影响轨迹,让企业更好地理解动态市场中心人物的特点,我们从社会网络动态的视角,考察多个时间点上中心人物对于新产品扩散的动态影响,从而探究中心人物对新产品扩散的动态影响。

---

① 王殿文,黄敏学,周南. 2013. 中心人物对新产品扩散的影响是一直不变的吗.营销科学学报,9(4): 20-29.

一、网络动态性

以往的研究表明社会网络是动态演进的（Granovetter，1985；Smith-Doerr and Powell，1994），网络中的关系、网络节点的社会结构都是动态变化的（McEvily et al.，2012）。例如，Burt（2002）通过对网络中桥连接的研究发现，网络中的桥连接的作用是快速衰减的；McEvily 等（2012）发现桥连接除了衰减之外，还会累积更多的社会资本并会存在一定的网络印记效应；在动态市场中，Soda 等（2004）通过研究发现，现有的结构洞（structure hole）（相比于以往的结构洞）和以往网络中的接近性（相较于现阶段的接近性）对网络绩效有更大的影响；Nitzan 和 Libai（2011）通过对手机行业的研究表明，对于手机用户来说，与其相连接的其他消费者流失率越高，自身采用其他品牌手机的可能性也会越大，并且用户与其他消费者发生连接的时间越近，这种影响作用越大。这些研究都表明，网络是不断变化和演进的。

二、中心人物

中心人物是指拥有较多社会连接的消费者，但是现阶段关于中心人物的研究多从静态的视角来研究，或是在网络经历一段时间后，考察网络演进后的结果，即强调某一时间点上中心人物的影响力：Iyengar 等（2011）以医药行业作为研究的样本，发现意见领袖（自身连接比较多）能够比网络中的其他医生产生更大的影响力；Nair 等（2010）发现社会网络中的意见领袖对于产品的销售有更大的价值。但是实际上，网络自身是不断变化、演进的（McEvily et al.，2012），网络中消费者的结构也是不断变化的。具体而言，网络中的消费者能够不断理解自身的知识和社会关系（Jing，2011；Lam et al.，2010），消费者了解到的产品信息、知识或与其他消费者的连接也是不断变化的。也就是说，如果要真正地考察中心人物对于新产品扩散的影响，我们就需要采用动态的视角。

关于社会网络中心人物的研究主要集中在：意见领袖（Chen et al.，2011；Nair et al.，2010；Iyengar et al.，2011）、影响者（Trusov et al.，2010；Watts and Dodds，2007；Katona et al.，2011）和中心人物（Hinz et al.，2011；Goldenberg et al.，2009）。例如，Iyengar 等（2011）把意见领袖定义为拥有较多的社会连接，其他的医生更愿意向他们咨询或推荐新药品的使用；Trusov 等（2010）认为影响者是那些自身行为能够对其他消费者行为产生更大的影响的消费者；在 Hinz 等（2011）的研究中，中心人物被定义为拥有很多连接，并能够对其他消费者产生很大影响的消费者。尽管这些构念在具体的含义和需要的解决的问题方面有所不同，但是它们都隐含了中心人物的基本特征（Goldenberg et al.，2009）：①他们都是令人信服的；②他们在某一领域拥有很多知识；③他们拥有很多的社会连接，并且在实际的变量操作中，这三个构念的测量也多用消费者自身的社会连接来表示。由于在本节的研究中，我们只以消费者自身的连接作为研究的对象，并不考虑其他因素，因此我们借鉴 Goldenberg 等（2009）的定义，把研究的对象定义为中心人物。

三、中心人物对新产品扩散的动态影响研究

（一）中心人物对新产品扩散的动态影响

研究新产品的扩散具有重要的意义，有研究表明，新产品的失败率高达 50%（在美国高达 95%，在欧洲达到了 90%）。许多学者把研究的重心放在了新产品早期扩散上，其中最著名的是 Bass（1969）开发的 Bass 模型及后续的相关研究。但实际上，以往的研究更应该被定义为"成功"的新产品。因为新产品上市存在着巨大的不确定性，新产品如果在上市初期没有很好的市场业绩，就会被企业下架，从而无法形成完整的产品生命周期。现阶段研究中开发的模型都是基于较为成功的产品，因为只有那些较为成功的产品才有完整的销售、扩散周期供研究者进行模型拟合。因此，如果想真正地研究新产品上市期间中心人物对新产品扩散的动态影响，我们的样本就应该包含那些拥有完整生命周期的新产品，还应该包含那些可能被企业放弃的新产品，并从新产品上市的初期开始追踪。

在新产品扩散的过程中，社会网络是动态演进的（Granovetter，1985；Smith-Doerr and Powell，1994），社会网络中的中心人物也是不断变化的。Goldenberg 等（2009）的研究已经证明，在新产品扩散的过程中，中心人物越多，产品扩散的市场规模越大，因为中心人物能够在很大程度上让其他消费者了解到关于产品的信息。但是在新产品扩散的早期阶段，消费者自身积累的连接较少，能够影响的未采用消费者较少，对新产品扩散的影响自然也会较小。随着新产品导入期的延长，中心人物自身所积累的连接会增加（中心人物是不断变化的），中心人物能够影响到更多的人，示范影响的范围更大，新产品的扩散会进一步加强。

另外，从未采用消费者的角度来看：在新产品扩散的早期阶段，消费者对于新产品的信息是不完整的（Ram and Sheth，1989），消费者不能较为全面地得到关于产品的信息，消费者的创新购买会存在更大的经济风险（economic risk）、物理风险（physic risk）、社会影响和功能风险（functional risk），从而形成了比较高的感知风险。同时，由于购买的人数相对较少，消费者在市场上能够搜集到的产品

信息也比较少，进一步降低了中心人物的相对影响力，对于新产品扩散的影响自然也会比较小。但是随着新产品导入期的延长，产品信息和市场稳定性提升，这些风险会逐渐降低，并且随着中心人物自身所积累的社会连接的增多，未采用的消费者能够有更多的机会或途径了解到产品的信息，消费的风险感知会进一步降低，中心人物的示范效应得到进一步加强。因此，综合以上两个方面，笔者认为：随着社会新产品导入期的延长，中心人物对新产品扩散的影响会变大。

（二）中心人物类型的调节作用

为了进一步理解中心人物对新产品扩散的影响，我们借鉴 Goldenberg 等（2009）的分类，根据中心人物采用时间的不同，把中心人物分为创新型中心人物和跟随型中心人物。创新型中心人物比自身网络中 84%的消费者都更早采用某一新产品，因此他们做出购买决策时所能依赖的信息比跟随型中心人物要少，创新购买可能会存在着更高的感知风险。正如 Wozniak（1987）的研究所指出的那样，创新购买和非创新购买的消费者有明显的区别，创新型购买者拥有更高的教育水平，获得信息的渠道更多、更新。所以说，社会网络中的其他消费者与创新型中心人物的异质性更高，与跟随型中心人物的同质性更高。消费者更容易信任同质性比较高的消费者（Bramoullé et al.，2009），特别是在新产品扩散的早期，消费者对于新产品的信息是不完整的（Ram and Sheth，1989），消费者获取产品信息的渠道比较少，创新购买者会存在着更高的感知风险，这个时候消费者更容易相信同质性高的跟随型中心人物。因此，跟随型中心人物会对新产品扩散产生更大的影响（Goldenberg et al.，2009）。

随着新产品导入期的延长，中心人物自身积累的连接会逐渐增多，市场上也会有更多的消费者能够接触到新产品，关于产品的信息和知识在社会网络中也会更丰富。因此，当消费者接触到创新型中心人物时，尽管双方的异质性仍然比较强，但消费者的风险感知相较于早期会有所下降，创新型中心人物的示范效应会得到提升，这也就意味着：相较于新产品扩散的早期，这时的未采用消费者会更有可能受到影响，即创新型中心人物的影响会随着时间的延长逐渐增大。类似地，如果接触到跟随型中心人物时，未采用的消费者也有更多的机会和渠道去搜集产品的信息，在一定程度上降低了对跟随型中心人物的信息依赖，降低了跟随型中心人物示范效应，进而使得跟随型中心人物对新产品扩散的影响呈下降趋势，即跟随型中心人物的影响会随着时间的延长，其影响力会逐渐减少。因此，综合以上论述，作者得到：随着新产品导入期的延长，创新型中心人物对新产品扩散的影响会变大；随着新产品导入期的延长，跟随型中心人物对新产品扩散的影响会变小。

（三）实证分析

1. 数据样本

为了探究以上问题的答案，我们采用虚拟社区（网络游戏所构建的虚拟世界）中虚拟商品的扩散（从虚拟商品上市开始）作为我们的数据背景。虚拟产品，也称虚体商品，相较于实体产品，其最大的特点是"虚拟"性，即虚拟产品存在于由电脑技术创造的世界中。虚拟商品由此也更多地被定义为：在虚拟世界中销售的商品（Lehdonvirta and Hamari，2010）。为了检验动态环境下中心人物对于新产品扩散的影响，我们收集了某网络游戏从 2011 年 7~9 月内消费者在某一新开服务器购买虚拟物品的数据。在 2011 年 7~9 月共计 64 天的数据中，我们选取那些需要消费者付出一定的实体货币（为了更好地模拟现实交易）才能买到的虚拟产品作为研究对象（在虚拟社区中，这部分商品叫作"元宝商品"）。发生购买行为的虚拟商品总计为 260 种，购买次数从 11 次到 25 075 次不等，共有 52 834 位玩家参与游戏，其中 7520 位玩家发生了购买行为，占总人数的 14.23%，这 7520 位玩家共发生了 154 896 次购买行为，平均每位玩家的购买次数为 20.6 次。我们的数据也包含了消费者购买虚拟商品的基本信息，包括消费者购买的数量、购买时间、消费者的注册 ID、消费者每天的连接状况（包括每天交了多少朋友、买卖了多少商品等），以及虚拟产品的编号。

2. 模型

我们的研究选取了 13 个时间节点中的 260 个产品，可以构成一个面板数据。由于要研究动态市场环境下中心人物对于新产品扩散的动态影响，我们构建中心人物和市场规模之间的动态回归模型：

$$\mathrm{MS}_t = \alpha_t + \beta_t \mathrm{Hubs}_t \tag{5-5}$$

其中，MS_t 为在时间点 t 上，产品销售的市场规模；Hubs_t 为在时间点 t 上，产品所具有的中心人物的个数；β_t 为这一时间点上，中心人物对于市场规模的影响系数；α_t 为方程的截距。

由于要探究中心人物对于市场规模的动态影响，我们需要对针对不同时间点上产品对于市场规模的影响进行回归（类似于面板数据中的变系数模型），这样我们就可以看出不同时间点上中心人物对于产品市场规模的动态影响。

我们要探究创新型和跟随型中心人物对于市场规模的影响。但是，这存在着一个问题：随着新产品的扩散，社会网络中越来越多的消费者会接触到产品，我们的测量基于消费者自身的网络，会形成更多的中心人物（包含创新型中心人物和跟随型中心人物）。也就是对于创新型中心人物和跟随型中心人物来说，可能会有一个共同的趋势导致创新型中心人物和跟随型中心人物的增长，因此，为了获得中心人物对于市场规模的动态影响，我们定义一个新的潜变量——市场规模，其导致了创新型中心人物和跟随型中心人物的增长。因此，借鉴 Stephen 和 Toubia（2010），关于创新型中心人物和跟随型中心人物对于市场规模的动态影响可以表示为

$$\mathrm{MR}_{it} = \alpha_{1,it} + \rho_{it} I\_\mathrm{Hubs}_{it} + \eta_{it} \tag{5-6}$$

$$\mathrm{MR}_{it} = \alpha_{2,it} + \varphi_{it} F\_\mathrm{Hubs}_{it} + \delta_{it} \tag{5-7}$$

$$\mathrm{MR}_{it} = \alpha_{3,t} + \phi_t \mathrm{MR}_t + v_t \eta_t + \omega_t \delta_t + \tau_t \tag{5-8}$$

其中，MR_{it} 为产品 i 在 t 时刻的市场规模；I_Hubs_{it} 为产品 i 在 t 时刻的创新型中心人物数目；F_Hubs_{it} 是产品 i 在 t 时刻的跟随型中心人物数目；ρ_{it} 和 φ_{it} 分别为产品 i 在 t 时刻的创新型中心人物和跟随型中心人物对市场规模的影响系数；η_t 和 δ_t 分别为 t 时刻，创新型中心人物和跟随型中心人物对市场规模的残差。

在式（5-8）中，v_t、ω_t 为创新型中心人物和跟随型中心人物对市场规模的变量影响系数，ϕ_t 为市场规模在 t 时刻对市场购买的影响系数，τ_t 为在 t 时刻式（5-8）的残差，$\alpha_{1,it}$、$\alpha_{2,it}$、$\alpha_{3,it}$ 为上述三个方程的截距。

因为跟随型中心人物和创新型中心人物的相关度很高（见表 5-12，达到0.881），为了方便估计所以本节先采用主成分分析法提取出潜变量——市场规模，然后得出式（5-6）和式（5-7）的残差，把得到的结果再代入到式（5-8）中，从而完成跟随型中心人物和创新型中心人物对市场规模影响系数的估计。

表 5-12 变量的统计特征和相关系数

变量	观测值	均值	标准差	最小值	最大值	1	2	3	4
1.市场规模	3 161	369.165	1 195.881	1	25 075	1			
2.中心人物	3 161	118.539	174.535	1	1 551	0.722	1		
3.创新型中心人物	3 161	89.534	119.177	1	1 149	0.740	0.986	1	
4.跟随型中心人物	3 161	29.004	60.183	0	530	0.628	0.946	0.881	1

3. 中心人物对市场规模的动态影响

我们在表 5-12 中报告变量的基本统计特征和相关系数，可以看出，样本中共有 3161 个观测值（部分虚拟产品购买量比较少，在开始的某些时点上购买量为0，导致有效数据点并不是 260×13=3380）；跟随型中心人物和创新型中心人物的相关系数很高，达到了 0.881。

本节主要研究中心人物对市场规模的动态影响，即不同时间点上中心人物对于市场规模的影响。因此，我们首先要检验不同时间点上是否有相同的系数（即面板数据是否可以采用变系数模型）。根据陈强（2010）对于面板数据模型形式的设定检验，我们得到变系数模型的参数稳定性检验的 Chi2 (24)= 151.80，$p<$ 0.001，即强烈拒绝参数不变的假设，变系数模型得到验证。回归结果见表 5-13。

表 5-13　回归结果(1)

时间	中心人物	截距项
时点 1	3.835	−35.299
时点 2	4.717	−82.393
时点 3	4.775	−113.69
时点 4	5.024	−148.634
时点 5	5.002	−188.186
时点 6	4.988	−212.644
时点 7	4.921	−229.350
时点 8	4.913	−246.335
时点 9	4.942	−256.689
时点 10	5.052	−263.547
时点 11	5.043	−265.159
时点 12	5.057	−272.625
时点 13	5.051	−277.261

注：所有系数截距项的显著性为 $p<0.05$

从表 5-13 中可以看出，所有中心人物关于市场规模的系数都是显著的，并且参数稳定性检验的 Chi2 (24)=151.80，$p< 0.001$，中心人物对于新产品扩散的动态影响得到验证。

4. 创新型中心人物和跟随型中心人物对于市场规模的动态影响

创新型中心人物和跟随型中心人物有着比较强的相关性（这两个变量共同受到潜变量市场规模的影响），因此，先根据创新型中心人物和创新型人物的数据，运用主成分分析的方法，找出背后的共同趋势，然后用它们的残差代表它们影响的净值，代入式（5-8）。另外，由于我们探究创新型中心人物和跟随型中心人物对于市场规模的动态影响，也需要检验不同类型中心人物对市场规模的影响，我们先要检验不同时间点上是否有不同的系数（即面板数据是否可以设定为变系数模型），借鉴类似上一节的检验方法，我们得到 Chi2(36)=397.44，$p< 0.001$，强烈拒绝参数不变的假设。从表 5-14 中所反映的数据可以看出：随着新产品导入时间

的增长，创新型中心人物对市场规模的影响逐渐增大，跟随型中心人物对市场规模的影响逐渐减少，在一段时间后两者的影响力逐渐趋同，如图 5-13 所示，因此假设得到验证。另外，从表 5-14 中我们也可以看到，尽管创新型中心人物对市场扩散规模的影响逐渐增大，跟随型中心人物对市场扩散规模的影响逐渐减小，但跟随型中心人物的影响力始终大于创新型中心人物的影响力。

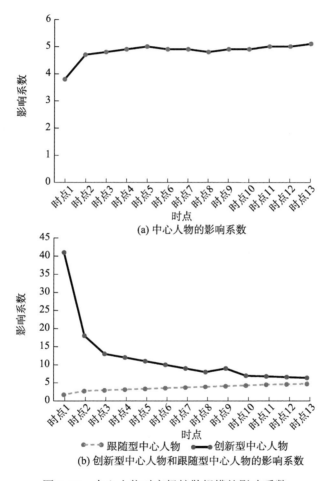

(a) 中心人物的影响系数

(b) 创新型中心人物和跟随型中心人物的影响系数

图 5-13　中心人物对市场扩散规模的影响系数

表 5-14　回归结果(2)

时间	创新型中心人物	跟随型中心人物	截距项
时点 1	1.956 479	41.191 140	−17.103 6
时点 2	2.672 985	18.828 510	−46.516 8
时点 3	2.911 500	12.006 400	−69.174 2

时间	创新型中心人物	跟随型中心人物	截距项
时点 4	3.276 064	10.022 900	−98.512 8
时点 5	3.385 733	8.661 235	−122.669 0
时点 6	3.495 660	7.752 020	−138.840 0
时点 7	3.527 718	6.993 655	−148.563 0
时点 8	3.565 631	6.670 790	−155.973 0
时点 9	3.689 888	8.661 235	−168.444 0
时点 10	3.978 901	6.364 800	−193.442 0
时点 11	4.024 466	6.139 525	−197.991 0
时点 12	4.071 632	5.957 605	−203.805 0
时点 13	4.093 952	5.916 370	−207.408 0

注：所有系数截距项的显著性为 $p<0.05$

5. 讨论

本节研究了动态的市场环境下，中心人物对新产品扩散的影响。从理论上讲，以往的研究从静态的视角出发，只考虑某一时点上中心人物对于新产品的影响（Stephen and Toubia，2010；Goldenberg et al.，2009）。实际上，社会网络是动态演进的（Granovetter，1985；Smith-Doerr and Powell，1994），网络中的关系、网络节点的社会结构都是动态变化的（McEvily et al.，2012）。因此，我们从动态的视角出发，考察多个时点上中心人物对于新产品扩散的动态影响。研究发现：中心人物的存在能够正向促进产品的市场规模，并且随着新产品导入时间的延长，中心人物对新产品扩散的影响逐渐增大；根据采用时间的不同（相对于自身的社会网络），我们把中心人物分为创新型中心人物和跟随型中心人物，随着新产品导入时间的延长，创新型中心人物对新产品扩散规模的影响会逐渐增大，而跟随型中心人物的影响则会随着时间的延长而减小。这说明，中心人物对新产品扩散的影响并不是一直不变的，而是一个动态变化的过程。从实践的角度上，本节为企业更好地理解中心人物在新产品中的动态扩散过程提供了理论依据，启示企业在进行营销时应在不同的时间点对于不同的中心人物采取不同的侧重点，以便使营销达到事半功倍的效果。

本节也存在着一定的局限性：第一，本节在考虑消费者的联结时，把消费者相互之间的聊天、交易、协同任务等认为是同质的，而实际上这样的假设存在一定的偏差，因为不同的连接方式可能会形成不同的影响（Ansari et al.，2011）。第二，本节采用的是虚拟社区中虚拟商品的数据，并且我们所选取的样本也是需要消费者支付一定的实体货币才能购买，这还是会和真实的物品有一定的偏差。

为了弥补以上的不足，在未来的研究中，我们会尝试从关系异质性的角度出发，考察不同范式下的中心人物对新产品扩散产生的影响。另外，我们也希望能够得到一些真实环境下新产品扩散的数据，以检验现实是否与我们的研究结论相一致。

参考文献

陈强. 2010. 高级计量经济学及 Stata 应用. 北京: 高等教育出版社.

郝媛媛, 叶强, 李一军. 2010. 基于影评数据的在线评论有用性影响因素研究. 管理科学学报, 13(8): 78-88, 96.

黄敏学, 王琦缘, 肖邦明, 等. 2015. 消费咨询网络中意见领袖的演化机制研究——预期线索与网络结构. 管理世界, (7): 109-121, 187-188.

杨震宁, 李东红, 范黎波. 2013. 身陷"盘丝洞": 社会网络关系嵌入过度影响了创业过程吗?管理世界, (12): 101-116.

姚铮, 胡梦婕, 叶敏. 2013. 社会网络增进小微企业贷款可得性作用机理研究. 管理世界, (4): 135-149.

Amabile T M. 1983. Brilliant but cruel: perceptions of negative evaluators. Journal of Experimental Social Psychology, 19(2): 146-156.

Anderson E W. 1998. Customer satisfaction and word of mouth. Journal of Service Research, 1(1): 5-17.

Angst C M, Agarwal R, Sambamurthy V, et al. 2010. Social contagion and information technology diffusion: the adoption of electronic medical records in U. S. hospitals. Management Science, 56(8): 1219-1241.

Ansari A, Koenigsberg O, Stahl F. 2011. Modeling multiple relationships in social networks. Journal of Marketing Research, 48(4): 713-728.

Aral S, Walker D. 2012. Identifying influential and susceptible members of social networks. Science, 337(6092): 337-341.

Bala V, Goyal S. 2000. A noncooperative model of network formation. Econometrica. 68(5): 1181-1229.

Barabási A L. 2012. Network science: luck or reason. Nature, 489(7417): 507-508.

Barabási A L, Albert R. 1999. Emergence of scaling in random networks. Science, 286(5439): 509-512.

Bass F M. 1969. A new product growth for model consumer durables. Management Science, 15(5): 215-227.

Berger J, Sorensen A T, Rasmussen S J. 2010. Positive effects of negative publicity: when negative reviews increase sales . Marketing Science, 29(5): 815-827.

Bond R M, Fariss C J, Jones J J, et al. 2012. A 61-million-person experiment in social influence and political mobilization. Nature, 489(7415): 295-298.

Borgatti S P, Mehra A, Brass D J , et al. 2009. Network analysis in the social sciences. Science, 323(5916): 892-895.

Bramoullé Y, Djebbari H, Fortin B. 2009. Identification of peer effects through social networks. Journal of Econometrics, 150(1): 41-55.

Burt R S. 1987. Social contagion and innovation: cohesion versus structural equivalence. American Journal of Sociology, 92(6): 1287-1335.

Burt R S. 1992. Structural Holes. Cambridge. MA: Harvard University Press.

Burt R S. 2002. Bridge decay. Social Networks, 24(4): 333-363.

Cheema A, Kaikati A M. 2010. The effect of need for uniqueness on word of mouth. Journal of Marketing Research, 47(3): 553-563.

Chen Y B, Wang Q, Xie J H. 2011. Online social interactions: a natural experiment on word of mouth versus observational learning. Journal of Marketing Research, 48(2): 238-254.

Chevalier J A, Mayzlin D. 2006. The effect of word of mouth on sales: online book reviews. Journal of Marketing Research, 43(3): 345-354.

Childers T L. 1986. Assessment of the psychometric properties of an opinion leadership scale. Journal of Marketing Research, 23(2): 184-188.

de Angelis M, Bonezzi A, Peluso A M, et al. 2012. On braggarts and gossips: a self-enhancement account of word-of-mouth generation and transmission. Journal of Marketing Research, 49(4): 551-563.

Fehr E, Gächter S. 2000. Fairness and retaliation: the economics of reciprocity. Journal of Economic Perspectives, 14(3): 159-182.

Garlaschelli D, Loffredo M I. 2004. Patterns of link reciprocity in directed networks. Physical Review Letters, 93(26): 268701.

Geng X J, Stinchcombe M B, Whinston A B. 2005. Bundling information goods of decreasing value. Management Science, 51(4): 662-667.

Goes P B, Lin M, Yeung C A. 2014. "Popularity effect"in user-generated content: evidence from online product reviews. Information Systems Research, 25(2): 222-238.

Goldenberg J, Han S M, Lehmann D R , et al. 2009. The role of hubs in the adoption process. Journal of Marketing, 73(2): 1-13.

Goyal S, Vega-Redondo F. 2005. Network formation and social coordination. Games and Economic Behavior, 50(2): 178-207.

Granovetter M. 1985. Economic action and social structure: the problem of embeddedness. American Journal of Sociology, 91(3): 481-510.

He S X, Bond S D. 2015. Why is the crowd divided? Attribution for dispersion in online word of mouth. Journal of Consumer Research, 41(6): 1509-1527.

Hinz O, Skiera B, Barrot C, et al. 2011. Seeding strategies for viral marketing: an empirical comparison. Journal of Marketing, 75(6): 55-71.

Ho J Y C, Dempsey M. 2010. Viral marketing: motivations to forward online content. Journal of Business Research, 63(9/10): 1000-1006.

Iyengar R, van den Bulte C, Valente T W. 2011. Opinion leadership and social contagion in new product diffusion. Marketing Science, 30(2): 195-212.

Jing B. 2011. Social learning and dynamic pricing of durable goods. Marketing Science, 30(5): 851-865.

Katona Z, Zubcsek P P, Sarvary M. 2011. Network effects and personal influences: the diffusion of an online social network. Journal of Marketing Research, 48(3): 425-443.

Katz E, Lazarsfeld P F. 1955. Personal Influence: the Part Played by People in the Flow of Mass Communications. New York: Free Press.

Keeling M J, Eames K T D. 2005. Networks and epidemic models. Journal of the Royal Society Interface, 2(4): 295-307.

King C W, Summers J O. 1970. Overlap of opinion leadership across consumer product categories. Journal of Marketing Research, 7(1): 43-50.

Kossinets G, Watts D J. 2006. Empirical analysis of an evolving social network. Science, 311(5757): 88-90.

Lam S K, Kraus F, Ahearne M. 2010. The diffusion of market orientation throughout the organization: a social learning theory perspective. Journal of Marketing, 74(5): 61-79.

Latane B. 1981. The psychology of social impact. American Psychologist, 36(4): 343-356.

Lehdonvirta V, Hamari J. 2010. Game design as marketing: how game mechanics create demand for virtual goods. International Journal of Business Science & Applied Management, 5(1): 14-29.

Levy M R. 1978. Opinion leadership and television news uses. Public Opinion Quarterly, 42(3): 402-406.

Liu Y. 2006. Word of mouth for movies: its dynamics and impact on box office revenue. Journal of Marketing, 70(3): 74-89.

Lu Y D , Jerath K, Singh P. 2013. The emergence of opinion leaders in a networked online community: a dyadic model with time dynamics and a heuristic for fast estimation. Management Science, 59(8): 1783-1799.

Ludwig S, de Ruyter K, Friedman M, et al. 2013. More than words: the influence of affective content and linguistic style matches in online reviews on conversion rates. Journal of Marketing, 77(1): 87-103.

Lü L Y, Zhou T. 2011. Link prediction in complex networks: a survey. Physica A: Statistical Mechanics and Its Applications, 390(6): 1150-1170.

Ma L Y, Sun B H, Kekre S. 2015. The squeaky wheel gets the grease—an empirical analysis of customer voice and firm intervention on twitter. Marketing Science, 34(5): 627-645.

McEvily B, Jaffee J, Tortoriello M. 2012. Not all bridging ties are equal: network imprinting and firm growth in the nashville legal industry, 1933-1978. Organization Science, 23(2): 547-563.

McPherson M, Smith-Lovin L, Cook J M. 2001. Birds of a feather: homophily in social networks. Annual Review of Sociology, 27(1): 415-444.

Miller G, Mobarak A M. 2015. Learning about new technologies through social networks: experimental evidence on nontraditional stoves in Bangladesh. Marketing Science, 34(4): 480-499.

Moe W W, Schweidel D A. 2011. Online product opinions: incidence, evaluation and evolution. Marketing Science, 31(3): 372-386.

Moe W W, Trusov M. 2011. The value of social dynamics in online product ratings forums. Journal of Marketing Research, 48(3): 444-456.

Muchnik L, Aral S, Taylor S J. 2013. Social influence bias: a randomized experiment. Science, 341(6146): 647-651.

Myers J H, Robertson T S. 1972. Dimensions of opinion leadership. Journal of Marketing Research, 9(1): 41-46.

Nair H S, Manchanda P, Bhatia T. 2010. Asymmetric social interactions in physician prescription behavior: the role of opinion leaders. Journal of Marketing Research, 47(5): 883-895.

Nitzan I, Libai B. 2011. Social effects on customer retention. Journal of Marketing, 75(6): 24-38.

Palla G, Barabási A L, Vicsek T. 2007. Quantifying social group evolution. Nature, 446(7136): 664-667.

Ram S, Sheth J N. 1989. Consumer resistance to innovations: the marketing problem and its solutions. Journal of Consumer Marketing, 6(2): 5-14.

Schmidt F L. 1973. Implications of a measurement problem for expectancy theory research. Organizational Behavior and Human Performance, 10(2): 243-251.

Seetharaman P B, Chintagunta P K. 2003. The proportional hazard model for purchase timing: a comparison of alternative specifications. Journal of Business & Economic Statistics, 21(3): 368-382.

Shelton A K. 2010. Defining the lines between virtual and real world purchases, second life sells, but who's buying?. Computers in Human Behavior, 26(6): 1223-1227.

Shriver S K, Nair H S, Hofstetter R. 2013. Social ties and user-generated content: evidence from an online social network. Management Science, 59(6): 1425-1443.

Sinha R K, Chandrashekaran M. 1992. A split hazard model for analyzing the diffusion of innovations. Journal of Marketing Research, 29(1): 116-127.

Smith-Doerr L, Powell W W. 1994. Networks and economic life//The Handbook of Economic Sociology. Los Angeles : Russell Sage Foundation and Princeton University Press: 368-380.

Soda G, Usai A, Zaheer A. 2004. Network memory: the influence of past and current networks on performance. The Academy of Management Journal, 47(6): 893-906.

Stephen A T, Toubia O. 2010. Deriving value from social commerce networks. Journal of Marketing Research, 47(2): 215-228.

Stokman F N, Doreian P. 1997. Evolution of social networks: processes and principles// Doreian P, Stokman F N . Evolution of Social Networks. Amsterdam: Gordon and Breach: 233-250.

Tang T Y, Fang E E, Wang F. 2014. Is neutral really neutral? The effects of neutral user-generated content on product sales. Journal of Marketing, 78(4): 41-58.

Toubia O, Stephen A T. 2013. Intrinsic vs. image-related utility in social media: why do people contribute content to twitter?. Marketing Science, 32(3): 368-392.

Trusov M, Bodapati A V, Bucklin R E. 2010. Determining influential users in internet social networks. Journal of Marketing Research, 47(4): 643-658.

van den Bulte C, Joshi Y V. 2007. New product diffusion with influentials and imitators. Marketing Science, 26(3): 400-421.

Wang F, Huang M X, Shou Z G. 2015. Business expansion and firm efficiency in the commercial banking industry: evidence from the US and China. Asia Pacific Journal of Management, 32(2): 551-569.

Wasko M M, Faraj S. 2005. Why should I share? Examining social capital and knowledge contribution in electronic networks of practice. MIS Quarterly, 29(1): 35-57.

Wasserman S, Faust K. 1994. Social Network Analysis. Cambridge: Cambridge University Press: 100-110.

Watts D J, Dodds P S. 2007. Influentials, networks, and public opinion formation. Journal of Consumer Research, 34(4): 441-458.

Wilcox K, Stephen A T. 2013. Are close friends the enemy? Online social networks, self-esteem, and self-control. Journal of Consumer Research, 40(1): 90-103.

Wozniak G D. 1987. Human capital, information, and the early adoption of new technology. Journal of Hunan Resources, 22(1):101-112.

Yang H B, Lin Z J, Peng M W. 2011. Behind acquisitions of alliance partners: exploratory learning and network embeddedness. The Academy of Management Journal, 54(5): 1069-1080.

Zhu F, Zhang X M. 2010. Impact of online consumer reviews on sales: the moderating role of product and consumer characteristics. Journal of Marketing, 74(2): 133-148.

第六章

借力社群：社群交互的共振策略

大数据驱动的社群赋能营销的一个难点是，让企业的营销活动得到用户认可，同时吸引更多的用户参与社群，实现社群的可持续发展。本章基于社群认同视角，利用社会化策略来吸引用户参与社群；选择合适的社群参与方法与社群中用户互动并避免对用户产生负面的挤出效应；针对具有两种不同客户群体的双边市场实施有效的关系维系策略，实现双边正向的网络溢出效应。

第一节　活跃社群交互的用户社会化引导①

社会化媒体的兴起，让消费者成为内容的创造者和传播的推动者。消费者越来越不关注大众媒介，这使得以企业为主导的、利用大众媒介广告进行品牌沟通的模式越来越难以奏效。因此，企业必须构建基于社会化媒介的新型品牌沟通与塑造模式。品牌打造的关键是建立品牌与消费者间的关系，如喜欢、依恋。为此，Muniz 和 O'Guinn（2001）提出品牌社区概念，将消费者与品牌的交互关系以及消费者间的交互关系有机地结合起来。在社会化媒体时代，消费者交互更为频繁且更具创造力，基于社会化媒体构建两种交互关系并存的品牌社区成为很多企业打造品牌的选择。与传统垂直控制的品牌消费者关系打造模式不同的是，消费者在品牌社区中更愿意接收水平交互式的沟通方式，而且其交互动机更多的是社会动机而非经济动机，消费者采取的也并非被动接受的垂直单向沟通模式。那么，企业如何在水平交互式的品牌社区中吸引消费者持续参与和交互呢？品牌社区可以看作一种非正式组织，经典的组织理论指出，建立组织认同是保证组织有机运作的有效机制。正因如此，让消费者持续参与的关键是建立品牌社区认同（黄敏学等，2015）。但是，品牌社区不同于正式的组织，它不是垂直控制式的，也没有固定目标，是一种自组织、交互的协同组织。那么，对品牌社区认同的内涵、机制不能照搬已有的组织认同理论，需要具体分析。

---

① 黄敏学, 潘海利, 廖俊云. 2017. 社会化媒体时代的品牌沟通——品牌社区认同研究综述. 经济管理, 39(2): 195-208.

一、品牌社区认同

从进入者的角度来讲，品牌社区认同强调的是个体如何产生对社区群体的归属情感，产生一种身份感，也就是一种自我感知的身份感（而非他人评价）。但是，新进入者这种身份感是否会被其他成员接受，取决于社区群体对此人身份合法性的认知。所以，新成员需要跟其他成员互动，了解内部的运行规则、规范、仪式，才能融合到社区之中，获得其他成员的承认，而这一切都离不开品牌的使用。这实际上可以解释社区成员融入社区，获得社区身份的过程。因此，合法性是一个比较重要的解释社区认同过程的概念。

消费者从进入社区到对社区产生认同，需要经历一定的程序，也就是说要获得合法性。根据组织制度理论，合法性是指"一般化的感知或假设，即在特定的社会规范体系、价值体系、信念体系及定义体系内，某个实体的行为是合意的、恰当或正确的"（Suchman，1995）。组织制度理论中的合法性可以归纳为三类，一是基于强制性奖惩基础的合法性，如规制合法性；二是基于对价值观和规范遵从基础的合法性，如规范合法性；三是基于共同理解基础的合法性，如认知合法性（陈扬等，2012）。在营销领域，合法性是指消费者能真正了解品牌，充分欣赏品牌及社区的文化、历史、仪式、传统和象征（Muniz and O'Guinn，2001）。据此可以判断，品牌社区中的成员身份合法性应该属于认知合法性和规范合法性。

对于品牌的认识与了解是加入品牌社区的前提，消费者对品牌必须具有正确的认知，即认知合法性。消费者通过品牌的使用，强化了对品牌个性、文化、价值观等属性的认知，这种认知有助于消费者进入品牌社区。品牌是品牌社区的载体和纽带，品牌社区的运作规则、规范、仪式、文化等更多的是建立在品牌的基础上。所以，对于新进入者而言，关于品牌的正确认知有助于提高其的认知合法性，这样，更利于社区其他成员的承认。在品牌社区中，成员之间共有或分享特定的价值观和规范，如文化、仪式、传统等，在这些价值观和规范约束下，社区成员必须表现出适当的行为以符合社区的期待，即规范合法性。新进入的社区成员通过不断的社区交互，强化自身合乎规范的行为，并得到社区其他成员的承认。久而久之，这些新进入者对社区的价值观和规范进行内化，最终形成对品牌社区的认同。

二、品牌沟通的社会化引导

对于个体为什么会对品牌社区产生认同，很多学者都从个体的自定义需求出发来讨论，认为个体对社会身份类别的认同受到自尊、相似与非相似性等自我定义需求的驱动（Muniz and O'Guinn，2001）。

消费者被品牌/品牌社区身份所吸引，是因为其有助于满足至少一个自我定义需求。自我定义需求包括自我连续性、自我增强和自我差异性三种需求。企业的身份吸引力基于它与消费者的相似性（如身份相似性）、差异性（身份差异性）和声望（身份声望）（Bhattacharya and Sen，2003）。消费者希望满足他们的自我定义需求并为了实现理想的或期望的自我概念而驱动着消费者认同的发展（van Knippenberg and Sleebos，2006）。

（一）自我连续性需求

消费者通过品牌社区与品牌及社区成员互动，展示与品牌体验有关的自我形象，满足与人沟通、表现自我的心理需求。这种自我连续性需求是消费者维持稳定的和始终如一的自我概念的需求，为的是方便向他人表现自己和保证信息加工简易性，因此，消费者期望维持自我一致性。消费者试图构建一致的社会身份，而自我连续性需求是一个涉及消费者对品牌及品牌社区身份吸引力感知的关键因素，反过来会影响他们的认同水平（Bhattacharya and Sen，2003）。在社区中，消费者感知自我形象与社区成员的一致性，促进消费者对社区及其成员的认同。以品牌为纽带的品牌社区，体现了品牌特定的个性、文化、价值观等。只有具有与品牌及品牌社区相似属性的消费者才会聚集在一起构成品牌社区。因此，这种相似性是促进消费者参与社区、认同社区的驱动要素，使消费者自我形象、身份得到展现与延续。受到自我连续性需求的驱动，这种自我一致性的影响在一些研究中被提出，自我一致性及其对消费者认同的影响得到了检验。自我表现价值对品牌吸引力具有积极的影响，还会反过来影响品牌认同（Kim et al.，2001）。通过对涉及 15 个国家的大规模跨国公司进行研究，Lam 等（2010）指出，自我品牌不一致性和消费者品牌认同之间存在负面的关系。品牌个性一致性对消费者品牌认同具有显著性效果，因此，消费者与品牌之间的一致性强化了消费者的认同（Kuenzel and Halliday，2010）。

（二）自我增强需求

消费者维持和强化积极的自我观念的需求（Bhattacharya and Sen，2003；Algesheimer et al.，2005）。尽管消费者为了满足自我连续性需求而认同品牌，然而，满足自我增强需求是认同的关键决定因素之一。在社会身份理论中，Tajfel 和 Turner（1979）假设相对外群体，在个体所属的社会群体被积极地评价和比较的基础上，个体会努力提升他们的自尊（Muniz and O'Guinn，2001）。消费者通过认同具有声望的企业来维持一种积极的社会身份并通过购买其产品来提升他们的自尊（Bhattacharya and Sen，2003）。在以营利为目的的环境中，以往研究支持品牌的声望（Kuenzel and Halliday，2008）、感知企业身份声望、品牌名誉以及消费者认同之间这种积极的关系（Kuenzel and Halliday，2010；Wang et al.，2008）。以往研究关注的是与品牌形象相关的变量，很少涉及其他的变量，如销售人员的形象或者其他消费者有可能成为满足消费者自我增强需求的来源。

（三）自我差异性需求

在社会中，消费者有把自己与他人分开来的需求（Ahearne et al.，2005）。社会身份研究指出，人们寻求与他人的差异性，因此，更有可能与特定群体联系起来，该群体与其他群体相比具有显著的积极价值（Tajfel and Turner，1979）。消费者越是感知自我品牌与其他品牌相比具有差异性，越有可能被相关企业吸引，并且随之强化消费者的认同（Bhattacharya and Sen，2003）。这种差异性通过社区交互体现出来，如社区成员使用特有的术语、口号、行为等。通过这种差异性，消费者把社区身份看成自我身份独立于其他群体的手段，彰显自我身份的独特性。因此，消费者感知社区身份的差异性及其社区身份的自我增强性越强，其对品牌社区的认同感就会越强。Kim 等（2001）发现，品牌个性差异可以通过影响消费者感知品牌吸引力正向影响其品牌认同。

（四）其他因素

消费者与品牌的关系先于其与品牌社区的关系，并且对品牌社区关系有促进作用（Algesheimer et al.，2005）。最初，消费者认为品牌只提供功能性和象征性利益，后来，这种与品牌的和谐关系使消费者寻求与相似的消费者进行互动。这种消费者与品牌的关系——品牌关系质量的感知会影响品牌社区认同，因此，更高水平的品牌关系质量会产生更强的品牌社区认同。也有国内学者从消费者体验角度分析品牌社区认同的形成，黄敏学等（2015）认为，消费者对社区的认同（或承诺）并非天然的，而是在社区参与过程中形成的。他们研究了消费者在社区的体验对社区认同的影响，特别是区分了社区体验中不同成分，即信息体验、娱乐体验和互动体验，并且检验了三者对品牌忠诚的影响及社区认同在其中的中介传导作用。

消费者品牌社区认同是消费者与社区关系强度的体现。Matzler 等（2011）从消费者个性角度出发，提出社区成员和社区的关系总的来说依赖于消费者自身的个性，外向性格被认为是友善的、社交性的、自信的及活泼的，外向的个性更有利于社区成员认同品牌社区；亲和性被认为是和蔼的、宽容的、礼貌的、乐于助人的、慷慨的及合作的，亲和的个性更有利于社区成员认同品牌社区。然而，外向性格得到实证验证而亲和性格没有得到验证，这是品牌社区的特征引起的。比如，不同于组织认同，组织成员之间是分工与协作的关系，依赖他人及要求贡献，而品牌社区中的成员关系完全是自愿行为，成员决定是否、什么时候、什么程度与他人建立关系。社区是根据共同的兴趣建立并且社区成员具有基本的社会交互行为，因此，品牌社区对贡献精神的要求相对要低。品牌社区成员个性对品牌社区认同具有影响，外向型的成员更容易对品牌社区产生认同感，开放型社区成员会对品牌产生更强的激情，并通过品牌激情对品牌社区产生认同感（Füller et al.，2008）。

有的学者还研究了品牌社区规模对品牌社区认同的影响。例如，Devasagayam和 Buff（2008）指出，在小型品牌社区（少于 50 人）中，社区成员与社区的连接性更强，因此，也产生了更高水平的品牌社区认同感。Lee 和 Chang（2011）通过在线人际关系的研究发现，在线人际关系影响品牌社区契合，社区成员参与社区活动增强了他们对品牌社区的认同，并且提高了重购意愿，通过品牌社区嵌入，社区成员把在线人际关系扩展为现实生活中的人际关系。

三、品牌沟通社会化引导的作用

消费者品牌社区认同带来诸多积极的结果，如社区契合、社区推荐、品牌忠诚、社区心理意识等。但也有学者（Algesheimer et al.，2005）认为，品牌社区认同不仅可以带来积极的结果，还可以导致消极的结果，如社区规范性压力和抵抗。规范性压力和社区嵌入影响成员的三种行为意向：一是成员身份持续意向；二是社区成员向社区外人员推荐品牌社区的意向；三是成员的社区活动参与意向。品牌社区认同感越强，越能促进对品牌社区嵌入，品牌社区认同对社区嵌入具有积极的影响，社会身份对社区活动参与也具有积极的影响，因此，品牌社区认同可以促进消费者的品牌社区参与（Shih et al.，2010；Woisetschläger et al.，2008）。

对于品牌社区来说，自我类化的结果是把社区的价值观、规范和行为与其他社区区分开来，会增强社区成员的自尊。品牌社区认同不可避免地与消费者社区参与联系起来，消费者对品牌社区的认同会积极地影响消费者的社区参与（Woisetschläger et al.，2008）。Zhou 等（2012）认为，品牌社区认同带来社会价值，因为消费者之间的友好关系是基于与社区成员分享品牌体验的功能形成的，消费者认同品牌社区，意味着社区成员与自己购买一样的品牌、经历同样的品牌体验，这些具有同样体验和价值观的成员倾向于社区承诺，维持与社区长久的关系。品牌社区作为一个消费者交互平台，可以促进消费者对品牌的认知与了解，因此，品牌社区认同会对品牌认同产生积极影响。黄敏学等（2015）指出，消费者参与品牌社区过程中产生社区认同后能产生一种归属感，这种归属感会在与其他消费者的互动之中得到加强，将促使消费者持续参与社区，加深消费者对品牌知识的了解和喜爱，促进消费者品牌忠诚形成。品牌社区认同对顾客忠诚具有直接的积极影响，但却对品牌信任没有影响，这是因为采用的测量品牌信任的量表只强调品牌绩效的感知而忽视了激励因素、没有考虑行为意愿（Matzler et al.，2011）。品牌社区认同在品牌社区契合做中介的情况下，对品牌忠诚具有积极的影响（Habibi et al.，2014）。Marzocchi 等（2013）通过对比两种认同（消费者品牌认同和消费者品牌社区认同）发现，通过品牌情感的中介作用，品牌社区认同对品牌忠诚具有很强的影响，其中，品牌认同对品牌信任影响更强，品牌社区认同对品牌情感影响更强，前者关注的是品牌认知，而后者关注品牌情绪和情感。

品牌社区增强了消费者对品牌的认知，因此，品牌社区认同对品牌认同具有积极的影响（Bagozzi and Dholakia，2006）。Chang 等（2013）通过研究电子口碑对品牌社区消费者对负面品牌信息的态度的影响发现，消费者态度受到消费者品牌社区认同程度的影响。当负面电子口碑被广泛传播时，高认同的消费者通过社会创造来抵抗这种品牌负面影响。Füller 等（2008）通过对开放创新项目的研究，发现品牌社区认同并不会导致品牌爱好者参与开放创新项目，对于社区成员来说，对社区的认同通常会导致显示出强烈的品牌激情和加入创新相关的讨论，但是，并不代表他们对参与开放创新项目具有很强的意愿。这与以往认为认同品牌社区的成员具有很强的创新性和把自己看成企业的内部人员，并且这些人会想方设法接近品牌的创新团队的研究（Kozinets，2002；Muñiz and Schau，2005）不同。Carlson 等（2008）提出一个概念——品牌社区心理意识，认为品牌社区心理意识是一种没有边界的品牌爱好者群体意识，在没有社会交互的情况下，他们感知与其他品牌爱好者所形成的社区。品牌社区认同对社区嵌入或者社区成员之间的交互与合作具有积极的影响（Algesheimer et al.，2005），品牌社区认同对口碑也有积极的影响，这种影响通过品牌社区心理意识的中介调节来实现，品牌社区认同导致更强的品牌社区心理意识，因为感知自我身份与社区身份的重合是消费者与其他品牌消费者建立连接的前提，因此，对社区其他成员的认同涉及品牌社区心理意识。Hickman 和 Ward（2007）研究了品牌社区认同对群际关系的影响，发现品牌社区认同感越高，群际刻板印象就越强，反过来会导致对外群体的诋毁，说外群体坏话，对外群体表现出幸灾乐祸。具体表现为，对品牌社区认同感强的人，会对自己偏爱的品牌给予更好的评价，感知本社区成员比其他品牌成员更加热情以及本社区成员比竞争品牌社区成员具有更强的能力。

品牌社区认同的前因后果如图 6-1 所示。

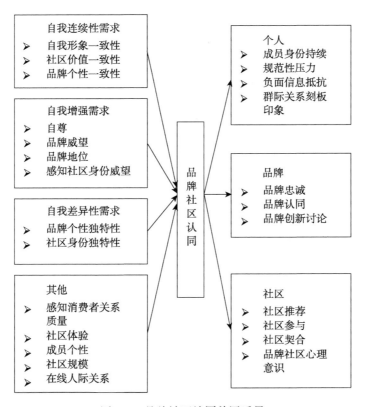

图 6-1　品牌社区认同前因后果

第二节　增强社群黏性的企业参与策略[①]

基于虚拟品牌社区显著的社交性，企业与消费者基于虚拟品牌社区中的沟通和互动方式应改变传统上以企业为主导的广告和活动宣传的营销策略。相反，企业在社区活动中应十分重视平衡企业目标与消费者的需求，避免因将企业利益置于社区利益之上，而伤害社区成员的活力。这也表明，企业以合适的方式参与虚拟品牌社区，对于提高消费者社区参与意愿，形成消费者与社区的长期关系十分重要。然而，梳理品牌社区研究的相关文献发现，学者多从消费者的视角探究用户社区参与的影响因素。例如，秦敏等（2015）基于复杂适应系统理论，研究了开放式创新社区中的用户贡献的影响因素，他们发现利他动机、用户互惠和用户信任等因素对用户贡献存在正向影响。刘海鑫等（2014）则基于社会资本理论，揭示了社会资本各维度（如信任、共同语言等因素）对用户知识贡献的影响。这

① 廖俊云，黄敏学，彭捷. 2017. 企业虚拟品牌社区参与对消费者社区承诺的影响研究.管理评论, 29(10): 73-83.

些研究丰富和深化了学界对用户知识贡献方面的认识，但他们的研究仅将用户作为与环境交互的主体，而没有考虑企业在虚拟品牌社区中的参与和交互活动。事实上，企业建立的虚拟品牌社区的成功离不开社区建立者的投入，而对于营销经理而言，他们迫切想知道的是如何行动才能实现虚拟品牌社区的价值。杨学成和陶晓波（2015）以小米公司为例，对其社会化价值共创活动展开了案例研究，并提出了随着社会化媒体的发展，实体价值链将融合虚拟价值链形成价值矩阵，并进而向柔性价值网演变的重要观点。这一研究富有启发性，但是他们主要从价值链方面展开宏观分析，并没有回答企业如何参与虚拟社区及企业参与会带来怎样的结果。本节试图从企业参与的角度，探讨企业在虚拟品牌社区中的参与行为，并检验其不同参与行为对形成消费者与社区的长期关系的影响。

一、企业参与虚拟品牌社区

品牌社区是指建立在使用某一品牌的消费者之间的具有社交关系的、专门化的、非地理意义上的社群。以往关注的品牌社区一般是指线下的品牌社区，但是随着互联网的发展，众多品牌纷纷开始在虚拟网络世界建立品牌社区。Kozinets（2002）认为虚拟品牌社区是指社区成员以互联网为载体进行交流，交流的主要内容是彼此的品牌体验和对品牌的态度。有学者指出，网上虚拟品牌社区中具有以下几个重要维度。第一，品牌导向。也就是说，虚拟品牌社区的核心焦点在于品牌及其相关的消费体验。第二，基于互联网。也就是社区的价值主要通过网络传递。第三，建立与治理。品牌社区既可能由企业建立和发起，也有可能由品牌爱好者自主建立，而品牌社区的治理可能完全由企业或消费者来治理，也有可能是不同主体都参与治理和管理。众多研究证实品牌社区对于强化企业与消费者之间的关系具有积极作用。例如，Gruner 等（2014）的研究发现，企业发起的虚拟品牌社区能够促进消费者采用这一品牌的新产品；沙振权等（2010）的研究则发现，消费者的社区体验能够促进其对品牌的认同；有学者认为虚拟品牌社区为企业开创了品牌管理的新路径。鉴于品牌社区在顾客关系管理等方面中的重要价值，越来越多的企业主动建立虚拟品牌社区，并任命企业方面的代表活跃在社区之间，建立起了与消费者之间的直接联系。在这一背景下，一些学者开始呼吁学术界应拓宽视野，除了考虑消费者社区参与的影响之外，也应探讨企业应该如何参与虚拟品牌社区。

虚拟品牌社区为企业创造价值提供了战略机遇，促使企业积极参与到虚拟社区之中，但是由于品牌社区的关键特征是社交属性，带有商业目的的企业在参与虚拟品牌社区时必须小心谨慎。例如，Cova 和 Pace（2006）指出虚拟社区呈现出一种新的社会化和顾客授权，企业要避免成为社区中成员个人表达的"侵入者"，企业应降低对品牌意义的控制。McWilliam（2000）认为，在互联网环境下，消费者理应在虚拟社区中占据主导地位，若企业过度控制社区，品牌社区将会面临消费者失去兴趣，社区活力下降的风险。Fournier 和 Lee（2009）也认为，虚拟社区作为消费者的活动空间，在社区管理上，企业既不能完全控制虚拟社区，也不能完全放弃自己的责任，他们认为采取两者之间的综合治理方式更好。这些研究表明，虚拟品牌社区是消费者的活动空间，企业也能作为参与主体以一定的方式参与到虚拟社区之中。然而，这些研究仅仅就企业参与品牌社区的原则进行了探讨，而缺乏对企业参与品牌社区行为及其影响的深入研究。本节通过文献梳理，并结合对小米社区这一品牌社区的真实观察，识别和佐证了企业参与社区的三类典型活动：内容贡献、社区规制、活动组织，并检验三种企业参与行为对消费者持续参与社区意愿（社区承诺）的影响。

在明确了本节的研究目的之后，针对性地对本书的研究对象——小米社区进行了长达三个月的实际考察。小米社区由小米公司创建于 2011 年 8 月 1 日，目前聚集了大量的小米爱好者。小米社区给出的数据显示，截止到 2014 年 11 月，小米社区已经累计帖子达 225 869 603 个，会员数达到 7 516 898 827 人。小米社区已经成为小米社会化营销中的重要环节。小米社区既围绕小米品牌旗下的产品建立了相关的产品讨论版块，为了满足消费者的兴趣和互动需要，设立了如"同城会""随手拍"等兴趣爱好类社交版块。在小米社区中，小米公司专门组成了"小米公司技术团队"，其成员活跃在小米社区的各个版块之中。下文将结合以往的关于企业参与品牌社区中的相关论述及小米公司在社区的行为来识别企业参与品牌社区的典型行为。

二、企业社群参与策略

（一）内容贡献

我们将企业在虚拟社区中提供内容、编辑内容的行为称为内容贡献。消费者参与虚拟社区的重要动机之一是获得有用、可靠的信息。特别是在产品复杂性的条件下，品牌社区能够帮助消费者获取及时、可靠的信息，减少购买和使用的感知风险。因此，多位学者提出作为社区组织者的一方应该扮演"内容提供"的角色。例如，McWilliam（2000）认为由于社区成员之间的交互主要通过基于文本的内容，作为虚拟品牌社区的建设者，企业必须要具备"编辑能力"，为虚拟社区提供内容；同时，社区组织者应承担责任编辑和档案保管员的责任，为社区提供信息，管理外部信息来源，组织和编辑社区成员贡献的内容。Rothaermel 和 Sugiyama（2001）以一个手表虚拟社区（timezone.com）为例进行了研究，他们发现社区组织者应该通过贡献内容为社区成员贡献价值，如他们发现在 timezone.com 中，社区组织者专门建立了"手表学院"板块，发布相关课程指导成员维修手表、对手表正确估价、理解手表设计中的相关概念等。Grewal 等（2010）的研究表明，内容提供是社区平台企业参与网上社区的重要形式之一。社区管理者的内容贡献有助于消费者通过观察学习推断社区的信息价值和社会价值，从而提高社区参与意愿。观察小米社区发现，小米公司技术团队活跃在小米社区之中为小米社区贡献了众多有用的内容，如"非官方渠道购机申请认证必看如何正确查找手机的 IMEI（international mobile equipment identity，国际移动设备标志）及 SN（serial number，序列号）""玩机教程之 MIUI V5 私密设置完全解析"等多种帖子帮助社区成员解决手机或其他产品的各种问题。

（二）社区规制

我们将企业明确社区规则，帮助消费者确立行为规范的行为称为社区规制。为了保证社区的持续良好运行，保证社区成员顺畅互动，品牌社区通常会制定或形成一套社区规则作为保障。Hagel 和 Armstrong（1997）指出，社区需要管理和治理，社区组织者应该监控社区的运行。Grewal 等（2010）的研究表明，社区监管是社区平台企业参与网上社区的重要形式，其有助于规范社区成员的行为，减少社区参与者的机会主义行为。Rothaermel 和 Sugiyama（2001）认为虚拟社区网站所有者对社区进行管理十分必要，如社区所有者限定谁能在社区张贴广告、广告的存在时间等。由于互联网的开放和匿名性，网络社区中发布不良信息等非伦理行为大量存在，企业作为社区的组织者也有责任消除品牌社区中的非伦理行为。例如，Wiertz 等（2010）提出，为了克服虚拟社区中的反社会行为，控制社区中的谣言等，虚拟社区治理应有一定的治理机制。观察小米社区发现，小米公司技术团队成员在"治理"小米社区中发挥着重要作用。一方面，他们制定了一系列关于社区成员各种类型小组的规则和说明，如"小米社区荣誉顾问团考核和奖励说明"详细说明了成为小米社区荣誉顾问团的标准和考核准则。另一方面，他们还严格执行社区规则，惩罚或排除某些违反社区规则的成员，如 2010haie 因涉嫌倒卖手机被开除顾问团。

（三）活动组织

互动是社区的必不可少的成分，社交需要是消费者参与社区的重要动机。我们将企业在虚拟社区中促进消费者互动的行为称为活动组织。恰当地促进社区成员之间的互动将为消费者提供良好的体验，通过社区活动增强社区成员之间的联系不仅能够激发成员对社区的承诺感，还能增强个人与品牌之间的连带关系。推动社区成员之间互动和信息交流，保持社区的活力是企业参与与管理虚拟社区最重要的问题之一。企业作为社区的建立者，相比于社区其他成员有更大的经济实力和更多的专业的人员来组织社区活动，那么消费者有理由期望企业提供资源支持社区中的活动，并且企业的活动将有利于建立社区成员对于企业的信任。虚拟社区中完全依赖于网络图文交流的方式可能会限制社区中的成员建立良好的关系，可能很难完全满足消费者的社交需要。Rothaermel 和 Sugiyama（2001）的研究也认为，消费者之间在虚拟社区外的沟通往往比社区内部的沟通更有效，因此他们建议企业应该组织活动，促进消费者线下的沟通。这也表明企业在参与社区活动中，不仅要促进消费者基于虚拟网络的交流活动，还需要举办线下的活动来推动社区成员的深层次沟通。在小米社区，小米公司为了促进社区成员的活跃度，支持和举办了很多以社区成员为参与对象的活动，如线下与线上结合的"同城会""粉丝见面会"，鼓励成员贡献内容的"征文活动"等，在活动组织方面表现非常明显。

三、消费者社区承诺

承诺反映了某一个体与所属群体之间的心理连带关系，品牌社区承诺则指消费者与品牌社区的心理依恋程度和消费者对于参与社区的价值评价。承诺通常是形成长期关系的必要条件，品牌社区承诺实际上反映了消费者与社区保持长期关系的意向。形成消费者对品牌社区的承诺对于企业具有重要价值。Zhou 等（2012）的研究表明，消费者对虚拟品牌社区的承诺通过消费者的品牌依恋正向影响消费者品牌承诺，这是因为社区成员对品牌社区的承诺使得他们愿意购买此品牌的产品来加强与社区成员之间的关系，而购买竞争产品则会带来消费者认知上的不协调。Kim 等（2008）的研究也发现，品牌社区承诺是社区参与和品牌承诺之间的重要传导变量。但他们是从消费者参与互动的视角来研究的，没有研究在企业构建虚拟品牌社区的背景下企业行为对于形成消费者社区承诺的影响。实际上，在互联网条件下，消费者对于加入虚拟品牌社区具有充分的自主选择权，他们可能加入企业建立的品牌社区，也完全有可能加入到没有企业参与的基于第三方平台的消费者自主建立的品牌社区，而且有研究表明消费者更加偏爱后一类品牌社区。同时，即使消费者加入由企业创建的品牌社区，消费者往往只在一个社区短暂停留而很快流失，这时企业留住消费者，形成消费者对社区的承诺，对于保证社区的活跃度及企业社区营销的成功至关重要。

（一）企业参与行为与消费者社区承诺

1. 内容贡献与消费者社区承诺

Zhou 等（2012）的研究表明，消费者加入品牌社区的重要目的之一是获取信息价值。信息价值是指社区成员在社区中所获得的信息帮助其解决问题的功能。在虚拟品牌社区中，企业会经常性地发布一些有用的产品信息，如小米公司经常发布一些关于产品软件更新、产品使用知识等，这些广泛的信息和内容有助于社区成员消费者更好地消费和使用产品，为消费者提供了重要的获取信息的渠道。同时消费者产品知识和技能的增长能使消费者更好地融入社区，获得良好的社区体验。此外，企业发布的内容不限于产品知识方面的内容而是包括非正式的娱乐性内容，这方面内容更能满足消费者娱乐方面的需求，更能促进消费者围绕内容进行留言和回复等多种形式的互动。总之，企业的内容贡献行为可能为消费者带来信息价值、娱乐价值等，有助于消费者形成对于社区的连带关系，提升消费者对社区的承诺水平。因此，提出如下假设：企业在社区中的内容贡献行为正向影响成员社区承诺水平。

2. 社区规制与消费者社区承诺

企业的社区规制行为最重要的功能是规范社区成员的行为，保障社区运行秩序。例如，企业通过制定规则，明确规定社区欢迎哪些内容、不欢迎哪些内容，这样可以移除那些不符合社区规则的帖子，惩罚发布虚假信息的成员，突出有价值的内容和成员，从而为社区营造良好的氛围。同时，Köhler 等（2011）的研究指出，基于虚拟网络的社会互动中，消费者必须获得相关的角色认知，明确相关的互动规范，只有这样才能提升消费者对社会互动的适应性水平，企业社区规制行为也可能提高消费者的角色清晰，帮助消费者融入社区。因此，我们推断企业的社区规制行为能提高消费者社区承诺水平。同时，企业的社区规制行为对消费者参与也存在一定的负面影响。首先，由于社会化媒体中消费者的自主性提升，其不愿再被动接受企业的控制，而是希望以平等的身份参与社区互动，因此过多的企业的社区规制行为可能损害社区成员的平等参与感而降低消费者参与意愿。其次，企业的社区规制行为过多将限制消费者在社区中活动的自由。例如，当企业在社区中推行积分制的政策，规定社区成员积分达到一定程度时才具有加入特定群组的权限，这在一定程度上妨碍了社区成员活动的自由，可能会降低消费者与社区建立关系的意愿。由此本节推测，企业的社区规制行为在一定程度上有利于消费者互动和形成消费者与社区的承诺关系，但是当企业的社区规制行为超过一定的程度将会损害消费者的自主参与感和参与自由，从而降低消费者与社区的承诺关系。因此，我们提出如下假设：企业社区规制行为与消费者对社区的承诺之间是倒"U"形关系。

3. 活动组织与消费者社区承诺

驱使消费者加入品牌社区中的重要目的之一是消费者的社会需要。社区互动可以形成共有的规范、互惠原则，社区的仪式可以将社区成员联系起来，形成一种集体的共有感，满足消费者人际连带，获得社会认同，同时形成消费者对社区的认同，提升消费者对社区的承诺水平。企业在社区中组织的各类互动活动为不同消费者之间的互动提供了良好的契机，有利于消费者与其他消费者建立关系，形成人际连带和社区嵌入，提升消费者与社区的长期关系意愿。企业将线上活动拓展到线下，组织群体活动，如小米社区中定期举办的"同城会"，更有利于消费者获得真实的社交体验，更能满足消费者社交的需要。因此，本节推测，企业在虚拟品牌社区中组织活动，为消费者之间频繁沟通和交流提供支持和帮助，将提高消费者在社交和互动方面的体验，有利于消费者形成与社区的长期承诺关系。因此，我们提出如下假设：企业在品牌社区中的活动组织行为正向影响成员社区承诺水平。

（二）社区参与时间的调节作用

本节认为不同社区参与时间长度的消费者可能对企业的社区参与行为有不同程度的反应。这是因为，消费者往往因为信息搜寻而加入某一虚拟品牌社区，他们希望从社区中获得所需的产品或品牌知识，帮助他们更好地进行消费决策或产品使用，这时企业在虚拟品牌社区中多提供一些关于产品信息和内容可能会满足消费者这方面的需求。同时，加入时间较短的消费者对社区缺乏了解，不能很好地参与到社区之中，企业提供一些社区参与的信息和内容能帮助这些新消费者快速适应社区环境，获取所需的信息，参与到社区互动之中。但是随着消费者参与时间增长，他们已经积累了很多的产品知识，已经对社区比较了解，企业更新的内容对于他们来说实际价值在下降。因此，我们提出如下假设：相对于社区参与时间较长的消费者，企业内容贡献行为更能提高社区参与时间较短的消费者的社区承诺水平。

但是，对企业的社区规制行为而言，却可能呈现相反的效应。首先，虽然企业的社区规制行为保障了社区整体上的运行秩序，但是当企业规制行为过多时可能对参与不足的消费者造成一定的障碍。这是因为消费者新进入一个社区时由于在社区经验和社区参与度还不够，其角色清晰和参与能力还有限，消费者在发帖和交往中可能无意之中触犯企业为社区制定的规则。其次，很多社区都存在对新加入成员的诸多限制，只有当新加入成员参与度达到一定的程度时，他们才有权参与社区中不同级别的活动，因此当消费者参与时间较短时，社区规则可能起着限制作用，妨碍消费者对社区的关系承诺。但是对于社区成员中参与时间已经比较长的成员，他们已经获得了一定的社区地位，熟悉了社区的规则和社区参与能力，能灵活自如地参加各种活动，企业的社区规制行为对他们并没有很大的限制作用，反而可能帮助他们厘清社区的规则，排除一些无用信息等的干扰，促使他们留在社区之中。因此，本节提出如下假设：相对于参与时间较长的消费者，企业社区规制行为可能更加显著地降低参与时间较短的消费者的社区承诺。

上文已经提到，新加入社区的消费者往往由于受到社区信息价值的吸引而更加重视社区的内容，而且由于参与时间较短，他们还没有形成与社区其他成员之间较为紧密的关系，他们可能对企业组织的社区互动活动的参与热度不高。但是对参与时间较长的消费者而言，他们能在社区中获取足够的信息，这促使他们更加寻求社区的社交价值，并且参与时间较长的消费者可能已经在社区中建立了自己的圈子和人际关系，这会使他们对于企业组织的社区互动和线下活动更加有兴趣。因此，本节提出如下假设：相对于社区参与时间较短的消费者，企业互动组织行为对提高社区参与时间较长的消费者社区承诺水平更加有效。综上，本节研究框架如图 6-2 所示。

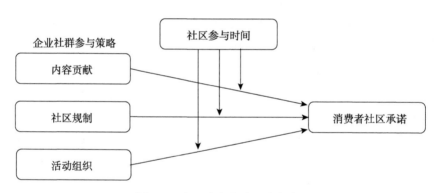

图 6-2　企业参与行为研究框架

（三）实证分析

1. 数据样本

本节以小米社区为研究背景，采用网上问卷调查的方法调查参与小米社区的消费者。小米社区用户数量庞大，用户比较活跃，并且保持着内容的更新，因此适合本节的研究。本节获取调查数据的方式具体如下：在问卷星中设计好调查问卷，生成问卷后会产生一个问卷的网络链接，作者将网络链接和相关问卷说明发布在小米社区以及小米粉丝 QQ 群中邀请相关小米用户填写问卷。为了鼓励用户参与，每份合格的问卷奖励 1 元人民币。在经过 3 个多月的问卷收集后，我们收到了 397 份问卷，排除其中的非社区成员的问卷以及一些无效问卷之后，剩余有效问卷 304 份，有效率为 76.6%。有效样本结构描述见表 6-1。

表 6-1 有效样本结构描述

项目	类别	人数	比例	项目	类别	人数	比例
性别	男	207	68.09%	社区参与时间	1 年及以内	185	60.86%
	女	97	31.91%		1~2 年	90	29.61%
年龄	20 岁及以下	25	8.22%		2 年及以上	29	9.54%
	21~30 岁	250	82.24%	学历	专科及以下	120	39.47%
	31~40 岁	25	8.22%		本科	146	48.03%
	41 岁及以上	4	1.32%		硕士及以上	38	12.50%

注：表中数据进行过修约，存在加和不等于 100% 的情况

2. 结果

本节使用 SPSS 19.0 软件，按照逐步回归的方法来检验假设，也就是首先用因变量对自变量进行回归以检验本节的主效应，然后在此模型的基础上加上交互项再次进行回归分析以检验调节作用，结果见表 6-2。从表 6-2 中可以看出，对于主效应：①内容贡献对消费者社区承诺起着积极的正向作用（$\beta=0.252$，$p<0.001$）。②社区规制平方项的系数为 -0.126，且显著（$p<0.001$），也就是企业的社区规制行为与消费者形成对品牌社区的承诺呈倒 "U" 形关系。③活动组织对消费者形成社区承诺起着积极的正向作用（$\beta=0.184$，$p<0.01$）。

表 6-2 整体模型检验结果

变量	因变量：社区承诺	
	模型 1	模型 2
内容贡献 CC	0.252***	0.500**
社区规制 CR	1.292***	0.418***
活动组织 CH	0.184**	0.149
社区规制 × 社区规制 CR×CR	−0.126***	−0.124***
内容贡献 × 社区参与时间 CC×CL		−0.180+
社区规制 × 社区参与时间 CR×CL		−0.043
活动组织 × 社区参与时间 CH×CL		0.218*
社区参与时间 CL	0.149+	0.188
常数项	−0.565	−0.532
R^2	0.244	0.258
调整的 R^2	0.231	0.247
$R^2_{改变}$		0.016
F 值	19.282***	12.833***
样本量	304	304
自由度	5	8

+表示 $p<0.1$，*表示 $p<0.05$，**表示 $p<0.01$，***表示 $p<0.001$

3. 社区参与时间的调节作用

通过表 6-2 可以看出：①内容贡献和社区规制的主效应未发生显著变化；②内容贡献与社区参与时间的乘积项系数属于边际显著（$\beta=-0.180$，$p<0.1$），相对于参与时间长的消费者而言，企业的内容贡献行为对促进社区参与时间较短的消费者形成社区承诺的作用更加明显；③社区规制与社区参与时间的交互项系数不显著（$\beta=-0.043$，$p>0.1$）；④活动组织对形成消费者社区承诺的主效应不显著，但是活动组织与社区参与时间存在正向的交互效应（$\beta=0.218$，$p<0.05$），也就是相对于社区参与时间较短的消费者，活动组织对社区参与时间较长的消费者形成社区承诺具有更加明显的作用，这可能是因为社区参与时间较短的消费者参与企业组织的社区互动的机会较少。

为了检验社区参与时间对企业社区参与行为对消费者社区承诺影响的调节作用，更清晰地揭示出不同参与时间长度的消费者对企业参与社区行为的反应，本节按参与时间长短将消费者分为参与时间较短和参与时间较长两组并进行分组回归。其中参与时间较短的消费者是指加入时间在 1 年及以内的消费者，共有 185 人，占样本总数 60.86%；2 年及以上加入时间的消费者在本样本中只有 29 人，我们统一将此类消费者与加入时间在 1~2 年的消费者合并称为参与时间较长的消费者，这类消费者共计 119 人，占总样本 39.15%。回归分析结果如表 6-3 所示。

表 6-3　不同参与时间消费者群体的分组检验结果

变量	因变量：社区承诺	
	参与时间较短组	参与时间较长组
内容贡献 CC	0.340^{***}	0.137
社区规制 CR	1.801^{***}	0.332
活动组织 CH	0.085	0.395^{***}
社区规制×社区规制 CR×CR	-0.177^{***}	-0.028^{***}
常数项	-1.598^{*}	1.534
R^2	0.493	0.547
调整的 R^2	0.243	0.300
F 值	14.414^{***}	12.195^{***}
样本量	184	118
自由度	4	4

*表示 $p<0.05$，***表示 $p<0.001$

结果表明，两类消费者对于企业不同的参与行为的反应存在一些差异。首先，在企业的内容贡献行为的影响方面，对参与时间较短的消费者而言，企业的内容贡献行为对社区承诺起着显著的积极影响（$\beta=0.340$，$p<0.001$）。但是对参与时间较长的消费者而言，企业的内容贡献对社区承诺并没有显著的影响

（$\beta=0.137$，$p>0.1$），也就是说参与时间较短的消费者更加重视企业的内容贡献行为，企业这一参与行为能更加显著地影响到参与时间较短消费者的社区承诺。其次，在企业的活动组织行为的影响方面，对参与时间较长的消费者而言，此类行为对社区承诺起着显著的积极影响（$\beta=0.395$，$p<0.001$），但是对参与时间较短的消费者而言，企业的活动组织行为对社区承诺并没有显著的影响（$\beta=0.085$，$p>0.1$），这也就是说参与时间较长的消费者更加重视企业的活动组织行为，企业的活动组织对促进他们形成社区承诺十分重要。值得注意的是，对于此两类消费者，企业社区规制行为与消费者社区承诺的倒"U"形关系仍然显著。对参与时间较短的消费者而言，社区规制的乘积项系数（$\beta=-0.177$，$p<0.001$）表明企业社区规制行为与消费者社区承诺呈倒"U"形的关系；对参与时间较长的消费者而言，虽然社区规制的乘积项系数（$\beta=-0.028$，$p<0.001$）小于参与时间较短的消费者回归分析的相应系数，但是其显著性和符号表明企业社区规制行为与消费者社区承诺呈倒"U"形的关系。但对比两组回归社区规制的平方项的系数发现参与时间较短组的回归系数绝对值明显大于参与时间较长组的回归系数，这表明当感知企业社区规制超过一定的程度时，参与时间较短的消费者对于社区承诺水平更加强烈地下降。

4. 讨论

尽管学术界承认虚拟品牌社区对顾客关系管理、品牌管理等多方面具有重要价值，但是以往研究没有回答企业如何参与品牌社区及其带来的影响，此问题往往是营销经理最为关心的。本节通过文献梳理并结合虚拟品牌社区的观察识别了企业可能参与社区中的三种重要行为，即内容贡献、社区规制和活动组织，并检验了三种参与行为对形成消费者社区承诺的影响。本节的研究结果表明，内容贡献和活动组织对于消费者形成社区承诺具有积极的正向影响，但是企业的社区规制与消费者社区承诺呈倒"U"形关系。本节发现不同参与时间长度的消费者对企业三种不同参与行为有不同的需求。具体而言，对参与时间较短的消费者，企业在社区中的"内容贡献"起着积极的正向影响，而社区规制在一定水平时能促社区成员的社区承诺水平，但是当这类消费者感知企业社区规制超过必要的水平时，其对社区的承诺水平明显下降。但是对参与时间较长的消费者，企业在社区中的活动组织的作用更为显著，对形成消费者社区承诺起着积极的作用，而社区规制行为与消费者社区承诺呈倒"U"形关系，社区规制保持在适当的水平将有利于形成此类消费者对社区的承诺。本节的研究结果表明，企业若适当地参与虚拟品牌社区将有利于加强消费者与社区的关系，为收获虚拟品牌社区价值奠定基础，而且企业在参与虚拟品牌社区时应平衡不同参与时间长度的成员对社区价值点的需求。

对企业社群参与策略探讨的理论意义主要有两点。①本节探讨了企业参与品牌社区的行为及其影响。以往品牌社区的相关研究多属于消费者视角的研究，而忽略了企业可能作为品牌社区的重要参与主体，导致学界无法回答带有商业性目的的企业如何参与到社交性特征显著的品牌社区之中的重要问题。本节从企业参与的视角出发，识别了企业参与社区的三种重要行为及其对消费者社区承诺的影响。本节的研究结论表明，企业可以参与到品牌社区之中，并且通过其参与行为积极促进消费者与社区的关系，从而为社区营销成功提供可能。但值得注意的是，本节的研究也揭示出，企业参与社区时也面临潜在的限制，如企业过度监管可能带来消费者的不适，而可能逃离社区。这就表明企业合适、适度的参与行为对于消费者参与社区十分重要。②本节的研究揭示了虚拟社区中成员需求和价值追求的异质性。尽管虚拟品牌社区成员都由于对品牌的喜爱而聚集，但是他们对于虚拟品牌社区的诉求和价值点存在较大的差异。这一研究发现拓展了以往将在虚拟品牌社区研究中将社区成员作为同质性偏好的看法，这也暗示品牌社区是一个动态而非静态的集合，其成员的成熟度（参与时间）可能影响社区从初创到扩张乃至衰退的过程。因此，企业应以动态的眼光看待社区，在参与和管理品牌社区时要考虑不同消费者群体的特质和偏好。

本节的研究结论对企业参与虚拟品牌社区具有较好的启示意义。首先，企业应在尊重社区自主权的基础上，参与到虚拟品牌社区之中。在社会化媒体的今天，消费者不再是企业信息的被动接受者，其自主权大大增强，企业应该尊重消费者在社区的自主权。但是这并不意味着企业可以完全任由虚拟社区自行发展，企业可以厘清自己在社区中扮演的角色，采用支持的态度积极参与到虚拟社区之中，取得消费者的信赖，强化消费者与社区的关系。其次，企业应注意区分社区内部不同消费者的特质和偏好，因为不同的消费者对于企业参与行为的反应存在差异。例如，本节的研究发现，参与时间较短和参与时间较长的消费者对于企业的内容贡献和活动组织行为的反应程度不一致。这在一定程度上也暗示企业在参与虚拟品牌社区时要考虑到社区的成长和成熟周期，采取合适的行为维护与消费者之间的关系。

第三节　基于网络效应的双边市场关系维系①

社群营销的最终方式是通过关系权衡借力现有社群发展企业的营销规划。在社会化媒体时代，越来越多的企业开始采用虚拟品牌社区营销。以往关于虚拟品

---

① Fang E E, Li X L, Huang M X, et al. 2015. Direct and indirect effects of buyers and sellers on search advertising revenues in business-to-business electronic platforms. Journal of Marketing Research, 52(3): 407-422.

牌社区的研究大多聚焦在消费者参与社区的动机和结果方面，却没有回答一个基本问题：企业作为虚拟品牌社区的组织方应如何借力虚拟品牌社区？在了解社群内在规则以及加强消费者参与的影响下，本节通过分析不同服务阶段买卖双方的发展思路，基于网络溢出的双边市场策略，利用平台的成本数据，从广告收入的角度考察了吸引新的和现有的买家及卖家的经济收益。

一、双边市场

近来的技术创新促使了在线平台的出现，这些平台创造了双边市场（如eBay、阿里巴巴）（Grewal et al.，2010）。平台公司的收入则来自佣金和广告。然而，为了迅速扩大市场份额，许多公司采取了一种"免费增值"战略，在这种战略中，他们不收取佣金，而是依靠搜索广告营利（Pauwels and Weiss，2008）。因为平台公司"必须让买卖双方都参与进来"才能增加广告收入，其营销策略的一个关键是同时吸引新的和现有的买家和卖家到他们的平台上（Zhu and Iansiti，2012）。随着这些努力的复杂性的增加，企业已经认识到，随着平台参与者学习和适应新的搜索广告服务，激励的有效性发生了变化（Zhang et al.，2012）。因此，本节的重点是处于不同阶段（如激励初期和成熟期）的平台参与者，即买家和卖家，对平台搜索广告收入的影响。

二、基于平台的搜索广告

在基于平台的搜索广告设置中，平台公司会托管一个投标系统，其中卖家通常为与他们的目标买家相关的关键词短语出价，当卖家点击搜索结果时就支付给平台。在这样的系统中，卖家竞争并披露他们愿意为点击支付的金额。广告订单取决于竞拍价格、特定查询与卖家产品之间的匹配以及其他卖家特征等因素。查询关键词时，平台突出一定数量的赞助搜索结果，这些结果与有机搜索结果一起出现。在大多数情况下，平台采用第二价格、拍卖风格的竞拍过程，其中出价最高的卖家的广告通常优先显示。但最高竞价人由第二高的竞价人支付标价，其他投标人以此类推。买家使用搜索广告来识别和比较选择，然后再做出购买决定。自动竞价每天都会发生，虽然搜索广告收入直接来自卖家，但只有当潜在买家点击他们的广告时才会触发付款。因此，搜索广告收入取决于卖家投标行为和买家点击行为的动态结合。

将这些单独的卖家和买家行为汇总到整个双边平台上，会产生两个关键机制，这两个机制会将一家公司的营销努力与买家联系起来，并将其广告收入与卖家联系起来。首先，单次点击价格是卖家在给定的一天内点击所有搜索结果页面的广告所支付的平均价格。对一家平台公司来说，点击价格是卖家在接触潜在买家方面感知价值的一个总体动态指标。单次点击价格响应了平台公司的营销努力，因为卖家出价以提高他们的搜索结果排名。其次，单次点击价格也响应了公司吸引更多卖家的努力，因为更多的卖家将以竞争的方式为关键词出价（Yao and Mela，2011）。

买家的点击率是买家在给定的一天内在每个搜索结果中点击的平均广告数量。对一家平台公司来说，买家的点击率是反映买家对搜索结果与他们的购买需求的感知契合度的综合动态指标。买家的点击率可以响应公司的努力，以吸引更多的卖家到其平台，因为更多的卖家将改善产品分类。买家的点击率也响应了企业吸引买家到特定"产品类别"的努力，因为这些更合适的买家更有可能在给定的搜索中点击更多的广告（Yang and Ghose，2010）。表6-4总结了变量及其定义与测量。

表 6-4　变量及其定义与测量

变量	定义	测量
搜索广告服务投放阶段	搜索广告新进入电子商务平台的最初发展时期	从2009年4月1日（搜索广告服务的开始日期）到2009年12月15日为推出阶段，其间数据没有结构中断
搜索广告服务成熟阶段	买家和卖家学会并适应新服务且参与者行为已经稳定的时期	从2010年11月20日至2011年8月31日为成熟阶段，其间数据中没有结构性突破
受激励的新买家	通过外部广告链接（如Google、Bing）进行关键字搜索的新买家	每日通过外部广告链接进行关键词搜索的新买家数量
受激励的现有买家	对内部生成链接（如通过内部广告、即时消息）进行关键字搜索的回访买家	每日在平台上通过链接使用关键字搜索到参考信息的现有买家的数量
受激励的新卖家	新进入公司的卖家，提供关键字竞价，以回应营销激励（如出价折扣）	每日因平台提供补贴而参与竞价的新卖家数量
受激励的现有卖家	提供关键字出价，以回应营销激励（如出价折扣）的回访卖家	每日因平台提供补贴而参与投标的现有卖家的数量
买家的点击率	对一个平台公司来说，买家的点击率是一个总的动态（每日）指标，显示买家对搜索结果与他们的购买需求的感知契合度	买家在给定的一天内在每个搜索结果中点击的平均广告数量
单次点击价格	对一家平台公司来说，卖家单次点击价格是卖家在接触其产品的潜在买家方面感知价值的总体动态（每日）指标	卖家在给定的一天内点击所有搜索结果页面的广告所支付的平均价格
平台公司广告收入	一个平台公司从卖家那里获得的搜索广告收入总额	每日平台广告收入货币

因为吸引买家和卖家的平台参与有助于提高单次点击价格、买家的点击率以及平台公司广告收入，企业会对买家和卖家提供各种激励策略。例如，对公司来说是新卖家和以前在平台上提供产品的现有卖家被提供出价激励，如关键词的折

扣，以促进卖家的获得和扩张。同样，对公司来说是新买家和以前点击搜索广告的现有买家可以通过"外部广告"链接和社交媒体被吸引到平台，以促进买家的获得和扩张。例如，公司使用搜索引擎（如 Google）上相关关键词的广告链接来吸引买家到平台。

在将搜索广告作为一种新的服务被推出之后，平台参与者常常需要学习并适应新的服务，平台公司的双边市场也经常需要通过过渡阶段，从初期走向成熟阶段（Zhang et al.，2012）。搜索广告新添加到电子商务平台后的最初发展阶段是搜索广告服务投放阶段。买家和卖家学会并适应新服务且参与者行为已经稳定的时期是搜索广告服务成熟阶段。当营销策略在两个阶段都不是最优时，必须分别研究投放阶段和成熟阶段的关系模式，以防止聚集偏差。

三、受激励卖家在不同阶段对卖家（买家）的点击率的作用

卖家可以在流行的关键词上出价，以促使买家产生意识，并吸引他们关注双边平台上的产品。然而，在一项新的搜索广告服务推出后，排名规则仍在完善过程中，目前尚不清楚哪些关键词是"受欢迎的"。在这个投放阶段，由于现有卖家对平台上的买家更了解，并且可能已经使用了搜索广告功能（更少的感知风险），他们更有可能通过对流行关键词的竞价来发挥优势，使买家了解他们的产品，产生更多的买家点击，并最终增加产品销售。新卖家缺乏这样的经验，因此在投放阶段不太可能使用搜索广告（更高的感知风险）。相反，这样的行为会发生在成熟阶段，因为排名规则是已知的，且流行的关键字列表已被设置好，新的和现有的卖家都能够获得（平等的信息和类似的风险）。然而，在成熟阶段，新卖家在平台上没有买家或历史来表示他们的产品质量（如没有评论），这使得新卖家更有动力在流行的关键词上出价超过现有卖家，以在潜在买家中产生意识。因此，现有卖家更有可能在投放阶段使用搜索广告来产生买家意识，而新卖家则倾向于在成熟阶段这样做。

接下来，我们转向买家在双边平台的观点。买家面临着一个不利的选择问题，因为他们不能很容易地区分高质量和低质量的卖家。此外，缺乏资源来提供高质量产品的卖家可能会提出误导性的索赔。卖家在搜索广告中的参与提供了高质量的信号，帮助买家解决了这个问题（Feng and Xie，2012）。卖家的质量信号之所以出现，是因为他们花在搜索广告上的资金取决于他们收到的点击次数，而不依赖于点击转换为实际销售，因此只有拥有更高质量产品的卖家才有可能从搜索广告中获得足够的回报。质量信号的强度通过平台的安全防范程序得到了加强，该程序可以防止卖家被欺诈性产品索赔，并增加了买家对搜索结果的信任。

然而，随着搜索广告服务的成熟，这些质量信号的影响在新的和现有的买家

之间变得不同。具体而言，在成熟阶段，平台公司能够更好地提供体制保障（如对伪造产品质量的惩罚），买家对搜索结果的信任增强（Grewal et al., 2010），这对新卖家来说比现有卖家更重要。由于新卖家缺乏替代来源（如买家评论）来表示质量，他们更有可能在成熟阶段依赖更强大的搜索广告的质量信号。然而，在投放阶段，较弱的搜索广告质量信号并不是使用搜索广告的现有卖家的障碍，因为他们有替代的质量指标（如交易历史、买家评论）来补充他们的搜索广告，以帮助克服买家缺乏信任的问题。因此，在投放阶段，现有卖家更有可能使用搜索广告向买家发送质量信号，而新卖家则倾向于在成熟阶段这样做。将新卖家和现有卖家之间的这些不同效应汇总到平台层面，表现为激励更多的新卖家在成熟阶段参与服务将导致平均点击价格更高。在投放阶段，相比于新卖家，现有卖家的卖家竞价激励对单次点击价格的积极影响更大；在成熟阶段，相比于新卖家，现有卖家的卖家竞价激励对单次点击价格的积极影响更小。

向卖家提供参与搜索广告的竞价激励不仅影响卖家的点击定价行为，还影响将激励与平台公司广告收入和买家的点击率联系起来的其他中介行为机制。具体而言，在投放阶段，激励现有卖家参与竞价活动对买家的点击率的影响应大于激励新卖家的影响，而在成熟阶段则相反。我们将关于卖家激励对单次点击价格的影响的论点与先前的研究相结合，认为当卖家对于每次点击支付更多的费用时，卖家更有动力改进其关键词以提高其与产品的匹配质量，从而导致更高的买家点击率（Athey and Ellison, 2011; Xu et al., 2011）。在投放阶段，掌握更多信息的现有卖家支付的更高标价会激励卖家提高关键词匹配质量，因此，出价激励对现有卖家的点击率的影响大于对新卖家的点击率的影响。在成熟阶段，因为新卖家对曝光的更大需求使他们倾向于出价高于现有卖家，新卖家更倾向提高其的关键词匹配质量，所以出价激励对新卖家的点击率的影响比对现有卖家的点击率的影响更大。在投放阶段，相比于新卖家，现有卖家竞价激励对买家的点击率的积极影响更大；在成熟阶段，相比于现有卖家，新卖家出价激励对买家的点击率的积极影响更大。

四、受激励买家在不同阶段对卖家（买家）的点击率的作用

无法区分产品质量的高低使买家面临严重风险。正如我们所讨论的，搜索广告的一个好处是其为买家提供了质量信号，并帮助买家减少选择低质量产品的风险（Kirmani and Rao, 2000）。此外，搜索广告帮助买家找到符合他们特殊需求的产品（Carson et al., 1999）。总的来说，搜索广告是一种有效的工具，可以帮助买家搜索相关的产品/卖家信息，因为它直接涉及买家生成的查询，并且相比于其他形式的在线广告，搜索广告没有侵入性（Yang and Ghose, 2010）。然而，这些搜

索广告的好处对新买家比对现有买家应该更重要，因为新买家在平台上和与已知的卖家缺乏交易历史，所以他们更多地依赖搜索广告来寻找高质量、匹配良好的卖家。相反，现有买家在平台上有交易历史，并且可能已经使用该功能进行搜索，因此他们使用搜索广告寻找卖家的频率较低（对不同广告的点击较少）（Dou et al.，2010）。因此，吸引新买家参与搜索广告应该比吸引现有买家使用搜索广告（即点击率）作用更大。

我们预计，在成熟阶段，新买家与现有买家的差异效益将大于投放阶段。在成熟阶段，随着卖家和拍卖关键词的数量和多样性的增加，新买家更多地依赖搜索广告在更大、更多样化的考虑范围中识别有良好匹配性的产品。相反，现有的买家已经开发了他们的搜索启发方法，并减少了他们的考虑集，他们将相比新的买家更少地使用搜索广告（Gu et al.，2010）。因此，新买家比现有买家更倾向于点击更多的广告，这种效果在成熟阶段更加显著。将新买家和现有买家之间的差异汇总到平台层面，表现为吸引更多的新买家参与服务会带来比吸引现有买家更高的平均点击率，在成熟阶段这一差异会更大。在两个阶段，广告吸引买家点击率的积极影响对新买家比对现有的买家的影响更大；在成熟阶段，广告吸引新买家和现有买家点击率的差异较大。

吸引买家使用外部广告链接不仅影响买方的点击率，还有将激励与平台公司广告收入和单次点击价格联系起来的其他中介行为机制。具体来说，相比于吸引新买家，吸引现有买家到在线平台对单次点击价格的影响更大。如果有更多的新买家点击他们的广告，卖家会在关键词中感知到更高的价值（Katona and Sarvary，2010）。在平台层面，卖家会感知更多价值，因为平台公司在这两个阶段都会吸引更多的新买家（Athey and Ellison，2011）。

这种差异在成熟阶段比在投放阶段更大，因为在投放阶段，新买家进行了广泛的搜索和学习过程，其中大多数搜索不会导致购买，从而损害了单次点击的价值（即新买家点击的低转换率）。然而，随着在线平台的成熟和信息的提供（如评论），新买家的搜索行为变得更加有效。这使新买家的点击能更多地转换为销量，因此卖家在成熟阶段为更有价值的新买家的点击出价。在这两个阶段中，相比于新买家，广告单次点击价格对现有买家的积极影响更大，相较于投放阶段，新买家和现有买家的广告单次点击价格差异在成熟阶段会更大。

五、受激励买卖双方对各阶段广告收入的直接影响

对于吸引现有买家和卖家的营销刺激，除了通过点击价格和点击率间接影响收益外，还包括对广告收入产生直接影响。双边市场向买家提供的产品的价值取决于市场上卖家的数量，反之亦然。这导致了一种网络效应，即随着买家和卖家

数量的增加，向用户提供的产品的价值也增加（Katz and Shapiro，1994；Wang and Xie，2011）。双边市场网络效应产生于两方面。第一，平台上越来越多的买家和卖家表示了对平台的信心，从而增加了潜在买家和卖家对平台进行评价的可能性。第二，随着买卖双方数量的增加，卖家之间的价格和产品竞争加剧，这增加了向买家提供的产品的价值。由于这些网络效应在双边市场平台中的作用，吸引新的买家和卖家对平台广告收入的直接影响大于吸引现有的买家和卖家，因为只有获得新的参与者才能帮助企业建立并扩张市场网络，对未来的收入产生网络效应。吸引现有的卖家和买家不会改变市场网络，因此网络效应不会发生。

此外，在成熟阶段，买家点击购买的转化率更高，因为随着服务的成熟，买家对搜索结果的信任程度更高（Grewal et al.，2010）。因此，在成熟阶段，吸引一个买家对新买家而不是现有买家广告收入的差异效应大于投放阶段。在这两个阶段，广告吸引新买家对平台广告收入的直接积极作用大于吸引现有的买家。吸引一个买家对新卖家而不是现有卖家的平台广告收入的差异效应在成熟阶段更大。在这两个阶段，新卖家的出价激励对平台广告收入的直接积极影响大于现有卖家的出价激励。

综上，我们发展了一个整体的概念模型和假设，以捕捉激励新的和现有的买家及卖家的平台广告收入的间接（点击价格和点击率）和直接影响。此外，我们假设这些复杂的关系在推出阶段和成熟阶段是如何变化的。图 6-3 概括了我们的概念模型。

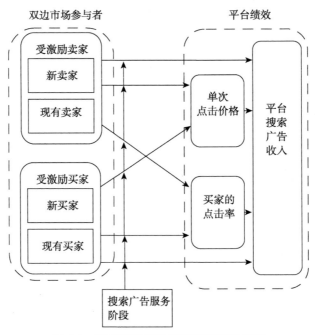

图 6-3　买家卖家双边市场研究模型框架

　　利用世界领先的在线平台之一收集的数据和建模分析，我们探讨了在搜索广告的两个阶段（投放阶段和成熟阶段）受激励新买家、现有买家、新卖家和现有卖家对点击率、点击价格和平台公司广告收入的影响。平台、个人和关键字层面的分析揭示了几个理论和管理意义。表 6-5 为本节的分析结果，在表 6-6 中，我们总结了这些分析的主要结果。

表 6-5　受激励买家和卖家对广告收入的影响

路径检验	估计	
	投放阶段	成熟阶段
受激励卖家对点击价格的影响		
新卖家→点击价格	0.068*	1.112*
现有卖家→点击价格	0.061*	0.000
成对差异（新卖家—现有卖家→点击价格）	0.007	1.112*
受激励卖家对点击率的影响		
新卖家→点击率	0.102*	0.410*
现有卖家→点击率	0.269*	0.038
成对差异（新卖家—现有卖家→点击率）	0.167*	
成对差异（成熟阶段—投放阶段）		0.372*
受激励买家对点击率的影响		
新买家→点击率	0.730*	1.734*
现有买家→点击率	0.000	0.000
成对差异（新买家—现有买家→点击率）	0.730*	1.734*
成对差异（成熟阶段—投放阶段）	（1.734–0.730）=1.004*	
受激励买家对点击价格的影响		
新买家→点击价格	0.055*	0.231*
现有买家→点击价格	0.060*	0.028
成对差异（新买家—现有买家→点击价格）	−0.005	0.203*
成对差异（成熟阶段—投放阶段）	（0.203+0.005）=0.208*	
受激励买家和激励卖家对平台公司广告收入的直接效应		
新买家→平台公司广告收入	0.184*	0.261*
现有买家→平台公司广告收入	0.093*	0.075*
成对差异（新买家—现有买家→广告收入）	0.091*	0.186*

续表

路径检验	估计	
	投放阶段	成熟阶段
成对差异（成熟阶段—投放阶段）	（0.186–0.091）=0.095*	
新卖家→平台公司广告收入	0.401*	0.287*
现有卖家→平台公司广告收入	0.098*	0.026
成对差异（新卖家—现有卖家→广告收入）	0.303*	0.261*

注：与 Villanueva 等（2008）一致，我们使用 250 次重复的蒙特卡罗模拟来进行累积效应的两两比较

*表示 $p<0.01$

表 6-6　结果总结

假设、行为假设和信息机制测试	结果
平台级分析	
假设 1：在投放阶段，相对于新卖家，卖家竞价激励对现有卖家的点击价格的正向影响更大	不支持
假设 2：在成熟阶段，相对于现有卖家，卖家竞价激励对新卖家点击价格的正向影响更大	支持
假设 3：在投放阶段，相对于新卖家，现有卖家的竞价激励对买家点击率的正向影响更大	支持
假设 4：在成熟阶段，相对于现有卖家，新卖家竞价激励对买家点击率的正向影响更大	支持
假设 5：在这两个阶段中，相对于现有买家，广告对新买家点击率的积极影响更大	支持
假设 6：相对于投放阶段，成熟阶段中广告对买家点击率的正向影响在新卖家和现有卖家之间的差异更明显	支持
假设 7：在两个阶段中，相对于现有买家，由广告吸引的新买家对卖家点击价格的正向影响更大	仅在成熟阶段支持
假设 8：相对于投放阶段，成熟阶段中，由广告吸引的新买家和现有买家对卖家点击价格的影响的差异更明显	支持
假设 9：在这两个阶段中，相对于现有买家，由广告吸引的新买家对平台广告收入直接正向影响更大	支持
假设 10：相对于投放阶段，成熟阶段中，由广告吸引的新买家和现有买家对平台广告收入影响的差异更明显	支持
假设 11：在这两个阶段中，相对于现有卖家，新卖家在卖家竞价激励对广告平台收入的积极正向影响更大	支持
行为假设的个人层面分析	
新买家比现有买家点击更多的搜索广告，尤其是在成熟阶段	支持
现有卖家在投放阶段有可能比新卖家出价更高，但在成熟阶段，新卖家往往比现有卖家出价高	支持
关键词级信息机制分析	
在投放阶段，现有卖家可以更有效地利用搜索广告发送质量信号，产生买家意识	支持
在成熟阶段，新卖家可以更有效地利用搜索广告发送质量信号，产生买家意识	部分支持

　　平台公司的本质是管理一个双边市场。它的财务成功取决于它吸引买家和卖家的能力。这项研究揭示了买家和卖家以及他们的动态互动如何增加平台广告收入。我们发现强大的网络效应存在和表现在两个方面。第一，由于质量效应，获得卖家参与竞价增加了买家方面的点击率。也就是说，当更多的卖家参与时，他们将更有动力提高买家关键词搜索与产品之间的匹配质量。在投放阶段，现有卖家支付的较高的竞价价格激励他们提高关键词匹配质量，因此现有卖家对点击率的影响比新卖家大；在成熟阶段，新卖家往往比现有卖家出价高，更有动力提高关键词匹配质量，因此新卖家的质量效果比现有卖家更强。第二，由于竞争效应，买家使用关键词搜索广告也增加了卖家方面的点击价格。随着更多的买家参与搜索活动，卖家之间的竞争加剧，导致更高的点击价格。因为卖家知道新的而不是现有的买家倾向于点击更多的广告，当更多的新买家参与关键词搜索时，竞争进一步加剧，点击价格上涨；这种差异在成熟阶段尤为明显。

　　我们明确地模拟了新的和现有的买家及卖家对平台公司广告收入、点击价格和点击率的影响。现有文献主要集中在数量上，即两个用户网络的大小上（Trusov et al.，2009；Zhang et al.，2012），而我们按数量和质量区分买家与卖家的影响。通过吸引新的和现有的买家和卖家参与在线广告，平台可以提高其用户质量，这体现在买方的点击率和单次点击价格上。仅仅专注于增加用户基础而忽视用户质量可能会导致对广告收入的真正决定因素的偏见观点。例如，与更多进行关键词搜索的现有买家应该增加广告收入的传统观点相反，我们的结果表明，现有买家不会改变广告收费，特别是在成熟阶段。然而，如果我们考虑质量方面，这个结果是有意义的：现有的买家不影响买家质量（买家的点击率）或卖家质量（单次点击价格）。

　　客户关系管理文献强调了平衡获取新客户（探索）和保留现有客户（开发）以提高财务绩效的重要性（Reinartz et al.，2005）。我们的结果表明，在平台市场上，在新的和现有的买家和卖家之间找到平衡需要考虑服务发展的特定阶段。虽然在投放阶段吸引新的和现有的买家和卖家的获取活动有助于平台广告收入，但公司应该把重点放在成熟阶段的新买家和卖家上。

　　本节内容同时对企业具有一定启示。一个平台可以通过设计适当的用户获取和保留策略来提高其搜索广告收入，这些策略应该进行动态调整，以适应搜索广告服务的各个阶段。就买家的点击率和单次点击价格而言，平台还应关注买家和卖家市场网络规模及市场中用户的质量。

　　在卖家方面，平台可能会提供激励措施，如免费竞价或财务补贴，以鼓励竞价行为。在买家方面，平台可以使用外部广告工具，如外部搜索引擎，以吸引新的买家，或转向内部广告工具，如即时消息和电子邮件通知，以维系现有买家。

此类活动以多种方式影响平台搜索广告收入。第一，在投放阶段，现有卖家出价高于新卖家，而处于成熟阶段时则情况相反。对于买家来说，新买家表现出比现有买家更高的点击率，特别是在成熟阶段。第二，存在着强烈的交叉网络效应，由此买家方面的策略会影响卖家的点击率，卖家方面的策略会影响买家的点击率。第三，增加用户基础可以创造网络效应，因此更多的买家和卖家参与并为搜索广告收入做出贡献。在服务被广泛接受后，平台应该转移其资源，主要集中在获得新的买家和卖家。

投资于外部搜索广告或内部竞价补贴等活动是有回报的，但程度不同。外部搜索广告在投放阶段，1美元的投资大约产生了5美元搜索广告收入，在成熟阶段，这一回报增长到超过10美元。此外，向卖家提供1美元的竞价信用可以获得从0.07美元到0.26美元的收益（取决于新的/现有的卖家和阶段）。然而，这种回报是特定于我们的上下文的。

参考文献

陈扬, 许晓明, 谭凌波. 2012.组织制度理论中的"合法性"研究述评.华东经济管理, 26(10): 137-142.

黄敏学, 廖俊云, 周南. 2015.社区体验能提升消费者的品牌忠诚吗——不同体验成分的作用与影响机制研究. 南开管理评论, 18(3): 151-160.

刘海鑫, 刘人境, 李圭泉. 2014. 社会资本、技术有效性与知识贡献的关系研究——基于企业虚拟社区的实证研究. 管理评论, 26(12): 10-19.

秦敏, 乔晗, 陈良煌. 2015. 基于CAS理论的企业开放式创新社区在线用户贡献行为研究: 以国内知名企业社区为例. 管理评论, 27(1): 126-137.

沙振权, 蒋雨薇, 温飞. 2010. 虚拟品牌社区体验对社区成员品牌认同影响的实证研究. 管理评论, 22(12): 79-88.

杨学成, 陶晓波. 2015. 从实体价值链、价值矩阵到柔性价值网——以小米公司的社会化价值共创为例. 管理评论, 27(7): 232-240.

曾伏娥, 罗茜, 屠采撷, 等. 2011. 网上消费者非伦理行为: 特性、维度与测量. 南开管理评论, 14(2): 26-36.

Ahearne M, Bhattacharya C B, Gruen T.2005.Antecedents and consequences of customer-company identification: expanding the role of relationship marketing.Journal of Applied Psychology, 90(3): 574-585.

Algesheimer R, Dholakia U M, Herrmann A.2005.The social influence of brand community: evidence from European car clubs. Journal of Marketing, 69(3): 19-34.

Athey S, Ellison G. 2011. Position auctions with consumer search. The Quarterly Journal of Economics, 126(3): 1213-1270.

Bagozzi R P, Dholakia U M.2006.Antecedents and purchase consequences of customer participation in small group brand communities. International Journal of Research in Marketing, 23(1): 45-61.

Bateman P J, Gray P H, Butler B S. 2011. Research note—the impact of community commitment on participation in online communities. Information Systems Research, 22(4): 841-854.

Bhattacharya C B, Sen S. 2003. Consumer-company identification: a framework for understanding consumers' relationships with companies. Journal of Marketing, 67(2): 76-88.

Carlson B D, Suter T A, Brown T J.2008.Social versus psychological brand community: the role of psychological sense of brand community.Journal of Business Research, 61(4): 284-291.

Carson S J, Devinney T M, Dowling G R, et al.1999.Understanding institutional designs within marketing value systems. Journal of Marketing, 63: 115-130.

Chang A, Hsieh S H, Tseng T H.2013.Online brand community response to negative brand events: the role of group eWOM.Internet Research, 23(4): 486-506.

Cova B, Pace S. 2006. Brand community of convenience products: new forms of customer empowerment—the case"my nutella the community".European Journal of Marketing, 40(9/10): 1087-1105.

Devasagayam P, Buff C.2008.A multidimensional conceptualization of brand community: an empirical investigation. Sport Marketing Quarterly, 17(1): 20-29.

Dou W Y, Lim K H, Su C T, et al.2010. Brand positioning strategy using search engine marketing. MIS Quarterly, 34(2): 261-279.

Du S L, Bhattacharya C B, Sen S.2007.Reaping relational rewards from corporate social responsibility: the role of competitive positioning.International Journal of Research in Marketing, 24(3): 224-241.

Dutton J E, Dukerich J M, Harquail C V. 1994. Organizational images and member identification. Administrative Science Quarterly, 39(2): 239-263.

eMarketer. Online Advertising Market Poised to Grow 20% in 2011. [2015-03-02]. http: //www. emarketer.com/newsroom/index.php/online-advertising-market-poised-grow-20-2011/.

Feng J A, Xie J H. 2012. Research note—performance-based advertising: advertising as signals of product quality. Information Systems Research, 23(3): 1030-1041.

Fournier S, Lee L. 2009. Getting brand communities right.Harvard Business Review, 87(4): 105-111.

Füller J, Matzler K, Hoppe M.2008. Brand community members as a source of innovation. Journal of Product Innovation Management, 25(6): 608-619.

Gensler S, Völckner F, Liu Y P, et al. 2013. Managing brands in the social media environment. Journal of Interactive Marketing, 27(4): 242-256.

Grewal R, Chakravarty A, Saini A. 2010. Governance mechanisms in business-to-business electronic markets.Journal of Marketing, 74(4): 45-62.

Grubb E L, Stern B L.1971. Consumer self-concept and significant others. Journal of Marketing Research, 8(3): 382-385.

Gruner R L, Homburg C, Lukas B A. 2014. Firm-hosted online brand communities and new product success. Journal of the Academy of Marketing Science, 42(1): 29-48.

Gu F F, Kim N, Tse D K, et al.2010. Managing distributors' changing motivations over the course of a joint sales program. Journal of Marketing, 74 (5): 32-47.

Habibi M R, Laroche M, Richard M O.2014.Brand communities based in social media: how unique are they? Evidence from two exemplary brand communities.International Journal of Information Management, 34(2): 123-132.

Hagel J, Armstrong A. 1997. Net Gain: Expanding Markets Through Virtual Communities. Boston: Harvard Business School Press.

Hennig-Thurau T, Malthouse E C, Friege C. 2010. The impact of new media on customer relationships. Journal of Service Research, 13(3): 311-330.

Hickman T, Ward J.2007.The dark side of brand community: inter-group stereotyping, trash talk, and schadenfreude. Advances in Consumer Research, 34: 314-319.

Katona Z, Sarvary M.2010.The race for sponsored links: bidding patterns for search advertising.Marketing Science, 29(2): 199-215.

Katz M L, Shapiro C.1994. Systems competition and network effects. Journal of Economic Perspectives, 8(2): 93-115.

Kim C K, Han D, Park S B.2001.The effect of brand personality and brand identification on brand loyalty: applying the theory of social identification.Japanese Psychological Research, 43(4): 195-206.

Kim J W, Choi J, Qualls W, et al.2008. It takes a marketplace community to raise brand commitment: the role of online communities.Journal of Marketing Management, 24(3/4): 409-431.

Kirmani A, Rao A R. 2000. No pain, no gain: a critical review of the literature on signaling unobservable product quality.Journal of Marketing, 64(2): 66-79.

Köhler C F, Rohm A J, de Ruyter K, et al. 2011.Return on interactivity: the impact of online agents on newcomer adjustment.Journal of Marketing, 75(2): 93-108.

Kozinets R V. 2002. The field behind the screen: using netnography for marketing research in online communities.Journal of Marketing Research, 39(1): 61-72.

Kuenzel S, Halliday S V.2008.Investigating antecedents and consequences of brand identification.Journal of Product & Brand Management, 17(5): 293-304.

Kuenzel S, Halliday S V.2010.The chain of effects from reputation and brand personality congruence to brand loyalty: the role of brand identification.Journal of Targeting, Measurement and Analysis for Marketing, 18(3): 167-176.

Lam S K, Ahearne M, Hu Y, et al.2010.Resistance to brand switching when a radically new brand is introduced: a social identity theory perspective.Journal of Marketing, 74(6): 128-146.

Lee Y H, Chang W L.2011.The effect of interpersonal relationships on brand community. International Journal of Digital Content Technology and Its Applications, 5(7): 297-305.

Marzocchi G L, Morandin G, Bergami M.2013. Brand communities: loyal to the community or the brand?. European Journal of Marketing, 47(1/2): 93-114.

Matzler K, Pichler E, Füller J, et al.2011.Personality, person-brand fit, and brand community: an investigation of individuals brands and brand communities.Journal of Marketing Management, 27(9/10): 874-890.

McWilliam G. 2000. Building stronger brands through online communities. MIT Sloan Management Review, 41(3): 43-54.

Muniz A M, O'Guinn T C. 2001. Brand community. Journal of Consumer Research, 27(4): 412-432.

Muñiz A M, Schau H J.2005. Religiosity in the abandoned apple Newton brand community. Journal of Consumer Research, 31(4): 737-747.

Pauwels K, Weiss A. 2008. Moving from free to fee: how online firms market to change their business model successfully. Journal of Marketing, 72(3): 14-31.

Reinartz W, Thomas J S, Kumar V. 2005. Balancing acquisition and retention resources to maximize customer profitability. Journal of Marketing, 69 (1): 63-79.

Riketta M. 2005. Organizational identification: a meta-analysis.Journal of Vocational Behavior, 66(2): 358-384.

Rothaermel F T, Sugiyama S. 2001. Virtual internet communities and commercial success: individual and community-level theory grounded in the atypical case of TimeZone. com.

Journal of Management, 27(3): 297-312.

Shih P C, Hu H Y, Farn C K. 2010. Lead user participation in brand community: the case of microsoft mvps.International Journal of Electronic Business Management, 8(4): 323-331.

Suchman M C.1995. Managing legitimacy: strategic and institutional approaches.The Academy of Management Review, 20(3): 571-610.

Tajfel H, Turner J. 1979. An integrative theory of intergroup conflict. The Social Psychology of Intergroup Relations, 33: 33-37.

Trusov M, Bucklin R E, Pauwels K. 2009. Effects of word-of-mouth versus traditional marketing: findings from an internet social networking site. Journal of Marketing, 73(5): 90-102.

Tucker C, Zhang J J. 2010. Growing two-sided networks by advertising the user base: a field experiment. Marketing Science, 29(5): 805-814.

van Knippenberg D, Sleebos E. 2006. Organizational identification versus organizational commitment: self-definition, social exchange, and job attitudes. Journal of Organizational Behavior, 27(5): 571-584.

Villanueva J, Yoo S, Hanssens D M. 2008. The impact of marketing-induced versus word-of-mouth customer acquisition on customer equity growth. Journal of Marketing Research, 45(1): 48-59.

Wang C M, Wu N N, Tsai C S, et al. 2008. A high quality steganographic method with pixel-value differencing and modulus function.Journal of Systems and Software, 81(1): 150-158.

Wang Q, Xie J H. 2011.Will consumers be willing to pay more when your competitors adopt your technology? The impacts of the supporting-firm base in markets with network effects.Journal of Marketing, 75(5): 1-17.

Wiertz C, Mathwick C, de Ruyter K. 2010. A balancing act: governance in a virtual P3 community. Advances in Consumer Research, 37: 672-673.

Wiesel T, Pauwels K, Arts J.2011. Practice prize paper—marketing's profit impact: quantifying online and off-line funnel progression. Marketing Science, 30(4): 604-611.

Woisetschläger D M, Hartleb V, Blut M. 2008. How to make brand communities work: antecedents and consequences of consumer participation.Journal of Relationship Marketing, 7(3): 237-256.

Xu L Z, Chen J Q, Whinston A.2011.Price competition and endogenous valuation in search advertising. Journal of Marketing Research, 48(3): 566-586.

Yang S, Ghose A.2010.Analyzing the relationship between organic and sponsored search advertising: positive, negative, or zero interdependence?.Marketing Science, 29(4): 602-623.

Yao S, Mela C F.2011. A dynamic model of sponsored search advertising. Marketing Science, 30(3): 447-468.

Zaglia M E. 2013. Brand communities embedded in social networks. Journal of Business Research, 66(2): 216-223.

Zhang K F, Evgeniou T, Padmanabhan V, et al.2012. Content contributor management and network effects in a UGC environment. Marketing Science, 31(3): 433-447.

Zhou Z M, Zhang Q Y, Su C T, et al. 2012. How do brand communities generate brand relationships? Intermediate mechanisms. Journal of Business Research, 65(7): 890-895.

Zhu F, Iansiti M.2012. Entry into platform-based markets. Strategic Management Journal, 33(1): 88-106.

附录：本书相关研究成果

黄敏学, 雷蕾, 朱华伟. 2016. 谈钱还是谈情: 企业如何引导消费者分享自媒体营销. 心理学报, 48(2): 211-220.

黄敏学, 李萍, 王艺婷. 2016. 新产品评论不一致一定是坏事吗?——基于社会价值视角. 营销科学学报, 12(3): 36-50.

黄敏学, 廖俊云, 周南. 2015. 社区体验能提升消费者的品牌忠诚吗?不同体验成分的作用与影响机制研究. 南开管理评论, 18(3): 151-160.

黄敏学, 潘海利, 廖俊云. 2017. 社会化媒体时代的品牌沟通——品牌社区认同研究综述. 经济管理, 39(2): 195-208.

黄敏学, 王贝贝, 廖俊云. 2015. 消费者评论中偏好差异性对销量的影响机制研究. 营销科学学报, (3): 1-17.

黄敏学, 王殿文. 2015. 移动互联时代的营销战略. 清华管理评论, (Z1): 40-46.

黄敏学, 王琦缘, 肖邦明, 等. 2015. 消费咨询网络中意见领袖的演化机制研究——预期线索与网络结构. 管理世界, (7): 109-121, 187-188.

黄敏学, 王薇. 2019. 移动购物更快吗?决策场景与思维模式的相容性. 心理学报, 51(5): 612-624.

黄敏学, 王艺婷, 廖俊云, 等. 2017. 评论不一致性对消费者的双面影响: 产品属性与调节定向的调节. 心理学报, 49(3): 370-382.

黄敏学, 肖邦明, 孙培翔. 2015. 基于网络闭包理论的交易型社区网络演化研究. 系统工程理论与实践, 35(5): 1165-1176.

黄敏学, 姚舜禹, 刘茂红. 2018. 自强还是自嘲?名人代言如何提升社会化媒体广告的营销效果. 心理学报, 50(8): 907-919.

黄敏学, 张皓. 2019. 信息流广告的前沿实践及其理论阐释. 经济管理, 41(4): 193-208.

黄敏学, 郑仕勇, 王琦缘. 2019. 网络关系与口碑"爆点"识别——基于社会影响理论的实证研究. 南开管理评论, 22(2): 45-60.

廖俊云, 黄敏学. 2016. 基于酒店销售的在线产品评论、品牌与产品销量实证研究. 管理学报, 13(1): 122-130.

廖俊云, 黄敏学, 彭捷. 2016. 虚拟品牌社区成员社会化策略及其影响. 南开管理评论, 19(5): 171-181,192.

廖俊云, 黄敏学, 彭捷. 2017. 企业虚拟品牌社区参与对消费者社区承诺的影响研究. 管理评论, 29(10): 73-83.

潘海利, 黄敏学. 2017. 用户三元情感关系的形成与差异化影响: 满意、依恋、认同对用户行为的交互补充作用. 南开管理评论, 20(4): 16-26,72.

王殿文, 黄敏学, 周南. 2013. 中心人物对新产品扩散的影响是一直不变的吗?营销科学学报, 9(4): 20-29.

王殿文, 黄敏学, 周南. 2016. 初次购买和升级购买中的社会传染. 管理科学, 29(5): 106-115.

王殿文, 周元元, 黄敏学. 2018. 社会影响对不同类型虚拟产品扩散的差异化作用. 南开管理评论, 21(2): 52-61,74.

肖邦明, 黄敏学. 2015. 交易型社区的病毒式营销策略: 基于社会影响、同质性和网络拓扑结构的 ABMS 仿真研究. 营销科学学报, 11(1): 22-38.

肖邦明, 黄敏学, 廖俊云. 2015. 交易型社区的网络闭包机制研究. 管理科学, 28(5): 129-144.

肖邦明, 黄敏学, 孙培翔. 2015. 交易型社区中买家与卖家之间的网络闭包机制研究. 管理学报, 12(8): 1191-1203.

Fang E E, Li X L, Huang M X, et al. 2015. Direct and indirect effects of buyers and sellers on search advertising revenues in business-to-business electronic platforms. Journal of Marketing Research, 52(3): 407-422.

Huang M X, Ali R, Liao J Y. 2017. The effect of user experience in online games on word of mouth: a pleasure-arousal-dominance (PAD) model perspective. Computers in Human Behavior, 75: 329-338.

Kozlenkova I V, Palmatier R W, Fang E, et al. 2017. Online Relationship Formation. Journal of Marketing, 81(3): 21-40.

Liao J Y, Huang M X, Xiao B M. 2017. Promoting continual member participation in firm-hosted online brand communities: an organizational socialization approach. Journal of Business Research, 71: 92-101.

Wang F, Huang M X, Shou Z G.2015.Business expansion and firm efficiency in the commercial banking industry: evidence from the US and China. Asia Pacific Journal of Management, 32(2): 551-569.

Wang L, Huang M X, Liu M H.2018. How the founders' social capital affects the success of open-source projects: a resource-based view of project teams. Electronic Commerce Research and Applications,30: 51-61.

Xiao B M, Huang M X, Barnes A J.2015.Network closure among sellers and buyers in social commerce community. Electronic Commerce Research and Applications, 14(6):641-653.

Zhu H W, Wong N, Huang M X.2019.Does relationship matter? How social distance influences perceptions of responsibility on anthropomorphized environmental objects and conservation intentions. Journal of Business Research, 95:62-70.